MARCEL ERIS
MIT DENNIS SAND

MONTANABLACK II

MARCEL ERIS
MIT DENNIS SAND

MONTANABLACK II

VOM YOUTUBER ZUM MILLIONÄR

Bibliografische Information der Deutschen Nationalbibliothek:
Die Deutsche Nationalbibliothek verzeichnet diese Publikation in der Deutschen Nationalbibliografie. Detaillierte bibliografische Daten sind im Internet über http://dnb.d-nb.de abrufbar.

Alle Geschichten, die in diesem Buch erzählt werden, sind authentische Geschichten. Einige Namen und Orte, die in diesem Buch vorkommen, mussten allerdings aus persönlichkeitsrechtlichen Gründen verändert werden.

Die Bilder stammen aus dem Archiv des Autors.

Für Fragen und Anregungen:
info@rivaverlag.de

1. Auflage 2021
© 2021 by riva Verlag, ein Imprint der Münchner Verlagsgruppe GmbH
Türkenstraße 89
80799 München
Tel.: 89 651285-0
Fax: 89 652096

Alle Rechte, insbesondere das Recht der Vervielfältigung und Verbreitung sowie der Übersetzung, vorbehalten. Kein Teil des Werkes darf in irgendeiner Form (durch Fotokopie, Mikrofilm oder ein anderes Verfahren) ohne schriftliche Genehmigung des Verlages reproduziert oder unter Verwendung elektronischer Systeme gespeichert, verarbeitet, vervielfältigt oder verbreitet werden.

Redaktion: Mirka Uhrmacher
Umschlaggestaltung: Isabella Dorsch
Umschlagabbildung: © Christian Schenkel
Satz: Achim Münster, Overath
Druck: GGP Media GmbH, Pößneck
Printed in Germany

ISBN Print 978-3-96775-019-5
ISBN E-Book (PDF) 978-3-96775-020-1
ISBN E-Book (EPUB, Mobi) 978-3-96775-021-8

Weitere Informationen zum Verlag finden Sie unter

www.rivaverlag.de

Beachten Sie auch unsere weiteren Verlage unter www.m-vg.de

INHALT

Prolog 9

Teil 1: Licht 15

I. Normalität 17

II. Perspektive 37

III. Anerkennung 53

IV. Neue Freunde 59

V. Neue Welten 71

VI. Luxus 83

VII. Bekanntheit 89

VIII. Erfolg 97

IX. Veränderung 111

X. Business 117

Zwischenspiel 123

Teil 2: Schatten 127

I. Abstauber 129

II. Beef 145

III. Leistungsdruck 157

IV. Neue Dimensionen................... 165

V. Beziehungen 171

VI. Privatsphäre 175

VII. Freundschaften 187

VIII. Glücksspiel...................... 197

IX. Öffentlichkeit 211

X. Streaming 223

Epilog 251

PROLOG

Schwerer Atem. Nervöser Blick. Völlige Orientierungslosigkeit. Mein Puls raste. Aber es war dieses *Gefühl*, das mich beinahe wahnsinnig machte. Das Gefühl, an diesem Ort zu sein, den ich zwar nicht kannte, der mir aber dennoch so merkwürdig vertraut vorkam. Ich hatte keine Ahnung, wem dieses Haus hier gehörte. Ich hatte keine Ahnung, wieso ich es überhaupt betreten hatte. Aber irgendetwas zog mich einfach an.

Ich tastete die Wand ab, suchte nach einem Lichtschalter. Er funktionierte nicht. Offenbar war im Haus bereits der Strom abgestellt worden. Ich schaltete die Taschenlampen-Funktion meines Handys an und leuchtete den großen Raum aus. Ein Aquarium. Ein riesiger Fernseher. Ein großes Sofa. Aber alles war mit weißen Planen abgedeckt, die ich vorsichtig zur Seite zog. Jedes Mal bekam ich eine Gänsehaut. Es fühlte sich alles so wahnsinnig vertraut an, als wäre das alles hier ein Teil von mir, als hätte jedes Zimmer etwas mit mir zu tun. Aber das konnte doch gar nicht sein, ich war nie zuvor in diesem Haus gewesen. Es fühlte sich völlig surreal an.

Ich streifte vorsichtig durch die großen, leeren Zimmer. »Hallo?« Nichts. Ich war alleine. Ganz alleine. Wie spät es wohl war? Jegliches Zeitgefühl war mir abhandengekommen. Hatten wir schon nach Mitternacht? War es schon wieder früh am Morgen? Ich versuchte, mich zu konzentrieren. Wie war ich hierhergekommen? Ich kriegte es nicht mehr zusammen. Ich wusste nur noch, dass ich mit Kylo unterwegs gewesen war. Eine kleine Abendrunde. Wir waren im Wald spazieren

Prolog

gegangen. Und irgendwann hatte ich keine Lust mehr gehabt, die alten, bekannten, bereits ausgetretenen Wege abzulaufen, und entschloss mich spontan, ein wenig querfeldein zu gehen. Kylo schien das zu gefallen, wir streiften einfach so kreuz und quer durch die Natur. Ich weiß nicht genau, was ich mir dabei dachte, vielleicht wollte ich einfach nur mal was Neues entdecken, etwas anderes sehen. Mich treiben lassen. Und dann war ich plötzlich hier gewesen. In diesem riesigen Haus, mitten im Nirgendwo. Wie war ich nur auf die bescheuerte Idee gekommen, einfach reinzugehen? Egal. Jetzt war ich drin.

Ich rief nach Kylo. Eben war er doch noch neben mir. »Kylo?« Der Hund hörte nicht. Wahrscheinlich versuchte er, sich genauso wie ich in diesem merkwürdigen Gebäude zurechtzufinden. Mir ging es gar nicht gut. Schweiß lief über mein Gesicht. Ich stieg die Treppenstufen hoch. Warum tat ich das? Warum ging ich weiter? Ich hatte das Gefühl, mich nicht mehr unter Kontrolle zu haben, als würde ich von einer unsichtbaren Hand gesteuert. Als wäre ich nicht mehr ich selbst.

Und dann war da noch diese Stille. Einfach nur absolute Stille. Das Einzige, was ich hörte, war mein schwerer Atem. Ich betrat einen riesigen Raum, der völlig leer war. Nur in der Mitte, da stand ein großer, schwerer Holztisch. Und auf diesem Holztisch lag ein iPad. Ich trat an das Gerät heran. Auf ihm war als Hintergrundbild eine Galerie eingerichtet – lauter Fotos von mir. Fotos aus meinem Leben. Von meiner Familie. Oma und Opa, Anna und Kylo. Meine Freunde und …

Mir wurde schwindelig. Was ging hier vor? Ich trat zwei Schritte zurück, dann schnürte sich mir die Kehle zu, ich bekam keine Luft mehr und stürzte fluchtartig aus dem Raum.

Was war nur los mit mir? Was lief hier ab? Ich ging in das Badezimmer, ließ den Wasserhahn laufen und schüttete mir ein wenig kaltes Wasser ins Gesicht. Mensch, Marcel, komm doch mal wieder klar.

Prolog

Was schiebst du hier für Filme? Du wirst jetzt einfach aus diesem Haus verschwinden und nach Hause gehen.

Langsam schaute ich hoch in den Spiegel und ... Was zur Hölle?!

Ich erschrak fast zu Tode. Das konnte doch nicht wahr sein! Das war doch alles unmöglich! Statt meines Spiegelbilds erblickte ich eine albtraumhafte Version meiner selbst, ohne Haare, ohne Zähne, so stark abgemagert, dass man nur noch die Konturen meiner Knochen sehen konnte, meine Haut war gelb unterlaufen, aus meinen Augen tropfte Blut.

Ich lief fluchtartig aus dem Badezimmer, wollte das Haus sofort verlassen, rief nach Kylo, aber da spürte ich, wie das Fundament des gesamten Gebäudes wackelte, wie alles in sich zusammenbrach, das ganze Haus einfach verfiel und mich in Windeseile unter sich begrub.

*

Ich schreckte hoch. Mein Puls raste. Fuck!

Okay, durchatmen! Ganz ruhig. Ganz ruhig, es war nur ein Traum. Einfach nur ein mieser Traum. Ich rieb mir die Augen. Kalter Schweiß lief über mein Gesicht. Ich hatte sonst nie Albträume, aber der hier, der war echt heftig.

Ich schaute mich um. Dunkelheit. Ich atmete noch ein paarmal tief durch, dann stand ich auf und suchte den Lichtschalter. Es war, als wäre ich immer noch halb im Traum gefangen. Erst allmählich wurde ich wieder klar.

Ich war zu Hause. Zumindest beinahe. Das hier, das war mein neues Haus. Ich war in den letzten Monaten Tag für Tag damit beschäftigt gewesen, es umzubauen, es nach meinen Wünschen zu gestalten, ein neues Ankleidezimmer einzubauen, einen Gaming-Raum, ein wandgroßes Aquarium im Wohnzimmer. Ich hatte mehr als eine Million Euro investiert. Dieses Haus war die Erfüllung all

Prolog

meiner Träume. Aber es war noch lange nicht meine Heimat. Die Bauarbeiter waren noch immer nicht fertig, der Fußboden war an einigen Stellen aufgerissen, und an der Wand lehnte mein Achttausend-Euro-Fernseher, den meine Innenarchitektin aus Versehen hatte fallen lassen.

Ich musste hier raus. Ich stieg in meinen Wagen, ließ die Fensterscheiben runter und atmete den Fahrtwind ein. Es war kühl geworden. Ich schaute auf die Autobahn vor mir. Niemand war mehr unterwegs. Und plötzlich spürte ich wieder, wie Panik in mir aufstieg. Als säße irgendein Dämon in meinem Kopf, der mir die schrecklichsten Gedanken einflüsterte. Plötzlich dachte ich, ich müsste sterben. Einfach so. Es war der Druck der letzten Tage, der Druck der letzten Wochen, dem ich in diesem Moment einfach nicht mehr standhielt. Ich beschleunigte meinen Wagen. Hundertsiebzig Sachen. Hundertachtzig. Zweihundert. Noch mal zwanzig mehr. Dann schloss ich meine Augen. Zählte langsam herunter. Drei, zwei, eins ...

Ich öffnete sie wieder und bremste ab. Reifen quietschten. Mein Hals zog sich zu. Ich hielt die Luft an und fuhr den Wagen an den Straßenrand. Was zum Teufel machte ich hier eigentlich? Scheiße, Scheiße, Scheiße! Versuchst du dich hier gerade umzubringen? Ernsthaft?!

Ich umklammerte mit den Händen das Lenkrad und lehnte meinen Kopf gegen das Steuer. Ich bekam keine Luft mehr, mein Hals war wie zugeschnürt. Tränen liefen mir über die Wangen. Komm schon, Marcel, sprach ich mir selbst gut zu. Beruhige dich! Beruhige dich, beruhige dich, beruhige dich!

Es war schon einige Jahre her, dass ich das letzte Mal in so einem Zustand war. In einem Zustand, in dem ich mich selbst nicht mehr erkannte. Geplagt von Ängsten, Albträumen und Dämonen. In einem Zustand, in dem ich mich tatsächlich vor mir selbst fürchtete. War es wieder so weit? Hatte ich gerade einen Nervenzusammenbruch?

Prolog

Ich öffnete die Tür und stieg aus. Sog die frische Luft ein. Ich hätte gerne mit jemandem gesprochen, aber wem hätte ich davon erzählen können? Und was hätte ich sagen sollen? Wer hätte das verstanden? Ich verstand es ja selbst nicht. Vielleicht, dachte ich, vielleicht würde es mir helfen, wenn ich meine Gedanken aufschriebe. Vielleicht würde ich auf diese Weise Ordnung in das Chaos in meinem Kopf bekommen. Vielleicht würde ich dann begreifen, wer ich eigentlich war und inwiefern ich mich in den letzten, turbulenten Jahren verändert hatte. Denn normal konnte das gerade doch nicht gewesen sein. Ich war schließlich der Junge, der alles erreicht hatte. Den alle beneideten. Der sich all die Dinge verwirklichen konnte, von denen er nicht mal zu träumen gewagt hatte. Ich hatte mehr Geld, als ich ausgeben konnte, Erfolg, Ruhm, Millionen Follower, ein tolles Haus. Und dennoch war ich am Boden. Völlig fertig. Erfolg, dachte ich bitter, ist etwas, von dem jeder Mensch träumt. Bis er eines Tages am eigenen Leib erfährt, welchen Preis er hat.

TEIL 1
LICHT
(2010–2016)

I. NORMALITÄT

Es heißt, dass sich der Mensch in seine Träume flüchtet, um der Realität zu entkommen, aber ich glaube, das stimmt so nicht. Ich glaube, dass unsere Träume vielmehr der erste Versuch sind, unsere Realität zu formen. Wer nicht mehr in der Lage ist zu träumen, dem fehlt die Fähigkeit, über sich selbst hinauszuwachsen.

Ich presse mich gegen die Mauer. Durchatmen. Ausruhen. Nur für einen kurzen Moment. Eddie stand direkt neben mir. Unsere Blicke trafen sich. Wir nickten uns kurz zu. Dann zählte ich runter. Drei, zwei, eins ... Go! Eddie lief voran, ich folgte. Wir blieben geduckt. Überall konnte hier eine böse Überraschung lauern. Das wussten wir beide. Der kleine Ort wirkte wie eine Geisterstadt. Die Atmosphäre war bedrohlich. Die Straßen komplett verwüstet. Überall Trümmerteile. Überall Sperrholz. Überall ausgebrannte Tonnen. Einschusslöcher in den Hauswänden. Kaum vorstellbar, dass hier einmal Menschen gelebt hatten. Der Krieg hatte alles zerstört.
»Da drüben«, sagte ich zu Eddie.
»Jawoll!«
Wir brauchten nicht viele Worte. Wir verstanden uns blind. Wir liefen auf ein ausgebombtes Autowrack zu, das mitten auf der Straße stand. Wir gingen in die Hocke. Suchten Deckung.
»Ich habe zwei gesehen«, sagte Eddie. »In dem Gebäude da drüben.«

»Sicher?«, fragte ich.

»Sicher.«

Das Gebäude lag auf der anderen Straßenseite. Riskante Sache. Konnte eine Falle sein. Hatten sie uns schon bemerkt? Wussten sie, dass wir kommen würden? Ich entsicherte meine Waffe. Spürte das Adrenalin durch meinen Körper pumpen. Ich war voll konzentriert. Komplett im Tunnel. Wenn wir das Haus einnehmen würden, dann hätten wir einen perfekten strategischen Ausgangspunkt. Und den konnten wir gut gebrauchen.

Also gut. Es ging los. Wir wagten uns aus der Deckung und stürmten das Gelände. Ich rechnete damit, sofort unter Beschuss genommen zu werden. Aber nichts passierte. Es war ungewöhnlich still. Im Hintergrund sah ich Rauch aufsteigen. Egal. Keine Zeit. Weiter, immer weiter. Wir drangen in das Haus ein. Und da standen sie. Direkt vor uns. Kurzer Schockmoment. Für alle. Zwei vollausgerüstete Soldaten in kompletter Kampfmontur. Keine Zeit nachzudenken. Ich reagierte sofort. Instinktiv. Riss meine Waffe hoch, nicht nachdenken, handeln, schießen oder erschossen werden. Ich drückte ab. Hörte das Rattern der Maschinenpistole. Spürte den Rückstoß. Treffer. Mein Gegenüber sackte zusammen. Ging zu Boden. Dann hörte ich Schüsse direkt neben mir. Drehte mich um. Eddie hatte ebenfalls einen erledigt. Perfekt! Ich lud meine Waffe nach. Suchte Deckung hinter einem der Stützpfeiler. Dann schaute ich auf die Uhr. Es sah gut aus. Es war eine mehr als knappe Kiste, aber wir schienen das hier zu gewinnen. Ich schaute nach draußen. Auf die freie Fläche. Sah zwei unserer Jungs, die einen weiteren Gegner einkesselten. Er hatte sich hinter einem Kistenstapel verschanzt. Die Zeit lief. Egal, dachte ich. Den schnappen wir uns auch noch.

Ich ging auf Risiko. Rannte los. Rannte und rannte. »Mach nicht, Monte!«, hörte ich Eddie noch rufen. Aber ich wollte den Kerl abschießen. Er war in die Ecke gedrängt. Wir würden ihn erwischen. Ich war mir sicher. Ich lief auf die offene Straße, lief vorbei an dem Autowrack, vorbei an der durchlöcherten US-Fahne, sah meine Jungs, lief auf sie zu und … Scheiße! Was war das? Ich ging zu Boden. Es hatte mich erwischt. Aber wer? Wo?

»Scharfschütze«, hörte ich Eddie. Na klar. Scharfschützen. In diesem Ort wimmelte es nur so von Scharfschützen. Es gab hier einige Möglichkeiten, sich hinter irgendwelchen Fenstern in Türmen zu verstecken und dann einfach jeden, der sich auf offener Straße bewegte, abzuknallen. Scheiße!

Ich schmiss den Controller auf den Schreibtisch und zog mir mein Headset runter. Scheiße, scheiße, scheiße! Diese blöden Wichser! Ich schaute auf den Counter, er lief runter. Sechs, fünf, vier, drei, zwei, eins. Die Runde war beendet. Ein Sieg. Ja. Aber es war verdammt knapp. Und mein Last-Minute-Tod hätte uns fast den Gesamtsieg gekostet.

Ich brauchte ein paar Sekunden, dann hatte ich mich wieder gefangen, setzte das Headset wieder auf und jointe in unseren kleinen Chatroom.

»Verdammt knappe Kiste …«

»Marcel macht wieder Alleingänge, oder wie?«

»Marcel heute lebensmüde.«

Ja, ja. Sollten sie nur reden. Ich schaute auf die Uhr. Es war bereits 4:30 Uhr. Scheiße.

»Jungs, ich muss langsam mal raus«, sagte ich.

»Jetzt schon? Scheiß dich nicht ein«, sagte einer. »Eine Runde noch …«

Ich wippte mit meinem Fuß. Es war schon wirklich sehr, sehr spät. Aber okay. Scheiß drauf. Eine Runde noch. Ich lehnte mich ganz tief in dem alten Ledersessel zurück, den Opa mir geschenkt hatte. Sein alter TV-Stuhl. Wir einigten uns auf eine Map, warteten, bis eine gegnerische Gruppe jointe – und spielten weiter.

Es war immer dasselbe. Nacht für Nacht. Es war immer dasselbe. Wir spielten CoD – Call of Duty. Eine wahnsinnig populäre Ego-Shooter-Reihe. Wir konzentrierten uns nur auf den Multiplayer-Modus, wo man in einem Team aus echten Spielern online gegen ein anderes Team aus echten Spielern antreten konnte. Eine Runde dauerte rund zehn Minuten, dann ging wieder alles von vorne los. So lief das die ganze Nacht.

Jeden Abend nach 22:00 Uhr traf ich mich hier mit meinen Freunden. Meinen Online-Freunden. Menschen, die ich in der Realität zwar noch nie gesehen hatte, aber das war egal. Das hier, das war meine Crew. Eine Gruppe von ganz speziellen Typen. Alles erwachsene Männer, die mit beiden Beinen fest im Leben standen. Die Kinder und Familie hatten. Ich war mit meinen zweiundzwanzig Jahren noch einer der Jüngsten. Aber uns alle verband nicht nur die Liebe zum Spiel. Für uns alle war das hier ein Paralleluniversum. Eine Flucht in eine Welt, in der man wieder ein bisschen Kind sei durfte. Wo man unter sich war. Ein kurzer Ausflug aus der Realität, die ansonsten doch sehr grau war.

»Yalla, los«, sagte ich, und das nächste Spiel begann.

Die lange Nacht rächte sich am nächsten Morgen. Aus der wirklich letzten Runde waren drei weitere wirklich letzte Runden geworden. Und jetzt riss mich mein Wecker aus dem viel zu kurzen Schlaf, brachte mich von den Schlachtfeldern der chinesischen Grenzregion zurück, direkt in die unbarmherzige Realität. In meinen eigentlich sehr grauen Alltag, der kaum Abwechslung kannte. 9:00 Uhr. Viel zu früh.

Ich griff nach dem Wecker und wischte ihn mit einer Handbewegung vom Nachttisch. Verdammte Scheiße! Da lag er nun, weit weg, tief am Boden, absolut außerhalb der Reichweite meines Armes – und schrillte weiter. Aber na gut, es half ja alles nichts. Hier war ich also, zweiundzwanzig Jahre alt, total übermüdet, aber bereit zu tun, was getan werden musste.

Ich kämpfte mich aus meinem Bett, bückte mich, riss die Batterien aus dem Wecker und zog die Vorhänge auf. Die Sonne blendete mich. Ich kniff die Augen zusammen. Das grelle Licht offenbarte ganz nebenbei das Chaos, das sich in den vergangenen Nächten in meinem kleinen Dachbodenzimmer ausgebreitet hatte.

Der Raum war ein einziges Schlachtfeld. Auf dem Boden Chipstüten und Monster-Dosen, auf dem Schreibtisch Pizzareste und die Krümel undefinierbar gewordener Lebensmittel. Ich atmete tief durch und zog die Vorhänge rasch wieder zu. Ich wollte das ganze Elend jetzt nicht sehen. Scheiß drauf, ich würde mich heute Abend darum kümmern. Ich schleppte mich ins Badezimmer und machte mich frisch, es gab jetzt andere Dinge zu erledigen.

Nachdem ich mich mit einer kalten Dusche halbwegs auf Betriebstemperatur gebracht hatte, schaute ich in den Spiegel. Nein, ein Kriegsheld war ich nur im Spiel. Aber irgendwie gab es Tage, in denen ich mich trotzdem wie ein Veteran fühlte. Wie jemand, der schon sehr viel gesehen und erlebt, wie jemand, der schon sehr viel hinter sich hatte. Ich legte den Kopf schräg und betrachtete mich selbst. Ja, ich war ein Überlebender. Ich hatte eine wilde Jugend hinter mir. Eine Jugend, die mich fast das Leben gekostet hätte. Drogen. Obdachlosigkeit. Entzugsklinik. Es war alles noch gar nicht so lange her. Erst vor einigen Monaten hatte mein Leben so etwas wie eine wirklich feste Struktur bekommen. So etwas wie einen richtigen Alltag. Etwas, an das ich mich klammern konnte. Vielleicht, dachte ich, war ich mir heute sehr viel näher, als ich es mir je hätte vorstellen können. Und plötzlich erinnerte ich mich wieder zurück ...

Licht

Klassenraum. Grundschule. Erster Tag nach den Sommerferien. »Stuhlkreis«, *sagte meine Lehrerin, eine ältere, herzliche Frau, und klatschte zweimal in die Hände. Wir nahmen unsere Stühle und bildeten in der Mitte der Klasse einen kleinen Kreis.* »Ich möchte mit euch über eure Zukunftspläne sprechen«, *sagte meine Lehrerin.*

Ich war sieben Jahre alt. Über meine Zukunft hatte ich mir noch nicht allzu viele Gedanken gemacht.

»Ich möchte, dass mir jeder von euch sagt, wo er sich in einigen Jahren mal sieht. Was möchtet ihr werden?«

Ich schaute meine Mitschüler an. Einige starrten in die Luft. Andere rieben sich am Kinn. Die meisten lächelten. Dann ging es der Reihe um. »Fußballprofi«, *sagte Max.* »Rennfahrer«, *sein Sitznachbar.* »Ich möchte Tierärztin werden«, *sagte ein Mädchen. So ging das weiter. Schüler für Schüler. Die meisten Jungs wollten Fußballer werden. Oder Piloten. Die Mädchen wollten Schauspielerin sein. Oder Lehrerin. Dann war ich an der Reihe.*

»Und Marcel?«, *fragte mich meine Klassenlehrerin, nachdem ich einige Sekunden schwieg.* »Was möchtest du mal werden?«

Ich überlegte. Sollte ich jetzt einfach das sagen, was die anderen sagten? Ich sah mich eigentlich nicht als Fußballprofi. Nein, dachte ich mir. Ich bleibe bei der Wahrheit.

»Ich möchte nach der Grundschule unbedingt auf die Realschule kommen.«

Alle Blicke der Klasse lagen auf mir. Stille.

»Warum denn das?«, *fragte mich meine Klassenlehrerin.*

»Na ja, das Gymnasium ist etwas für die Klugen. Die Hauptschule für die Dummen. Aber ich ...« *Ich machte eine kurze Pause.* »Ich will eigentlich einfach nur normal sein.«

Ich löste mich von meinem Spiegelbild. Ich war nie jemand, der nach den Sternen gegriffen hat. Die Sterne waren für jemanden wie mich

Normalität

sowieso immer unerreichbar. Zumindest dachte ich das. Normalität. Das war alles, was ich wollte. Das war das Beste, das jemand wie ich erreichen konnte. Und Normalität hatte ich jetzt gefunden. Meine Zockernächte waren die einzigen Ausbrüche aus dieser Normalität. Eine Flucht in eine Parallelwelt. Wenn auch nur für ein paar Stunden. Aber da auch sie einer Routine folgten, passten sie wieder ganz gut in die Struktur.

Ich verließ das Badezimmer, sprang die Treppen runter und lief ins Wohnzimmer.

»Omi? Opi?«

Nichts. Ich schaute mich um. Meine Großeltern waren nicht da. Wahrscheinlich gerade zum Einkaufen gefahren. Na klar, es war Freitag. Und freitags kamen immer die Prospekte mit den Sonderangeboten, dachte ich mir, da konnte Opa nicht lange widerstehen. Ich schüttelte den Kopf und holte mir einen Orangensaft aus dem Kühlschrank. »Ach, Opa«, sagte ich leise zu mir selbst. »Du bist und bleibst der Beste.«

Ich zog mein Portemonnaie aus der Hosentasche, fischte hundertfünfzig Euro raus und steckte sie in einen Briefumschlag, den ich auf den Küchentisch legte. Das Geld für die Miete. Dafür, dass ich noch bei meinen Großeltern auf dem Dachboden wohnen durfte. Ich wollte zumindest einen kleinen Teil beitragen. Miete, Strom und Wasser, nicht die Welt, aber es ging ja auch nur ums Prinzip. Dann zog ich meine Jacke an, streifte mir meinen Rucksack über die Schulter und verließ das Haus.

Unser Nachbar stand in seinem Garten und kehrte das Laub zusammen. Er winkte mir. Ich nickte zurück. Buxtehude. Man kannte sich.

Ich stieg auf mein Fahrrad und fuhr durch die Straßen meiner Stadt. Ich machte auf gemütlich. Ich hatte noch genügend Zeit. 9:30 Uhr, die meisten Geschäfte hier in der Fußgängerzone öffneten gerade. Es waren noch nicht viele Menschen unterwegs. Ich fuhr vorbei an dem kleinen Kiosk, in dem ich als Kind mein erstes Eis geklaut hatte, vorbei an dem Tante-Emma-Laden von Herrn Pampa. Mit jeder Ecke, mit jeder Straße verband ich eine Erinnerung. Viele kleine Geschichten, die zusammen die Geschichte meines Lebens ergaben. Einige dieser Geschichten haben sich tiefer in meine Seele eingebrannt als andere, aber sie alle hatten Einfluss auf den Menschen, der ich geworden war.

Als ich an dem großen Park vorbeifuhr, fiel mein Blick auf die Parkbank, die mitten auf der Grünanlage stand. Ob dort wohl noch immer …? Ich schaute auf die Uhr. Ich hatte noch etwas Zeit. Keine Ahnung, warum es mich ausgerechnet heute so sehr interessierte, schließlich kam ich fast jeden Tag hier vorbei, aber ich wollte es jetzt einfach wissen. Eine fixe Idee.

Ich hielt kurz an und stellte mein Fahrrad ab. Bestimmt hatte man es mittlerweile entfernt, dachte ich. Es war nicht viel los. Obwohl es nicht regnete, war es viel zu kühl, nur ein paar Rentner waren unterwegs. Ich näherte mich der Bank. Und tatsächlich, es war noch immer da. Ich konnte es kaum glauben. Von einem Moment auf den anderen wurde ich aus meinem Alltag gerissen und war wieder zwölf Jahre alt.

»Hey, Marcel, alles klar?« Julian nickte mir zu und winkte mich zu sich rüber. Vor ihm stand ein großer Rucksack. Gefüllt mit allem, was wir an einem Sommertag wie diesem brauchten. Süßigkeiten, Chips, Eistee. Julian kam aus einem besseren Elternhaus als ich, er konnte sich so etwas locker leisten. Für mich waren Pringles die absoluten Markenchips. Etwas beinahe Heiliges. Für ihn waren sie ganz normal.

Ich setzte mich neben ihn und legte meine Arme um die Rückenlehne der Parkbank.

»Und?«, fragte er vorsichtig. »Wie geht es dir?«

»Gut, gut«, sagte ich.

Pause.

»Ich meine, wegen gestern.«

»Digga, ist mir schon klar, was du meinst. Ich hab dir doch gesagt, mir geht es gut. Ich fühl mich richtig frei und so.«

Gestern. Gestern war der Tag, an dem wir ein Experiment gewagt hatten, das Einfluss auf mein gesamtes weiteres Leben haben sollte. Wir hatten Julians Bruder einen Joint geklaut. Und ihn geraucht. Es war ein unfassbares Gefühl. Es war, als hätte ich mich völlig von mir selbst gelöst, als würde der Teil von mir, der mit den ganzen Sorgen und Problemen belastet war, einfach davonschweben.

»Hat dein Bruder was bemerkt?«, fragte ich.

»Ja«, sagte Julian. Sein großer Bruder war ein richtiger Head, er hörte Hip-Hop, machte Graffiti und kiffte von morgens bis abends. »Er hat nur gesagt, beim nächsten Mal sollten wir ihn einfach fragen.«

Dann zog Julian einen neuen Joint hervor. Ich hatte keinen Schimmer, ob er die Wahrheit sagte oder ob das Ding auch wieder geklaut war. Aber es war mir ohnehin egal. Ich grinste, zog ein Feuerzeug aus der Tasche und steckte das Ding an. Der süßliche Geruch von Cannabis lag sofort in der Luft. Ich nahm einen tiefen Zug und schloss dabei die Augen. Julian zog derweil einen Edding aus seinem Rucksack und kritzelte einen Tag auf die Parkbank. Dann tauschten wir. Er nahm den Joint, ich den Edding. Auch ich markierte mein Revier.

Ich strich mit der Hand vorsichtig über das alte Holz der Parkbank, über die verblassten Graffiti. Irgendwie freute ich mich, dass sie noch da waren. Dass ich Spuren hinterlassen hatte. Allerdings hatten auch die Auswirkungen der Sucht bei mir Spuren hinterlassen.

Ich setzte mich wieder auf mein Fahrrad und fuhr weiter. Nach ein paar Minuten erreichte ich das Einkaufscenter. »Gloria« stand in großen roten Buchstaben über dem Eingang. Das hier, das war jetzt meine Gegenwart. Mein Leben. Meine Realität.

Ich atmete einmal tief durch, zog meine rote Arbeitsweste aus dem Rucksack und streifte sie mir über.

Ich schaute auf mein Handy. 9:45 Uhr.

*

Der Getränkemarkt war winzig. Er bestand nur aus einer kleinen Verkaufsfläche voller Getränkekisten und einem riesigen Lagerbereich.

»Moin, Marcel«, begrüßte mich meine Chefin, die gerade im Lager stand und die neu angekommene Ware kontrollierte.

Frau Schmidt, Mitte vierzig, war eine resolute Person, die eine ziemlich genaue Vorstellung davon hatte, wie es in ihrem Geschäft laufen sollte. Verspätungen und Widerworte duldete sie nicht. Aber sie war fair, zumindest meistens, darum kam ich gut mit ihr aus. Heute aber war irgendwas anders. Sie wirkte fahrig. Als wäre sie nicht ganz bei der Sache. Als wäre irgendetwas nicht in Ordnung.

»Ist alles okay?«, fragte ich.

»Ich erklär es dir später«, sagte sie und nickte Richtung Kasse, wo gerade zwei Polizisten den Laden betreten hatten. »Wir haben Besuch.«

Die Polizei? Ich fragte mich, was hier los war, doch bevor ich die Frage aussprechen konnte, ließ mich Frau Schmidt schon stehen und ging den Beamten entgegen. Die drei fingen an, etwas zu besprechen.

Merkwürdig. Aber ich wollte nicht neugierig wirken. Wollte mich nicht in Dinge einmischen, die mich nichts angingen. Also fing ich an, das zu machen, wofür ich bezahlt wurde. Hier im Getränkemarkt war ich der Lagerjunge. Es war Freitagvormittag, also hatte ich zu überprüfen, ob die Lieferungen vollständig angekommen waren. Anschließend musste ich die Getränkekisten im Laden wieder auffüllen.

Ich glich also die Lieferung mit den Bestelllisten ab, überprüfte, ob wirklich alles angekommen war, bis Frau Schmidt sich nach einer guten Viertelstunde von den Polizisten verabschiedete und mit hochgezogenen Augenbrauen auf mich zukam.

»Gab es Stress?«, fragte ich.

»Gestern Abend wurde hier eingebrochen.«

»Was?«

»Ja, Ulli wollte den Laden gerade abschließen, da kamen zwei Jugendliche, bewaffnet. Sie hielten ihm eine Pistole direkt vors Gesicht.«

»Ist er denn in Ordnung?« Ulli war ein guter Typ. Ein älterer Herr mit einem Bauch, den er stolz vor sich hertrug. Die Sanftmut in Person. Ulli konnte keiner Fliege was zuleide tun. Dass es ausgerechnet ihn getroffen hatte, war eine Schande.

»Ihm ist nichts passiert, aber er ist ein wenig durch den Wind. Er wird sich wahrscheinlich ein paar Tage freinehmen. Es wäre gut, wenn du bis zum Ende der Woche die Kasse übernehmen könntest.«

»Na klar«, sagte ich. Ich hasste es zwar, an der Kasse zu sitzen, aber das war jetzt eine Ausnahmesituation. Ehrensache, dass ich für Ulli einspringen würde.

»Hat man die Typen wenigstens gefasst?«, fragte ich.

Frau Schmidt schüttelte den Kopf. »Noch nicht. Nur so viel ist klar, es waren zwei Jungs, die ziemlich genau wussten, was sie taten.«

Zwei Jungs. Die wussten, was sie taten. Ich atmete schwer aus und lehnte mich gegen die Wand.

Ich schreckte hoch, als Rene das Zimmer betrat.

»Was ist los, bist du schon wieder am Pennen?«, fragte er mich und schmiss mir eine Dose Eistee entgegen, die ich gerade noch abfangen konnte, bevor sie mitten in meinem Gesicht landete.

»Digga, Rene, ich habe meine Augen ausgeruht, was soll das?«

Er schüttelte nur den Kopf. »Grünes Licht für das Müller-Haus.«

»Ohaaa!«

Licht

Das Müller-Haus. Eine alte Villa, ganz am Stadtrand gelegen. Ziemlich einsam. Schlechte Verkehrsanbindung. Und ideale Bedingungen für Typen wie uns. Ich war siebzehn Jahre alt, schwer kokainabhängig und immer auf der Suche nach einer Gelegenheit, schnelles Geld zu machen. Mit meinem Kumpel Rene hatte ich eine Sache für mich entdeckt, die ziemlich effizient war. In Häuser einsteigen. Wir hatten mittlerweile eine unglaubliche Routine entwickelt. Etwa mit dem Zeitungstrick. Wir legten eine Zeitung vor einem Haus aus, und wenn sie nach drei Tagen nicht weggenommen worden war, konnte man damit rechnen, dass der Hausbesitzer gerade im Urlaub war. So wie jetzt Herr Müller. Irgend so ein Professor, der sich in Buxtehude zur Ruhe gesetzt hatte.

»Komm schon«, sagte Rene. »Hör auf zu träumen. Lass direkt los.« Er schmiss mir eine Sturmmaske hin. Ich spürte, wie das Adrenalin durch meinen Körper rauschte.

»Marcel?«, riss mich Frau Schmidt aus meinen Gedanken. »Ist alles in Ordnung?«

»Ja, klar«, sagte ich. Es war wirklich noch gar nicht so lange her, da war ich der Typ, der in Geschäfte und Häuser einstieg, um ein bisschen Kohle zu machen. Allerdings bin ich immer nur in leere Geschäfte und Häuser eingestiegen. Ich habe nie jemanden bedroht, nicht einmal jemanden gesehen. Aber das machte es auch nicht besser. Gott, was war ich für ein Arschloch gewesen!

»Ich bin gleich wieder da, Frau Schmidt.«

Ich verabschiedete mich kurz und ging in die Waschräume, wo ich mir kaltes Wasser ins Gesicht schüttete. Irgendwie war ich heute nicht so ganz bei mir. Ich betrachtete mich im Spiegel. Es fühlte sich an, als hätte dieser Marcel Eris, dessen Spiegelung ich da vor mir sah, nichts mehr mit dem Marcel Eris zu tun, der ich noch vor ein paar Jahren gewesen war. Jener Marcel Eris, der von seiner Sucht gezeichnet war, der dem Tod näher war als dem Leben und seinen inneren

Normalität

Dämonen nachgegeben hatte. Der am Abgrund stand. Und dennoch weiterrannte. Aber jetzt war mein Leben geordnet. Strukturiert. Kaum zu glauben, dass das alles mal meine Vergangenheit gewesen sein sollte. Kaum zu glauben, in welchen Abgrund mich die Drogen hinuntergerissen hatten.

Ich ging zurück ins Lager, griff nach dem Klemmbrett, checkte noch ein letztes Mal die Liste mit den Getränken, überprüfte, ob die Bestellung wirklich vollständig war, und dann fing ich endlich an, unsere Vorräte aufzufüllen. Ich bestieg den kleinen elektrischen Hubwagen und hebelte eine Palette mit Cola-Kästen hoch. Ich legte meinen Kopf schräg und zählte noch einmal nach, acht, neun, exakt zehn Kästen Dann gab ich ein wenig Gas und fuhr die aufgegabelten Kästen aus dem Lager direkt in den Markt. Das Lager war zwar groß und geräumig, die Verkaufsfläche aber so eng, dass der kleine Hubwagen hier nicht durch die einzelnen Reihen passte. Darum musste ich die Kästen an der Ladenschwelle abstellen und sie einzeln rübertragen. Ziemlich anstrengend, aber der Job machte mir Spaß. Es war ehrliche, es war körperliche Arbeit, und man konnte sich richtig auspowern. Wenn man abends nach Hause ging, war man stolz auf sich.

Ich nahm Schwung und hievte den letzten Kasten auf den Stapel, dann wischte ich mir den Schweiß von der Stirn und bereitete im Lager die nächste Fuhre vor. Dieses Mal die Bierkästen.

»Marcel, den Rest räumen wir am Montag ein, übernimmst du bitte die Kasse?«, bat mich Frau Schmidt. »Ich muss jetzt los, ich hab noch ein paar Termine.«

»Alles klar«, sagte ich.

Die Kasse. Ich hasste die Kasse. Ich hatte zwar kein Problem, mit den Kunden zu sprechen und mit ihnen umzugehen, im Gegenteil, ich mochte das sogar ganz gerne, aber meistens war man an die Kasse gebunden, saß dort den ganzen Tag rum, wartete nur, bis jemand kam, was eher selten der Fall war, und hatte nichts anderes zu tun. Mir machte die Arbeit im Lager sehr viel mehr Spaß. Da wusste man wenigstens, was man geleistet hatte.

Es kam genauso, wie ich es befürchtet hatte. Es war ein zäher Freitagvormittag. Nur vereinzelt schaute mal jemand vorbei, um ein wenig Pfand abzugeben. Als ich sah, dass nichts los war, dass kein einziger Kunde im Laden war, beschloss ich, selbst ein wenig Action zu machen. Ich dachte kurz nach, ob ich das wirklich durchziehen sollte, aber na ja, was war schon groß dabei, ich verdiente ja wirklich nicht viel Geld in dem Job, und dafür, dass ich so sozial war, bei der Kasse einzuspringen, konnte ich mir jetzt auch mal was gönnen. Ich ging zu der Palette mit den Cola-Kisten, nahm mir vier Flaschen raus und verstaute sie in meinem Rucksack. Ich riss mich wirklich zusammen, meine Vergangenheit hinter mir zu lassen, aber hin und wieder ein paar Getränke mitgehen zu lassen, konnte ich mir halt nicht verkneifen. Und ein paar Flaschen Cola zu Hause zu haben, das war der größtmögliche Luxus für mich. Es sind manchmal die kleinen Dinge, die eine große Bedeutung für einen Menschen haben können, und abends an den Kühlschrank zu gehen und eine eiskalte Cola-Flasche herauszuziehen, das war einfach geil. Ich konnte auch nicht drauf hoffen, dass Oma und Opa mir welche mitbrachten. Oma konnte Cola nicht ausstehen. Das macht die Knochen kaputt, sagte sie immer. Und wenn Opa mal eine Cola gekauft hat, dann immer bloß die Billigversion vom Discounter, die schon nach zwei Schlucken wie Pisse schmeckte. Nein, an das Original kam wirklich nichts heran.

Während ich die Flaschen in meinem Rucksack verstaute, kam ich auf die Idee, noch zwei Chipstüten einzustecken. Die könnte ich heute Abend auch noch ganz gut brauchen.

Okay, dachte ich, ein klein wenig von dem alten Marcel Eris steckt noch immer in mir. So ganz konnte ich es einfach nicht lassen. Ich brauchte diesen kleinen Adrenalinkick einfach. Dann ging ich wieder zurück hinter die Kasse und saß meine Zeit ab.

Um 15:00 Uhr kam endlich der Kollege, der mich ablöste.

»Und, alles gut, Meister?«

»Nicht viel los heute«, sagte ich und übergab ihm die Kasse. Dann packte ich meine Sachen, verabschiedete mich und machte mich auf den Weg in meinen Feierabend.

Als ich den Getränkemarkt gerade verlassen wollte, stand Davide vor dem Laden.

»Hey, Lagerboy!«, begrüßte er mich.

Ich war überrascht, ihn zu sehen. »Was machst du denn hier?« Ich gab ihm freundschaftlich einen angedeuteten Faustschlag in den Bauch.

»Ich wollte mal sehen, was du so treibst, Marcel. Haste ein bisschen Zeit?«

»Für dich doch immer.«

Davide und ich gingen zum Schulhof meiner alten Grundschule und quatschten einfach miteinander.

Als ich das große Eingangstor sah, kamen die ganzen Erinnerungen wieder hoch.

Der Schlüssel. Ich hätte nie gedacht, dass dieser Schlüssel mir eines Tages mal das Leben retten würde. Es war eine kalte, stürmische Nacht und mit zittrigen Händen zog ich den dicken Bund aus meiner Hosentasche. Ich schaute mich noch einmal um. War da auch wirklich niemand? Nein, die Luft war rein. Ich steckte den Schlüssel ins Schloss und drehte ihn um. Er passte noch. Erleichtert atmete ich durch. Völlig durchnässt vom kalten Regen ging ich in die kleine Lobby meiner alten Grundschule. Ich hatte den Schlüssel damals einem Typen abgekauft, ohne zu wissen, was ich damit eigentlich anstellen sollte. Aber den Generalschlüssel seiner alten Schule zu besitzen, konnte nie verkehrt sein, dachte ich. Und ich sollte mich nicht täuschen. In der Hochphase meiner Drogensucht verwendete ich ihn zum ersten Mal, um in der Sporthalle zu klauen. Jetzt verwendete ich ihn, um irgendwie zu überleben.

Ich streifte durch die langen Flure bis ich den Sanitätsraum fand. Ich schloss ihn auf, schmiss meinen Rucksack in eine Ecke des Raumes und legte mich auf die Liege, die eigentlich für die Kranken vorgesehen war. Ich stellte meinen Wecker auf 5:00 Uhr morgens. Ich musste verschwinden, bevor der Hausmeister mich hier entdeckte.

Seit meine Großeltern mich vor die Tür gesetzt hatten, wusste ich nicht, wo ich sonst übernachten sollte. Ein paar Nächte war ich bei Freunden untergekommen. Aber denen ging meine Drogensucht auch auf die Nerven. Jetzt hatte ich niemanden. Ich kauerte mich zitternd zusammen und schlief langsam ein. Im Bewusstsein, dass ich unmöglich noch tiefer sinken könnte.

*

Ich schaute auf mein Handy. Es war schon 17:00 Uhr. »Ich muss los«, sagte ich zu Davide.

»Hast wohl noch was vor?«, wollte er wissen.

»Anna kommt gleich.«

»Anna kommt doch jeden Tag. Lass uns lieber noch was reißen, Bro. Wie früher. Es ist Wochenende, Mann. Lass uns ein wenig um die Häuser ziehen.«

»Geht nicht, Davide.«

Er schaute mich an. »Du nimmst echt keine Drogen mehr?«

»Nein, Mann.«

»Auch keinen Alkohol?«

»Ich bin so trocken wie deine Mami!«

Wir lachten. »Kaum zu glauben, dass du von der ganzen Scheiße weggekommen bist.«

Ja, dachte ich mir. Das war wirklich kaum zu glauben. Wenn ich darüber nachdachte, wie tief ich in diesem Sumpf aus Sucht und Abhängigkeit damals gefangen gewesen war.

»Ich hatte ja keine Wahl«, entgegnete ich ihm. »Hätte ich keinen Schlussstrich gezogen, dann wäre ich jetzt vermutlich tot.«

Ich wollte aufbrechen, aber irgendwie konnte ich mich noch nicht losreißen. Ich genoss es, mal wieder mit Davide zu sprechen. Er war mein ältester Freund, ich kannte ihn, seit ich denken konnte. Noch bevor ich in die Grundschule kam, spielten wir schon miteinander bei uns im Hof. Er war einer der ganz wenigen Menschen auf dieser Welt, mit denen ich über wirklich alles reden konnte.

»Darf ich dich was fragen, Davide?«

»Na klar.«

Ich schaute ihn an. »Bist du glücklich?«

»Hm, gute Frage. Aber ja, ich denke schon.« Er zuckte mit den Schultern. »Und du?«

»Ganz ehrlich, Digga? Ich glaube, ich war noch nie in meinem Leben so glücklich wie jetzt.«

»Und wieso?«

»Kann ich dir gar nicht sagen … Irgendwie denke ich momentan viel an die alten Tage. Es war eine wilde Zeit. Aber ich bin froh, dass nun ein wenig Ruhe eingekehrt ist, weißt du? Normalität.«

»Es fehlt dir wirklich nicht, einfach mal wieder die Sau rauszulassen?«

»Nein. Es ist gerade alles perfekt so, wie es ist. Mein Leben ist so, wie ich es mir immer gewünscht habe.« Ich suchte nach den richtigen Worten. »Weißt du, ich habe gerade keine Sorgen. Keine Probleme. Nichts, was mich belastet. Ich kann mich nicht erinnern, wann es das letzte Mal so war. Komisch, oder?«

»Nein«, sagte Davide und legte mir seine Hand auf die Schulter. »Das ist einfach schön. Genieß es, Bro.«

Ich lächelte. Dann sprang ich von der Tischtennisplatte, zündete mir noch eine Zigarette an und zog mir den Rucksack über.

»Wir sehen uns!«

»Grüß Anna von mir.«

*

Um Punkt 18:00 Uhr klingelte es an unserer Tür.

»Oma!«, rief ich. »Kannst du aufmachen? Das ist Anna.«

Ich war noch in der Küche beschäftigt. Wie fast jeden Abend kochte ich etwas für uns. Und wie üblich gab es eines meiner Standardgerichte. Heute: Fischstäbchen mit Pommes frites, Salat und Kakao.

Anna und ich waren schon seit ein paar Jahren zusammen, und unsere Beziehung gab mir den Halt, den ich brauchte, um nicht wieder abzurutschen. Wir hatten unsere Rituale, die mir viel bedeuteten. Jeden Abend, nach ihrer Arbeit im Reisebüro, kam sie zu mir, dann kochten wir gemeinsam, setzten uns vor den Fernseher und verbrachten den Abend zusammen.

Sie stellte sich zu mir an den Herd und gab mir einen Kuss.

»Wie war dein Tag?«, fragte sie und kraulte mir dabei den Nacken.

»Ganz gut.« Ich machte eine kurze Pause. »Ich habe heute viel über früher nachgedacht.«

»Ach ja? Und was ist dabei herausgekommen?«

»Dass es schon verrückt ist, was alles hinter mir liegt. Und dass ich zufrieden bin mit, na ja, mit dem, was aus mir geworden ist.«

»Ich bin auch sehr zufrieden mit dir«, sagte Anna und deckte den Tisch ein. »Hast du auch über die Zukunft nachgedacht?«

»Über die Zukunft?«

»Na ja, du willst doch nicht, dass es immer so bleibt, wie es ist, oder?«

Ich stutzte. Eigentlich war das ja genau mein Punkt. Ich wollte tatsächlich, dass es immer so bleibt, wie es gerade war. Denn es war doch einfach perfekt. Ich hatte einen Job, eine Freundin, ich hatte …

»Hast du denn keine Träume mehr?«

»Was redest du da, Weib?«, fuhr ich sie ironisch an. »Du bist doch mein Traum. Na ja, wohl eher mein Albtraum. Aber immerhin.«

»Ich meine es ernst, Marcel. Eine eigene Wohnung, irgendwann mal eine eigene Familie und einen richtigen Job?«

»Ich habe doch einen richtigen Job.«

»Auf Vierhundert-Euro-Basis.«

Okay, sie hatte einen Punkt. Allerdings reichte mir das. Ich brauchte nicht viel zum Leben. Ich habe noch nie groß von Geld oder Reichtum geträumt. Mir hat es immer gereicht, einfach über die Runden zu kommen.

»Vierhundert Euro sind gutes Geld, und was die Familie angeht, red kein Scheiß, du willst doch nur, dass ich dir diesen Hund kaufe.«

Anna strahlte mich an. Der Hund. Das war ihr ganz großes Ding. Sie wollte unbedingt einen Mops haben. Sie war richtig besessen davon. Ich vertröstete sie damit, dass ich noch nicht bereit sei, sie zu teilen. Auch nicht mit einem Mops. Die Zeit würde schon noch kommen.

»Komm jetzt, lass uns endlich essen, die Fischstäbchen werden sonst kalt.«

Zum Essen gingen wir hoch in mein Zimmer. »Ihhh, Marcel«, sagte sie. »Du musst echt mal aufräumen.«

Stimmt, dachte ich. Da war ja was. Aber ganz sicher nicht jetzt.

Wir legten uns auf mein Bett und schauten ein wenig Fernsehen. Um Punkt 22:00 Uhr schaute ich auf die Uhr und stupste sie an.

»Es wird Zeit«, sagte ich.

Sie schaute mich an, atmete einmal schwer aus und gab mir einen Kuss auf die Wange. Sie wusste, dass es sinnlos war, darüber zu diskutieren. Nein, das hatten wir alles schon unzählige Male durchgesprochen. 22:00 Uhr war 22:00 Uhr. 22:00 Uhr bedeutete, dass mein klassischer Alltag vorbei war. Dass jetzt mein zweites Leben begann.

Ich brachte sie bis zur Tür, sie verabschiedete sich, und ich schaute ihr dann aus dem Fenster nach, bis sie verschwunden war. Das war ein weiteres kleines Ritual. Ich wollte die Vorfreude noch ein wenig hinauszögern. Ich spürte, wie mein Puls sich langsam beschleunigte, wie ich den Moment kaum abwarten konnte, ihm regelrecht entgegenfieberte.

Ich lief die Treppen runter, holte mir die am Nachmittag geklaute Cola aus dem Kühlschrank, zog mir mein Headset über den Kopf und schmiss meine PlayStation an. Ich war wieder online. Angekommen in meiner zweiten Welt, meinem anderen Leben. Meiner Lieblingsrealität. Darauf hatte ich den ganzen Tag gewartet.

»Moin«, begrüßte ich die Jungs, die schon im Chat auf mich warteten.

»Tach, Marcel!«

»Na, Jungs, bereit für eine Runde?«

»Aber so was von!«

II. PERSPEKTIVE

Ich saß in meinem alten Peugeot, den Anna liebevoll »Schimmel« getauft hatte, klammerte mich an mein Lenkrad und zog an meiner Zigarette. Schimmel. Den Namen hatte sie dem Wagen nicht ganz zu unrecht gegeben. Er fiel so langsam auseinander. Und schimmelte so vor sich hin. Zumindest von innen. Hast du keine Träume mehr? Diese Frage trieb mich einige Wochen um. Ich verstand, was Anna meinte. Es ging dabei gar nicht darum, von etwas Großem zu träumen. Von einem Lamborghini, von einem Sechser im Lotto, von einer Villa, nein, es ging darum, ob ich nicht mehr aus mir und meinem Leben machen wollte als das, was ich und mein Leben zu diesem Zeitpunkt waren. Ob ich mich mit dem, was ich hatte, zufriedengeben würde oder ob ich etwas Neues in Angriff nehmen wollte. Etwas, das mir langfristig eine Perspektive gab. Und ja, da war tatsächlich etwas. Aber um das zu verwirklichen musste ich Schritt für Schritt vorgehen.

Da war die Sache mit meinem Job. Ich wusste auch, dass die Arbeit im Getränkemarkt nicht meine Zukunft war. Dass ich nicht für immer dieses Leben führen wollte. Aber im Getränkemarkt war alles berechenbar. Es waren immer dieselben zweihundertfünfzig Quadratmeter, auf denen sich alles abspielte, immer dieselben Gesichter, die man sah. Ich hatte gar nicht den Anspruch, dass mir mein Job besonders viel Spaß machen und mich irgendwie erfüllen sollte. So ein Konzept gab es damals in meinem Kopf noch gar nicht. Ich machte diesen Job ja nicht, weil ich ihn sonderlich mochte. Ich machte ihn, weil er meinem Leben Struktur gab. Und weil es Oma und Opa ein bisschen beruhigte, dass ich etwas zu tun hatte. Aber wirklich glücklich machte mich die Arbeit nicht. Wirklich glücklich war ich mit Anna. Oder mit meinen Zockerjungs. Doch wenn mich jemand fragte, wo ich mich in fünf oder in zehn Jahren sah, dann hatte ich keine Antwort. Zu sehr war ich mein Leben lang darauf fixiert, permanent im Jetzt zu leben. Tag für Tag rumzubekommen.

Anna hatte recht. Ich hatte keine Träume mehr. Ich hatte mich eingerichtet. Und das schon seit einigen Jahren. Ich war gefangen in einer täglichen Routine. Jeder Tag war wie der andere. Warum hatte ich das bis jetzt nicht gesehen? Warum hat es mich bis jetzt nicht gestört?

Vielleicht, weil ich nach einer wilden Jugend einfach froh war, so etwas wie einen Halt im Leben gefunden zu haben. Weil ich nach Jahren der Drogensucht und Monaten der Obdachlosigkeit diese Normalität einfach zu schätzen wusste.

Vielleicht aber auch, weil ich erst vor Kurzem auf etwas Neues gestoßen war. Etwas, das meine Routine zumindest ein klein wenig durchbrach. Eine Art neues Hobby. Ich hatte YouTube für mich entdeckt. Und ich hatte einen Plan. Einen wirklich guten Plan. Okay, zumindest in meinem Kopf war es ein wirklich guter Plan. Ich musste nur noch dafür sorgen, dass er auch in der Realität funktionierte. Aber alles easy, ich war mir sicher, dass ich das hier gerade genau richtig anging. Ich nahm noch einen Zug, kurbelte die Scheibe vom Wagen herunter und schnippte die Kippe weg.

Ich hatte auf der anderen Straßenseite des Reisebüros geparkt, in dem meine Freundin arbeitete. Durch das große Fenster sah ich Anna, wie sie gerade ihre Sachen zusammenpackte. Blick auf mein Handy: 17:28 Uhr. In ein paar Minuten hatte sie Feierabend. Ich schaltete das Autoradio ab, öffnete die Wagentür und ging ihr entgegen.

»Hey«, sagte sie überrascht, als sie auf den Gehsteig trat und mich sah. »Was machst du denn hier?«

»Na, ich komme dich abholen, Weib. Überraschung.«

Sie boxte mich in den Bauch. Sie kannte meine dummen Sprüche und verstand, wie ich es meinte.

»Im Ernst, was soll das werden?«

»Ja, im Ernst halt. Ich dachte, ich überrasche dich mal. Also guck nicht so blöd und steig ein.«

Ich fuhr Anna zu mir nach Hause, wo ich bereits alles vorbereitet hatte. Der gesamte Tisch war eingedeckt, ich hatte sogar mehrere Kerzen aufgestellt und zündete sie gleich an. Das war für mich auf jeden Fall Peak Romantik.

»Wow! Womit habe ich das denn verdient?«, fragte Anna, die sich sichtlich über die Überraschung freute.

»Weil du einfach die Beste bist«, sagte ich. »Aber warte mal, wir haben ja noch gar nicht angefangen.«

Ich hatte nämlich auch noch gekocht. Drei Gänge. Vorweg ein Salat, dann mein berühmter Monte-Nudelauflauf und zum Schluss Schokoladenpudding. Gut, den hatte ich nicht gekocht, sondern einfach nur aus der Verpackung in eine kleine Glasschüssel gekippt, aber die Geste zählte doch. Und ich hatte mir wirklich Mühe gegeben, ich hatte alles schon perfekt vorbereitet, sodass ich nur noch servieren musste.

Ich merkte, dass Anna es genoss, dass ich sie so umsorgte. Aber natürlich kannte sie mich auch gut genug.

»Also los, sag es endlich ...«

»Was sagen?«

»Marcel! Du machst das hier doch nicht einfach so. Also, was hast du vor?«

Okay, es hatte keinen Sinn, ich brauchte ihr nichts vorzuspielen. Ich servierte den Monte-Auflauf und sagte ihr, was Sache war.

»Ich habe da etwas entdeckt, was ich unbedingt brauche, okay?«
Sie verdrehte die Augen. »Wie viel?«, fragte sie nur genervt.
»Willst du nicht mal wissen, was es ist?«
»Eigentlich nicht ...«
»Okay, es ist ein Computer. Ich habe mir vorgenommen, dieses YouTube-Ding zu professionalisieren. Ich habe dir nicht so viel davon erzählt, aber ich habe wirklich jede freie Minute damit verbracht, mich mit dieser Geschichte vertraut zu machen.«

Das YouTube-Ding. Natürlich kannte ich die Plattform an sich schon etwas länger. Aber eben nicht so, wie ich sie die letzten Monate über ganz neu kennenlernte. Und das hatte etwas mit meiner Gaming-Leidenschaft zu tun. Im neusten Teil von Call of Duty gab es eine entscheidende Änderung. Es enthielt den sogenannten Kinomodus. Wenn man eine besonders gute Runde gezockt hatte, dann konnte man sie per Knopfdruck von der PlayStation auf sein YouTube-Konto hochladen, um das Video mit anderen zu teilen. Mit einer meiner guten Runden wollte ich das mal probieren, damit ich sie meinem Zockerkumpel Andi zeigen konnte. Also entschied ich mich, das Video-Highlight auf meinem uralten Konto »MontanaBlack88« hochzuladen. Unter diesem Profil hatte ich früher irgendwelche Graffiti-Videos gespeichert. Nachdem das Video auf meinem Kanal war, schickte ich Andi den Link. Am nächsten Tag schaute ich es mir selbst noch einmal an und stellte fest, dass es nicht nur zwei, sondern schon fünf Klicks hatte. Was mehr Klicks waren, als es Menschen gab, denen ich den Link zum Video geschickt hatte. Wie konnte das sein? Ich rief Andi an und fragte, ob er das Video noch anderen Leuten gezeigt habe. Hatte er nicht.

Von diesem Zeitpunkt an war ich völlig gebannt. Gebannt von dem Gedanken, dass ich etwas ins Internet stellte, was dann offensichtlich fremde Menschen interessierte. Dass ich mit den Dingen, die ich in meiner Freizeit gerne machte, andere Leute erreichen konnte, die mich gar nicht kannten. Und sei es nur mit einer Runde von Call of Duty.

Ich lud mehr und mehr Videos hoch. Die ersten waren reine Gameplay-Videos. Sie zeigten einfach nur unkommentierte Ausschnitte aus Call of Duty. Heute würde sich so etwas zwar kein Mensch der Welt mehr anschauen, aber damals passte es gut in die Zeit. Es passte zu YouTube. Es passte zu einer Plattform, in der jeder einfach nur das uploadete, was ihn gerade beschäftigte, einen kurzen Ausschnitt aus seinem Leben, meistens völlig unbearbeitet, völlig ungefiltert, völlig ungeschnitten, ob das nun ein Besuch im Zoo war oder eben eine Runde CoD. Es ging darum, einen Teil aus meiner Wirklichkeit, aus meinem Leben festzuhalten und andere Menschen daran teilhaben zu lassen. Und ja, dieses Spiel machte nun einmal mein Leben aus. Zumindest einen sehr, sehr großen Teil davon.

Ich fand den Gedanken spannend, den Leuten einen Einblick in meine Welt zu geben, ihnen zu zeigen, was meine Jungs und ich jede Nacht im Multiplayer-Modus so trieben. Natürlich richteten sich die Videos in erster Linie an andere Zocker, aber irgendwie fand ich den Gedanken faszinierend, dass vielleicht auch Menschen, die noch nie was von Call of Duty gehört hatten, auf diese Videos stoßen könnten und sie geil fanden. Doch dafür brauchte ich besseres technisches Equipment.

Einen Computer also. Ich hatte ihn bei eBay-Kleinanzeigen entdeckt. Er sollte hundertsechzig Euro kosten. Für mich war das damals jede Menge Geld. Ich verdiente ja gerade mal vierhundert Euro im Monat, davon gab ich beinahe die Hälfte meinen Großeltern für die Miete, die andere Hälfte brauchte ich, um mir hin und wieder neue Schuhe oder auch einfach mal ein paar Snacks oder eine Pizza kaufen zu können. Es blieb so gut wie nichts übrig, was ich hätte zurücklegen können.

»Weißt du noch«, sagte ich. »Vor einiger Zeit, da hast du mich gefragt, ob es das wirklich gewesen ist. Ob ich keine Träume mehr habe.«

»Und?«

»Ich glaube, dieses YouTube-Ding, das ist etwas, aus dem sich was machen lässt. Mich macht das einfach glücklich. Ich glaube, damit kann ich mich verwirklichen.«

Anna war keine Zockerin. Sie verstand mein Hobby nicht. Aber sie sah, dass ich mich dafür begeisterte. Und sie begriff, dass ich mit YouTube eine Möglichkeit gefunden hatte, meine Kreativität irgendwie auszuleben. Dass man mit YouTube Geld verdienen konnte, das war damals noch überhaupt kein Thema. Aber darum ging es Anna auch nicht, sie wollte nur, dass ich mich selbst verwirklichte. YouTube gab mir die Möglichkeit, das zu tun. Und es tat mir gut.

Sie zog zwei Fünfzigeuroscheine aus ihrer Handtasche und gab sie mir. Anna verdiente zwar mehr Geld als ich, aber nun auch nicht die Welt. Hundert Euro haben oder nicht haben, das war auch für sie ein Thema.

Ich gab ihr einen Kuss auf die Stirn. »Du bist die Allerbeste«, sagte ich.

»Ich kenne mich mit deinem Quatsch zwar nicht aus«, sagte sie. »Aber für hundert Euro bekommst du doch keinen Computer, oder?«

»Nicht ganz«, sagte ich ehrlich. »Aber den Rest des Geldes habe ich schon zusammenbekommen.«

Zwanzig Euro hatte ich mir bei Oma erarbeitet, indem ich für ein komplettes Wochenende die Hausarbeit übernommen hatte. Vom Badezimmerschrubben bis zum Rasenmähen. Zwar half ich auch sonst im Haushalt, aber wenn ich einmal dringend etwas dazuverdienen musste, ließ sich Oma auf eine Auftragsarbeit ein. Und Oma zahlte mehr als fair.

Für das restliche Geld hatte ich mir im Getränkemarkt einen kleinen Trick überlegt. Ich nannte ihn den Bindfaden-Trick. Ich befestigte einen Bindfaden an einer Pfandflasche und schob sie in den Pfandautomaten. Bevor sie in dem Gerät verschwand zog ich sie mit dem Faden wieder raus und scannte sie erneut ein. Wieder und wieder und wieder. Nach einer gefühlten Ewigkeit ließ ich mir dann den Bon ausdrucken und löste ihn ein paar Tage später ein.

Wie auch immer, ich hatte mein Geld zusammen. Und meldete mich sofort bei dem Kleinanzeigen-Typ. Er wohnte gar nicht weit weg, sodass ich noch am Abend meinen neuen Computer abholen konnte. Da war er nun also, mein erster eigener PC. Ich stellte ihn feierlich in meinem Zimmer auf. Und betrieb von nun an intensive Recherche.

*

Mit dem neuen Computer fing ich an, mich wirklich ganz tief in die Materie einzuarbeiten. Stundenlang habe ich mir Tutorialvideos angeschaut. Habe nachgemacht, was andere vormachten. Ich hatte weder von der ganzen Internetwelt noch von der Technik irgendeine Ahnung. Der einzige PC, den ich zuvor gehabt hatte, war der von meinem Opa. Er stand unten im Keller, und ich hatte ihn bisher nur genutzt, um mich hin und wieder mal auf Facebook oder ICQ einzuloggen, einem alten Messenger-Programm, das die meisten meiner Freunde zur damaligen Zeit auch nutzten.

Ich hatte überhaupt keine Ahnung vom Internet. Keine Ahnung von YouTube. Ich musste erst lernen, das System dahinter zu verstehen. YouTube-Videos schneiden. Bearbeiten. Wie erstelle ich ein Profilbild? Wie mache ich ein Kanalbanner für meinen Channel? Wie muss ein Thumbnail aussehen? Ich habe meine Sachen mit Paint gebastelt. Ich habe mir unendlich viel Mühe gegeben, nur um in den

Kommentaren zu lesen, wie scheiße doch alles aussah. Aber das motivierte mich nur noch mehr.

Ich blieb tagelang bei allen möglichen YouTube-Videos hängen. Zog mir eines nach dem anderen rein. Und dann bin ich darauf gestoßen. Auf dieses eine, dieses ganz und gar spezielle Video. Das Video, das mich umhaute, weil es völlig anders war.

Es war von einem Typen, der sich »ELoTRiX« nannte. Das Video hieß »Hart am Limit«. Es war eigentlich gar kein richtiges Video, es war eine einzige Hasstirade. Man sah ein Gameplay von »Modern Warfare« und hörte die Stimme dieses Typen, der zwölf Minuten lang einfach nur fluchte. Der seine ganze Wut, seinen ganzen Frust, seinen ganzen Ärger über alles, was ihn am Spiel aufregte, rausließ. Er rastete richtig aus. Das Video war fürchterlich, es war zu laut, völlig überpegelt, absolut übertrieben – aber es traf die Gefühle, die so ziemlich jeder CoD-Spieler kannte, auf den Punkt.

Ich habe auf dieses Video einen übelsten Lachflash geschoben. Ich hatte noch nie vorher ein Video mit so vielen Beleidigungen und Aggressionen gegenüber einem einzigen Spiel gesehen. Gegenüber all den Sachen, über die ich mich auch schon bei dem Game aufgeregt hatte. Da sprach mir einer aus der Seele.

Ich schickte das Video allen meinen Zockerfreunden, wir schauten es uns gemeinsam wieder und wieder an. Zu diesem Zeitpunkt hatte ich noch keine Ahnung, welche Bedeutung dieser Typ, der da in sein Mikrofon reinplärrte, für mein weiteres Leben haben würde. Aber ich spürte bereits, dass dieses Video meinen Blick auf die Plattform verändert hatte. Ich spürte, dass da etwas war, was mich wirklich reizte. Ich wollte auch so etwas machen.

Aber ich wollte nicht bloß über ein Video drübersprechen, wollte nicht bloß eine Tonspur einbinden wie ELoTRiX. Ich wollte mich auch gleich zeigen. Auch deshalb, weil bei mir immer mal wieder Leute in die Kommentare schrieben, dass sie mich doch gerne mal sehen würden, dass sie gerne mehr über mich erfahren wollten. Klar, diese Leute hatten ja wirklich überhaupt keine Ahnung, wer ich war. Es gab ja auch keine Hinweise darauf. Okay, von der 88 in meinem Profilnamen MontanaBlack88 konnte man ableiten, welcher Jahrgang ich war, und Eingeweihte wussten auch, dass MontanaBlack in der Graffiti-Szene ein beliebter Spraydosen-Hersteller war. Mehr konnte sich aber niemand zusammenreimen, der mich nicht persönlich kannte.

Nachdem ich also ein gutes Jahr lang nur Gameplay-Videos hochgeladen hatte, entschloss ich mich, einen Schritt weiterzugehen. Ich entschied mich dafür, dass ich mich ab jetzt zeigen würde.

Ich griff nach dem Telefon und rief meinen Vater an. Papa war ebenfalls ein Zocker. Ein Zocker der ersten Stunde. Er hatte schon die neuesten Games gespielt, als ich noch gar nicht auf der Welt war. Und er hatte ein wesentlich besseres technisches Equipment als ich.

»Hi, Papa, hast du nicht irgendwo zufällig noch eine alte Webcam rumliegen?«

»Bestimmt, wozu brauchst du sie denn, Sohn?«

»Ich will ein Video für YouTube aufnehmen.«

»Aha.«

Papa war wirklich technische Avantgarde. Aber mit YouTube konnte selbst er noch nicht allzu viel anfangen. Trotzdem brachte er mir noch am selben Nachmittag eine alte Webcam vorbei. Und wenn ich »alt« sage, dann meine ich auch wirklich alt. Das Gerät war im Grunde Schrott. Es hatte eine fürchterliche Auflösung. Aber im Moment war mir das völlig egal. Ich wollte ja keinen Kinofilm drehen, ich wollte mich bloß in einem Video auf YouTube zeigen.

Natürlich war ich extrem aufgeregt. Ich wollte alles richtig machen. Also überlegte ich mir genau, was ich sagen würde, machte mir ein paar Notizen, übte vor dem Spiegel alles ein. Als ich mich da selbst sah, kam ich mir ein bisschen blöd vor. Wie ein Schauspieler.

Scheiß drauf, dachte ich. Ich mache das Ding einfach frei Schnauze. Einfach drauflosreden. Das konnte ich. Ich wollte den Leuten ja auch zeigen, wie ich wirklich bin. Warum sollte ich mich verstellen?

Irgendwann hatte ich mein erstes richtiges Video endlich im Kasten. Ich zeigte das Gameplay von einem Spiel, das ich aufgezeichnet hatte, und blendete im oberen Bildschirmrand das Video ein, in dem man mich sah und ich irgendwas erzählte. Erst etwas von mir. Danach etwas über Call of Duty. Ich laberte einfach, was ich während des Spiels so erlebt hatte. Ein paar skurrile Anekdoten.

Dann lud ich dieses Video hoch.

Zu meiner Beruhigung war die Resonanz durchweg positiv. Die Leute schienen mich zu mögen. Obwohl sie mich wahrscheinlich gar nicht wirklich erkennen konnten, immerhin war die Qualität so miserabel, dass ich aus gefühlt nur einem Pixel bestand. Dieses Video habe ich deshalb nach nur einer Woche auf YouTube wieder gelöscht.

Ich hing mittlerweile nächtelang in irgendwelchen Crafträumen und Messengern rum und fragte andere Leute um Rat. So auch an einem Mittwochabend, es war weit nach Mitternacht, und ich unterhielt mich nach ein paar Runden CoD gerade mit einem Spieler, den ich schon seit gut einem halben Jahr kannte. Ben. Er war etwa in meinem Alter, ein leidenschaftlicher Gamer und einfach ein guter Kerl. Wir verabredeten uns etwa einmal die Woche auf die eine oder andere Runde. Er gehörte nicht zu meiner klassischen Zockerclique, sondern war einer meiner frühen YouTube-Abonnenten.

»Mann, die Audioquali ist richtig mies«, sagte er, als wir uns über Skype unterhielten. »Lass auf TeamSpeak wechseln.«

»Gerne.«

»Kennst du ELoTRiX? Der hat einen eigenen Server, da können wir drauf.«

Ich brauchte einen kurzen Moment. ELoTRiX? Ach ja, na klar, der Typ, der so ausgerastet war in seinem Video.

»Woher kennst du seinen Server?«

»Ach«, sagte er. »Ich bin ganz gut mit dem.«

Ich willigte ein, und wir wechselten auf den ELoTRiX-Server. Es war ganz entspannt, wir waren in einem kleinen Raum, wo sich sonst nur noch zwei weitere Leute aufhielten, und quatschten ein wenig über CoD.

Und dann passierte es. Es dauerte nicht lange, da jointe tatsächlich ELoTRiX höchstpersönlich dazu.

»Moin, moin!«, sagte er.

»Moin, moin!«

Krass, dachte ich. ELoTRiX ist da. Einfach so. Das war für mich in dem Moment eine große Sache. Ich weiß gar nicht wieso. Ich bin nie ein Fan von irgendwem gewesen, habe mich nie für irgendwelche Stars interessiert, aber jemanden wie ELoTRiX, der wirklich eine große Nummer auf YouTube war, persönlich im Chat zu haben, das war schon aufregend. Und gleichzeitig auch eine gute Gelegenheit, um ihm einmal zu erzählen, dass ich seinetwegen mit YouTube angefangen hatte. Dieses eine Video von ihm, das war halt einfach Legende.

»Yo, Elo«, begann ich. »Ich muss dir da mal was erzählen.«

Keine Reaktion. Nur Stille. Absolute Stille. Von jetzt auf gleich, da hörte man nichts mehr. Niemand in dem Raum sagte irgendwas.

»Hallo?«, fragte ich in diese Stille hinein und klopfte zweimal auf mein Headset. War da was kaputt? Oder hatte ich was … Ach ja. Da war ja was. Ich kannte ELoTRiX nicht. Nicht persönlich. Ich kannte nur seine Videos, die ich mittlerweile regelmäßig verfolgte, aber das hatte schon gereicht, um zu wissen, dass es da ein paar Punkte gab, bei denen er, nun, man könnte sagen ein klein wenig eigen war. ELoTRiX hatte die Neigung, immer mal wieder leicht cholerische Anfälle zu bekommen, wenn man ein paar Standards nicht beachtete. Einer dieser Standards war sein Name.

»Hör mal, MontanaBlack, kennen wir uns oder so?«

»Nee, noch nicht, aber ...«

»Gut, dann kommst du jetzt noch mal mit einer Verwarnung davon, aber eines sage ich dir, du blödes Arschloch, wenn du noch einmal meinen Namen falsch aussprichst, dann bann ich dich sofort von diesem Server hier, hast du das verstanden?«

»Digga, chill, ich ...«

»Ob du das verstanden hast, Junge?!«, brüllte er mich einfach nur an.

Es war der Beginn einer wunderbaren Freundschaft.

*

Ich hatte noch ein bisschen Zeit. Meine Schicht im Getränkemarkt begann heute etwas später, also nutzte ich den Vormittag, um im MediaMarkt vorbeizuschauen. Ich war frustriert, und von Minute zu Minute wurde es schlimmer. Nach nur zwei Monaten war mein wunderschöner erster eigener Rechner durchgeraucht. Einfach so. Ich hatte heute Morgen versucht, ihn anzuschalten, doch er war tot. Ging einfach nicht mehr an. Klar, hätte man mit rechnen können, das Ding hat ja auch nur hundertsechzig Euro gekostet. Dennoch war ich verzweifelt. Jetzt hatte ich nicht nur Schulden bei Anna, sondern auch keinen PC mehr. Wo sollte ich denn bloß das Geld für einen neuen Rechner hernehmen?

Ich streifte durch die langen Gänge und schaute mir die ausgestellten Modelle an. Ein High-Tech-Gerät stand neben dem anderen. Einige hatten stylische schwarze Gehäuse, an denen bunte LED-

Lämpchen befestigt waren. Auf den kleinen Aufstellern stand, welche Hardware in den Geräten verbaut war. Ich kniete mich hin, um mir die Rechner näher anzuschauen. Was hätte ich nicht dafür gegeben, so einen Computer zu besitzen! Aber alleine der Gedanke daran war utopisch. Solche Rechner kosteten über zweitausend Euro. Digga ... zweitausend Euro. Das war eine für mich absolut unvorstellbare Summe. Wie sollte ich jemals so viel Geld zusammenbekommen? Ich rechnete in meinem Kopf einmal alles durch. Selbst wenn ich jetzt wieder krumme Dinger drehen würde, könnte ich mir das nicht leisten.

Ich lief den Gang weiter runter zu den Mittelklassemodellen. Sie waren schon etwas günstiger, aber für mich noch immer unbezahlbar. Vor einem Schild blieb ich stehen. »Ratenzahlung möglich! 50 Euro/Monat« stand darauf.

Fünfzig Euro im Monat. Ich schaute mir das Gerät an. Es kostete insgesamt tausend Euro. Ein wirklich schickes Teil. Fünfzig Euro, dachte ich und überschlug alle meine Einnahmen und Ausgaben. Wenn ich auf alles, auf wirklich alles verzichten würde, dann könnte ich mir das leisten. Theoretisch. Praktisch würde ich niemals eine Finanzierung bekommen. Ich hatte einen miserablen Schufa-Score, da hatte sich in den vergangenen Monaten und Jahren so einiges aufgestaut. In meiner Drogenzeit hatte ich mir jede Menge Handys auf Vertrag geben lassen, die Dinger dann aber gleich wieder verkauft und niemals irgendeine Rechnung bezahlt. Insgesamt war ich bisher nicht der Zuverlässigste gewesen, wenn es darum ging, offene Rechnungen pünktlich zu begleichen. Wie auch immer, ich war alles andere als kreditwürdig. Das wusste ich.

»Entschuldigen Sie«, sprach ich trotzdem einen Verkäufer an. Der Typ war ein gemütlicher älterer Herr mit einer dicken Brille. »Ich hätte da eine Frage ...«

»Moin«, sagte er. »Was kann ich für dich tun?«

Ich atmete einmal tief durch. Irgendeine Stimme in meinem Kopf sagte mir, ich solle es zumindest versuchen. Ich weiß gar nicht, wo das plötzlich herkam, es war wie eine Art innere Eingebung. So etwas hatte ich eigentlich noch nie gehabt. Aber gut, ich war verzweifelt. Und mehr als Nein sagen konnte der Typ ja nicht.

»Ich würde diesen Rechner gerne kaufen«, sagte ich, machte eine kurze Pause und tippte auf das kleine Schildchen. »Auf Raten.«

»Den Rechner auf Ratenzahlung kaufen, ja?«, wiederholte der Verkäufer.

»Ja, genau.« Er schien mir etwas langsam im Kopf zu sein.

»Dann bräuchte ich bitte einmal deinen Ausweis.«

Ich reichte ihm das Kärtchen, er schaute sich alles an, dann stellte er sich an einen der Service-Computer und tippte ewig lang alle Daten ein. Der Mann war wirklich sehr, sehr langsam. Er schaute auf meinen Ausweis, dann wieder auf seinen Monitor, dann wieder auf meinen Ausweis.

»Eris, ja?«

»Ja ...«

»E-R-...«

Ich schaute ungeduldig auf die Uhr. In einer Stunde musste ich auf der Arbeit sein.

»...-I-S. Eris.«

Ich verdrehte die Augen.

»Ratenzahlung ...«

Er tippte wieder irgendwelche Sachen in den Computer. Gleich würde er eine Bonitätsauskunft einholen, und dann wäre es für mich gelaufen.

»Okay, Marcel Eris«, sagte der Verkäufer. »Die Anfrage läuft jetzt durch das System. Das dauert ein paar Minuten.«

Ich nickte und streifte noch einmal die Gänge entlang. Ich schaute mir die neuesten Computerspiele an, die nur ein Regal weiter ausgestellt waren. Betrachtete die aufwendig gestalteten Pappboxen, die liebevoll designten Cover. So etwas fiel einem im Alltag eigentlich gar nicht mehr auf. Nicht, wenn man die Spiele besaß. Es fiel einem nur auf, wenn man sich die Spiele nicht leisten konnte. Dann nahm man jedes Detail von so einer Box wahr wie ein kleines Heiligtum. Ich glaube bis heute, dass man den Wert einer Ware nur dann zu schätzen weiß, wenn es eine Zeit gab, in der sie für einen unerreichbar war. Wenn man von ihr geträumt hat. Ganz gleich, ob es sich um eine CD, ein Computerspiel, ein Auto oder eine Tasche von Gucci handelt. Wenn man sich all diese Dinge von Anfang an leisten konnte, dann hat man ihren wahren Wert nie verstanden. Denn der wahre Wert eines jeden Produkts liegt darin, im Menschen eine Sehnsucht zu wecken. Ihn zum Träumen einzuladen.

Ich ging wieder zu dem Service-Platz zurück, wo der ältere Verkäufer mehrfach gegen seinen kleinen Bildschirm klopfte.

»Ist alles in Ordnung?«

»Ja, ja, eigentlich schon«, sagte er und wirkte ein wenig abwesend. »Nur irgendwie scheint das System gerade ausgefallen zu sein. Der ganze Bildschirm ist schwarz, das macht uns heute schon die ganze Zeit Ärger und ... ah!«

Ich sah auf dem Monitor, wie sich das Bild langsam wieder aufbaute. Die Software ruckelte sich anscheinend wieder ein.

»Da haben wir es«, sagte er. »Der Antrag ist genehmigt.«

Er druckte die Papiere aus und gab sie mir zum Unterschreiben. Ich konnte es nicht fassen. Das war ein Fehler. Das musste ein Fehler sein. Es war völlig unmöglich, dass ich einen Computer einfach so finanziert bekam. Aber ich sagte natürlich kein Wort. Ich unterschrieb den Wisch und trug zehn Minuten später meinen neuen Computer aus dem Laden.

Ich zog mein Handy aus der Tasche, rief beim Getränkemarkt an und meldete mich krank. Dann machte ich mich mit meinem PC auf den Weg nach Hause. Opa hat natürlich noch tagelang geflucht über meinen Kauf. Aber ich nahm mir vor, dass ich jetzt so richtig durchstarten würde. Das war die eigentliche, die wahre Geburtsstunde von MontanaBlack.

III. ANERKENNUNG

Ich konnte es nicht fassen. Ich konnte es einfach nicht fassen. Ich saß an meinem Rechner und starrte auf den Bildschirm. Sie hatten es wirklich getan. Sie hatten mir das Geld tatsächlich überwiesen. Klar, ich hatte letzte Woche schon eine Ankündigung bekommen, und es gab eigentlich überhaupt keinen Grund, daran zu zweifeln. Aber erst jetzt, wo ich die Summe auf meinem Online-Konto sah, konnte ich auch realisieren, was da eigentlich passiert. Es war nicht die Welt. Aber für mich war es mehr, als ich mir je hätte vorstellen können. Dreihundert Euro! Überwiesen von Google, dem Mutterkonzern von YouTube. Einfach dafür, dass ich Videos machte. Dass ich meinem Hobby nachging. Und das gerade mal ein Jahr nachdem ich ernsthaft mit den Videos begonnen hatte.

Okay, ganz so einfach war es natürlich nicht. YouTube war mittlerweile nicht mehr bloß eine einfache Plattform, auf der irgendwelche Leute ihre Hobbyvideos hochluden. YouTube war die größte und wichtigste Video-Hosting-Plattform der Welt. Und sie löste eine Revolution aus, die sich ihre Gründer wahrscheinlich selbst nie erträumt hatten. Denn YouTube veränderte die Sehgewohnheiten der Menschen. Mittlerweile gab es auf der Plattform so viel Content, dass für jeden etwas dabei war. Ob für Zocker wie mich, für Beauty-Interessierte oder für Newsfreaks: Auf YouTube gab es nichts, was man nicht fand. Und für viele Menschen war es einfach attraktiv, sich an den Rechner zu setzen und selbst über die Inhalte zu bestimmen, die man sich gerade anschauen wollte. Das klassische Fernsehen, das nur ein lineares Programm anbot, konnte da nicht mithalten. Kein Wunder, dass Netflix ein paar Jahre später zu dem wurde, was es heute ist. Es hat das Prinzip von YouTube aufgegriffen und den Leuten die Freiheit gegeben, selbst zu entscheiden, was sie wann sehen wollen.

Je mehr Leute sich nun also irgendwelche YouTube-Videos anschauten, desto interessanter wurde YouTube auch für die Werbebranche. Es dauerte nicht lange, bis vor, nach oder während der Videos kleine Werbeblöcke geschaltet werden konnten. YouTube tat hier etwas strategisch sehr Kluges: Es beteiligte die Menschen, die die Videos produzierten, an den Werbeerlösen, die sie generierten. Damit sorgten sie zum einen dafür, dass Videocreator wie ich noch viel motivierter waren, möglichst viele Videos hochzuladen. Und zum anderen investierten sie auch in uns, sodass wir nun Geld hatten, um neues, besseres Equipment zu kaufen, mit dem wir unseren Content noch hochwertiger gestalten konnten, wodurch wir wiederum die Reichweiten steigerten und damit automatisch noch attraktiver für Werbekunden wurden, was am Ende auch die Werbeeinnahmen von YouTube vermehrte. Eine Aufwärtsspirale. Für alle Beteiligten.

Für mich war aber das Schönste zu erkennen, dass ich ein klein wenig Geld damit verdienen konnte, einfach nur ich selbst zu sein, einfach nur das zu tun, was ich gerne tat. So etwas hätte ich nie für möglich gehalten. Schöne neue Welt.

Ich machte den Rechner aus, setzte mich auf mein Fahrrad und fuhr zur Bank. Ich wollte mir einen Kontoauszug ausdrucken, den ich abends Oma und Opa zeigen konnte. Ich hatte ihnen zwar letzte Woche schon erzählt, dass ich mit YouTube mein erstes Geld verdient hatte, aber sie konnten sich das nicht so wirklich vorstellen. Wie denn auch? Ich begriff es ja selbst nicht.

»Du spielst deine Computerspiele, und eine Firma gibt dir Geld dafür?«, fragte Oma ungläubig.

»Ich spiele die Spiele und erzähle was dazu. Daraus mache ich dann ein Video, und andere Leute gucken sich das an.«

»Warum sollten sie sich das angucken, Junge?«

»Na, Oma, weil sie so einem hübschen Kerl wie mir halt gerne zuhören.«

»Ach, Marcel«, lächelte sie und strich mir über den Kopf.

»Bist du dir sicher, dass du keinen Mist gebaut hast?«, wollte Opa auf Nummer sicher gehen. »Dass das alles nichts Illegales ist?«

Ich freute mich darauf, ihm heute Abend den Kontoauszug vorlegen zu können. Google war auch ihm ein Begriff. Er würde sich freuen, dass das alles eine ganz seröse Sache war.

Ich faltete den kleinen Zettel, den der Bankautomat ausspuckte, und steckte ihn in die Hosentasche. Dann verließ ich die Sparkasse und fuhr weiter zum Getränkemarkt. Als ich ihn erreichte, wartete schon die nächste Überraschung auf mich.

*

Ich zog meine Weste an und machte mich im Lager gleich an die Arbeit. Ich war spät dran. Vor mir stapelten sich schon die Paletten mit den neu gelieferten Getränken, die im Laden verteilt werden mussten. Ich setzte mich gerade auf den kleinen elektrischen Hubwagen, als meine Chefin zu mir kam.

»Ah, Marcel, da bist du ja«, sagte sie. »Da sind ein paar Jungs, die mit dir sprechen wollen.«

»Was denn für Jungs?«

»Das weiß ich nicht, aber sie haben nach dir gefragt.«

Ich hatte keine Ahnung, wer mich hier besuchen wollte, daher zuckte ich nur mit den Schultern, zog meine Arbeitshandschuhe aus und folgte ihr in den Verkaufsbereich, wo eine Gruppe von Teenagern stand. Die Jungs waren vielleicht vierzehn oder fünfzehn Jahre alt.

Als sie mich sahen, mussten sie grinsen. »Krass, schau mal, das ist Monte«, flüsterten sie sich zu.

»Moin, Jungs, was geht?«

Ich schaute mir die Kids an und überlegte, woher ich die Typen kannte. Aber ich erinnerte mich nicht. Ich hatte diese Jungs noch nie zuvor gesehen.

»Ja, alles gut und so. Aber wir wollten fragen, ob wir mit dir ein Foto machen können?«

Ein Foto? Ich brauchte ein paar Sekunden, um alles zusammenzusetzen. Na klar, sie hatten mich Monte genannt, das hieß, sie kannten mich aus dem Netz. Das mussten Zuschauer von mir sein! Es war so merkwürdig, dass mich echte Menschen hier in Buxtehude auf das ansprachen, was ich so im Internet trieb, dass ich wirklich eine ganze Weile brauchte, um diese beiden Welten in meinem Kopf zusammenzubekommen.

»Woher wisst ihr denn, wo ich arbeite?«, fragte ich.

»Hattest du mal bei Insta gepostet.«

»Ah ja, klar.«

Einer der Jungs reichte mir sein Handy. Ich bat Frau Schmidt, die sichtlich irritiert war, das Foto zu machen, stellte mich zwischen die Jungs vor die wunderschöne Kulisse einiger Getränkekästen, grinste in die Kamera und reckte meinen Daumen hoch.

»Danke, Monte, du bist der Allerbeste!«, freuten sich die Kids und verließen fröhlich winkend den Laden.

Als sie weg waren, ging ich wieder ins Lager, setzte mich auf die E-Ameise und fuhr die Paletten in den Verkaufsbereich.

»Was war denn das eben?«, fragte mich Frau Schmidt, die wirklich verwirrt war.

»Ach, nur ein paar Jungs, die ein Foto mit mir machen wollten«, antwortete ich, als wäre das etwas ganz Normales. Auch wenn es sich ganz und gar nicht normal anfühlte.

»Bist du …« Sie stutzte und musterte mich von oben bis unten. »… bist du irgendwie berühmt oder so?«

Ich lachte. »Nee, Frau Schmidt, ich mache nur ein paar Videos auf YouTube.«

»Aha …«

Ich konnte die ganze Situation selbst noch gar nicht so richtig realisieren, aber mit dem Kontoauszug in meiner Hosentasche und dem Erlebnis im Getränkemarkt fing ich langsam, ganz langsam an zu begreifen, dass das, was ich im Internet machte, auch Auswirkungen auf mein echtes Leben hatte. Es war nicht mehr bloß eine Parallelwelt. Die beiden Welten fingen an, sich zu berühren.

Ich fand das in diesem Moment aber gar nicht befremdlich. Ich fand es cool. Ich konnte Geld mit etwas verdienen, das mir wirklich Spaß machte, und ich schien gut darin zu sein, denn ich bekam Anerkennung für meine Arbeit. Das war etwas völlig Neues für mich, und ich freute mich, dass es da draußen Menschen gab, die mich feierten. Einfach dafür, dass ich machte, was ich sowieso machen wollte. Was für ein geiles Gefühl, dass man plötzlich Fans hatte. Aber es sollten nicht nur Fans sein, die ich neu dazugewann. Ich bekam auch neue Freunde.

IV. NEUE FREUNDE

Ich bereute es. Ich bereute es jetzt schon. Aber wenigstens hatte ich ein Abteil ganz für mich.

Ich war echt nicht so der Reisetyp, und als ich den Fahrplan vor mir noch einmal durchblätterte, wurde mir erst richtig bewusst, was ich da auf mich genommen hatte. Vor mir lag nicht bloß irgendeine Fahrt, sondern ein Monster von einer Strecke. Und das auch noch mit der Deutschen Bahn.

Ich ließ mich tief in meinen Sitz sinken und schaute aus dem Fenster. Scheiß drauf. Es wird sich trotzdem lohnen, dachte ich, als der Zug sich in Bewegung setzte.

»Gerade losgefahren. Bin in acht Stunden da«, tippte ich in mein Handy und schickte die Nachricht an Carsten.

Keine Antwort. Natürlich nicht. Es war früh am Morgen. Carsten, wie ELoTRiX im echten Leben hieß, schlief sicher noch. Wie jeder normale Mensch, dachte ich mir, packte das Handy wieder ein, setzte meine Kopfhörer auf und hörte ein wenig Musik. Schon nach einer Stunde herrschte in meinem Kopf gähnende Leere. Das hier würde eine todlangweilige Fahrt werden. Ich wusste nicht, wie ich die Zeit totschlagen sollte. Ich Idiot hatte nicht mal was zum Lesen mitgenommen.

Hin und wieder zog ich meine Kamera aus der Tasche, baute mein Ministativ auf dem Tisch vor mir auf und erzählte irgendetwas. Ich wollte von der Reise einen kleinen Vlog für YouTube machen, das hatte ich mir fest vorgenommen. Aber nach zehn Minuten hatte ich bereits alles gesagt, was es zu sagen gab. Ich saß halt in einem Zug nach Ulm. Das war die Story.

Ich fischte mein Handy aus der Tasche und schrieb Carsten noch eine SMS. »Vergiss bloß nicht, mich abzuholen, du Penner.«

Wieder keine Antwort.

Nach unserer ersten, etwas ruppigen Begegnung im TeamSpeak hatten Carsten und ich doch noch einen Zugang zueinander gefunden. Mehr noch. Wir wurden sogar Freunde. Und jetzt, nach ein paar Monaten, da hatten wir beschlossen, dass ich ihn einfach mal besuchen würde.

Als die Bahn in Hannover hielt, sprang ich kurz aus dem Zug, um eine Zigarette zu rauchen. Acht Stunden Bahnfahren war an sich schon nervig. Aber acht Stunden Bahnfahren, wenn du Raucher bist, das ist die reinste Folter. Ein einziger Krampf.

Ich zog eine Zigarette aus der Schachtel, steckte sie an, schloss die Augen und nahm einen tiefen Zug. Endlich, dachte ich nur und spürte den warmen Rauch in meinen Lungen. Als ich die Augen wieder öffnete, sah ich, wie eine übergewichtige Schaffnerin quer über das Gleis auf mich zulief und mir etwas entgegenrief. Nanu? Was hatte sie denn? Ich verstand nicht, was sie sagte, schaute mich um. Meinte sie mich? Anscheinend. Da war sonst niemand. Ich nahm noch einen Zug und wartete, bis sie schnaufend vor mir stand. Irgendetwas musste passiert sein. Sie atmete einmal schwer durch.

»Ist alles in Ordnung?«, fragte ich.

Sie brauchte kurz, um wieder Luft zu bekommen, dann baute sie sich vor mir auf.

»Was machen Sie denn da?«, wollte sie wissen.

»Wie bitte?«

Sie legte den Kopf schräg und schaute mich vorwurfsvoll an. »Was Sie da machen, hab ich gefragt!« Der Ton wurde auf einmal sehr rau. Ich verstand wirklich nicht, was sie von mir wollte.

»Ich fahre nach Ulm«, sagte ich.

»Das meine ich nicht!« Ihr Kopf wurde knallrot, dann deutete sie auf meine Zigarette. »Hier ist Rauchverbot!« Sie zeigte auf ein Schild.

Ich musste lachen. Das war doch jetzt nicht ihr Ernst. Sie hatte doch nicht gerade wirklich einen Sprint über den halben Bahnhof hingelegt, nur um mir zu sagen, dass ich …

»Machen Sie die Zigarette sofort aus!«

Ich nahm noch einen Zug. Es war so absurd, dass ich es schon wieder lustig fand. »Hören Sie«, sagte ich betont freundlich. »Ich bin Raucher. Ich habe hier acht Stunden Fahrt vor mir. Ich habe nur schnell zwei Züge genommen, bevor die Bahn gleich weiterfährt, weil drinnen kann ich ja nicht …«

Doch das interessierte sie einen Scheißdreck. »Machen Sie sofort die Zigarette aus!«, schrie sie mich jetzt schon beinahe an.

»Nee, mach ich nicht, Digga!« Das war mir einfach zu blöd. Ich rauchte weiter.

Noch bevor sie etwas sagen konnte, wurde sie von einer Ansage unterbrochen, dass der Zug jetzt weiterfahren würde und die Passagiere bitte einsteigen sollten.

»Einen schönen Tag noch!«, sagte ich, schnipste die Kippe weg, setzte mich wieder in mein Abteil und verfluchte diese Reise. Nie wieder würde ich nach Ulm fahren. Das nächste Mal musste Carsten mich in Buxtehude besuchen kommen, so viel stand fest. Mir war nicht mehr nur langweilig, jetzt hatte ich auch noch schlechte Laune. Ich schaute aus dem Fenster und betrachtete das Land, durch das wir fuhren.

Als der Zug in Frankfurt hielt, stieg ich wieder aus, um mir schnell eine Kippe anzuzünden.

»Hey, Bruder«, hörte ich eine Stimme und drehte mich um. Neben mir stand ein Kerl mit langen, fettigen Haaren und zerrissenen Jeans. Sein Blick war glasig, er sah mich gar nicht richtig an, schaute vielmehr an mir vorbei. Sein Kopf zuckte dabei nervös. Ich hatte keine Ahnung, wie alt er war, es war schwer zu schätzen. Er nahm sicher Heroin oder Crack. Das sah ich ihm gleich an. Ich kannte Menschen wie ihn aus der Entzugsklinik.

»Alles gut?«, fragte ich und zog an meiner Zigarette.

»Bruder, kannst du mir vielleicht mit einer Kippe aushelfen?«

Ich nickte, und gerade als ich nach meiner Packung suchte, sah ich am anderen Ende des Gleises die dicke Schaffnerin. Unsere Blicke trafen sich. Sie setzte ihren schweren Körper in Bewegung und begann, auf mich zuzulaufen. Herrgott, dachte ich. Das durfte doch nicht wahr sein!

»Weißt du was, nimm einfach alle«, sagte ich zu dem Junkie und drückte ihm meine Marlboro-Packung in die Hand. Dann stieg ich schnell wieder in den Zug. Ich hatte wirklich keine Lust mehr auf Palaver.

Nach acht langen Stunden kam ich endlich in Ulm an. Ich packte meine zwei Reisetaschen und stieg aus. Am Bahnsteig stand ein großer, schlaksiger Typ, der mir entgegenschlurfte und mich angrinste.

»Monte ...«

»Yo, Carsten, bist ja doch noch gekommen.«

»Fiel mir nicht leicht. Hatte mir echt überlegt, ob ich dich abholen oder doch lieber noch eine Runde zocken soll«, sagte er.

»Kein Problem, Digga. Darum habe ich mir extra die Nummer von deiner Mami hier eingespeichert. Die hätte sich sonst liebend gerne um mich gekümmert.«

Er fing an zu lachen, dann klopfte er mir auf die Schulter. »Komm, ich bring dich erst mal zu mir, du hattest bestimmt eine anstrengende Fahrt.«

Wir fuhren zu Carstens Elternhaus, er wohnte ganz in der Nähe, wo er mir gleich sein Zockerzimmer zeigte. Es war ein absolutes

Chaos. Überall Kabel, alles war voller Kabel. Ich hatte keine Ahnung, wie er sich hier zurechtfand.

»Und hier«, sagte er und zeigte auf einen kleinen Schreibtisch, den er neben seinen großen Tisch gestellt hatte, »habe ich dir deine Zockerecke eingerichtet. Ich hoffe, das passt so für dich.«

»Klar, Mann! Aber ganz ehrlich, dein Kabelmanagement ist eine absolute Sechs minus.«

Als Nächstes zeigte er mir das Zimmer, in dem ich übernachten sollte. Das »Gästezimmer«. Ich musste grinsen. Ich erkannte es sofort wieder. Es war Carstens altes Kinderzimmer. Er hatte es mal in einem seiner Videos gezeigt.

Erst jetzt, erst in diesem Moment, wurde mir bewusst, wie absurd diese Situation eigentlich war. Ich hatte Carsten noch nie zuvor gesehen, nicht einmal in seinen Videos, weil er sich selbst da nie zeigte. Und dennoch hatte ich ihn gleich erkannt. Und dennoch waren wir sofort dicke Freunde, als würden wir uns schon ein Leben lang kennen. Es war mir auch völlig egal, wie er aussah, darüber hatte ich mir nie Gedanken gemacht. Nicht eine Sekunde. Ich wusste nicht, wer mich erwarten würde, ob er schwarz oder weiß, dick oder dünn, groß oder klein war. Er hätte auch so ein Dreihundertachtzig-Kilo-Typ sein können. Aber es war mir völlig egal, es spielte überhaupt keine Rolle.

Die Freundschaft mit Carsten ist eine ganz besondere Beziehung in meinem Leben. Die ersten zwanzig Jahre, da hatte ich nur analoge Freunde, Leute, die ich über die Schule, über die Nachbarschaft oder von Freunden und Freunden von Freunden kennengelernt habe. Aber Carsten, den kannte ich nur aus dem Internet. Und aus der Netzfreundschaft wurde eine Freundschaft im echten Leben.

Die gesamte Nacht verbrachten wir damit zu zocken. Als wir irgendwann gegen Mittag aufwachten, hatten seine Eltern für uns schon das Frühstück vorbereitet. Oder eher gesagt, sie hatten für uns einfach etwas vom Frühstück übrig gelassen. Ich schaute auf die Uhr, es war schon 11:30 Uhr.

»Und was machen wir jetzt?«, fragte ich.

Carsten streckte sich und schnitt sich dann noch ein Brötchen auf. »Ich würde sagen, wir decken uns für heute Abend ein.«

Ich nickte.

Ich brauchte nicht zu fragen, was für »heute Abend« geplant sein würde. Ich wusste es ja. Wir machten das, was wir für die gesamte Zeit geplant hatten. Zocken.

»Hier in der Nähe ist ein Rewe«, sagte er. »Da kriegen wir alles, was wir brauchen.«

Wir brauchten nicht viel. Monster Energy für mich. Schwarze Dose für Carsten. Pringles und 5-Minuten-Terrinnen. Standard. Danach zeigte mir Carsten noch die Innenstadt. Wir machten uns einen entspannten Tag, gingen ein wenig shoppen. Ich kaufte mir ein paar Sweatshirts, Schuhe und Jogginghosen. Alles finanziert durch mein erstes YouTube-Money.

Am Abend zogen wir uns dann wieder in Carstens Zockerquartier zurück und spielten Runde um Runde. Wir tauchten völlig ab in unsere Parallelwelt, bekamen überhaupt nicht mehr mit, wie die Zeit verging, Stunde um Stunde, Tag für Tag. Es war das erste Mal, dass ich im echten Leben auf jemanden traf, der genauso tickte wie ich. Der meine Sprache sprach. Anderen Leuten hatte ich immer erklären müssen, was ich tat, und meistens verstanden sie es trotzdem nicht. Bei Carsten dagegen konnte ich eher selbst noch was lernen. Wir motivierten uns gegenseitig, forderten unsere Stärken heraus. Endlich war da jemand, der dieselben Erfahrungen machte wie ich, mit dem ich mich austauschen konnte. Es war einfach eine verdammt entspannte Zeit. Ohne dass ich es richtig mitgekriegt hätte, zogen auf diese Art vier ganze Tage ins Land.

Neue Freunde

»Also gut«, sagte ich, nachdem Carsten mich zum Abschied noch zum Bahnhof gebracht hatte. »Dann ziehen wir das nächsten Monat durch?«

»Aber so was von ...!«

*

Einen Monat später zogen wir es dann wirklich durch. Eigentlich war unsere Zeit in Ulm nämlich nur ein Warm-up gewesen. Ein Testlauf. Carsten und ich wollten schauen, wie wir im echten Leben miteinander zurechtkamen, denn wir planten tatsächlich schon länger einen größeren Trip. Er besuchte mich in Buxtehude, von wo aus wir gemeinsam nach Köln fuhren, um dort auf die Gamescom zu gehen.

Die Gamescom. Das Mekka für jeden Zocker. Die weltgrößte Spielemesse, die einmal im Jahr am Rhein für eine knappe Woche ihre Pforten öffnete. Zehntausende von Menschen reisten auch aus dem Ausland an, es war das größte Event der Gaming-Community. Auf der Gamescom konnte man Spiele-Neuheiten bereits vor Release anzocken, sämtliche Spielehersteller der Welt waren vertreten, und sie alle präsentierten ihre anstehenden Highlights. Für mich war alleine schon der Gedanke, dort endlich hinzufahren, unfassbar reizvoll. Und mit einem Kumpel machte das alles natürlich noch sehr viel mehr Spaß. Carsten gehörte definitiv zu den leidenschaftlichsten Zockern, die ich kannte, und da die gemeinsame Zeit in Ulm einfach nur unfassbar entspannt gewesen war, gab es keinen Grund, weswegen wir das nicht gemeinsam durchziehen sollten.

Nachdem wir beide eingecheckt hatten, wollten wir möglichst schnell auf das Gelände. Ich war ein paar Minuten vor ihm in der Hotel-Lobby und wartete dort auf ihn. Ich schaute mich um. Ein merkwürdiges Publikum. Wir hatten uns für ein Low-Budget-Hotel entschieden. Ein Seminarhotel, in dem sonst normalerweise nur

Geschäftsleute unterkamen, um irgendwelche Versicherungsvertreter-Meetings abzuhalten. Nicht die ganz krassen Geschäftsleute, sondern eher so das Regionalvertretungskaliber. Aber neben den ganzen übergewichtigen Männern mit Halbglatze, die ihre Anzughemden vollschwitzten, liefen da auch immer wieder zurechtgemachte Cosplayerinnen herum, Mädchen, die so aussahen wie lebendig gewordene Mangafiguren. Die Blicke der Geschäftsheinis waren unbezahlbar. Man merkte gleich, dass etwas in der Luft lag an diesem Wochenende.

»Servus«, hörte ich Carstens Stimme und drehte mich zu ihm um. Da stand er, lässig wie immer, das Shirt eine Nummer zu groß, die Jeans sowieso und eine Cap auf dem Kopf.

»Na, du Promi«, begrüßte ich ihn. Carsten hatte vor Kurzem entschieden, sich zum ersten Mal auf YouTube zu zeigen. Und das, nachdem er sich jahrelang konsequent versteckt hatte und unter keinen Umständen gefilmt werden wollte. Sogar während ich in Ulm war, musste ich höllisch aufpassen, dass man ihn bloß nicht irgendwo in der Spiegelung von irgendeiner Monster-Dose sah.

»Hast du schon die ersten Groupies abgeschleppt?«, fragte ich ihn halb im Spaß. Aber Carsten nickte todernst und grinste. Verdammt, natürlich hatte er.

Wir ließen das Hotel hinter uns und machten uns gleich auf den Weg zum Messegelände. Es war wirklich ein riesiges Areal, wir brauchten geschlagene dreißig Minuten, um das Gelände halb zu umrunden und den richtigen Eingang zu finden. Aber die Stimmung hier war großartig. Überall waren Gamer, die genauso für ihre Zocker-Leidenschaft brannten wie Carsten und ich. Einige waren schrill verkleidet, hatten sich aufwendige Kostüme von Computerspielfiguren nachgebastelt. Es hatte ein wenig was von heiligem Zockerkarneval.

Als wir die große Halle betraten, kamen wir kaum vorwärts, so geflutet waren die Gänge. Und dennoch sah ich über den Köpfen der

Menschen schon die übergroßen Aufsteller der einzelnen Spielehersteller, der Firmen, der Marken, die hier alle ihre eigenen Stände hatten. Es war ein unbeschreibliches Gefühl. Zu Hause war ich bloß ein Typ, der in seinem Zimmer hockte und Gleichgesinnte nur über die Game-Lobby fand. Hier aber hatten alle Anwesenden dieselbe Leidenschaft, uns alle einte die Liebe zum Zocken. Man verstand sich wortlos. Zu dieser riesigen Menge von Menschen dazuzugehören fühlte sich an, wie angekommen zu sein.

Ich hatte mir einen genauen Plan gemacht, wo ich überall hinwollte, was ich sehen und was ich selbst anzocken wollte. Ich hatte mir wirklich einen Plan gemacht. Mit Stift und Papier. Und ich trug ihn in meiner Hosentasche.

»Ey, guckt mal«, hörte ich eine Stimme. »Das ist doch Monte.«

Und auf einen Schlag war mein Plan völlig zunichtegemacht worden. Irgendein Jugendlicher hatte mich erkannt und gefragt, ob wir ein Foto machen könnten. Klar, sagte ich, kein Problem. Ein Fehler, denn das lockte wiederum andere Jugendliche an, die auch ein Foto wollten, und als sich eine kleine Traube um mich bildete, wurden immer mehr und mehr Leute aufmerksam. Wahrscheinlich bekamen die Menschen ganz hinten gar nicht mit, wer da Fotos machte, aber man stellte sich auf Verdacht einfach mal mit an. Für mich war das etwas völlig Neues. Ich war absolut überfordert.

»Was soll ich jetzt machen?«, fragte ich Carsten.

Er zuckte nur mit den Schultern. Er wusste auch nicht, wie man mit so was umgehen sollte. Irgendwann wurde es ihm zu viel und er zog einfach durch. »Viel Spaß noch«, sagte er und lief weg. Wirklich, er legte einen Sprint hin und lief einfach weg, während ich ein Foto nach dem anderen machte.

Ich hatte mit so einer Situation nicht gerechnet. Ich war zu Beginn noch wie im Rausch, freute mich darüber, dass die Leute so ein großes Interesse an mir hatten. Aber nach und nach wurde alles einfach nur noch stressig. Den Leuten war es natürlich egal, ob ich Lust auf die Fotos hatte, sie achteten nicht groß darauf, ob ich müde oder gestresst war oder vielleicht das Bedürfnis hatte, eine Zigarette zu rauchen. Sie konnten es ja auch schlecht wissen. Ich war einfach da, und sie wollten ihr Foto mit mir haben. So wirklich gehörte ich wohl doch nicht dazu, auch wenn ich ein Teil dieser Gruppe von Menschen war. Die ganze Aufmerksamkeit war zwar cool, aber gleichzeitig auch ganz schön befremdlich.

Ich versuchte, mich langsam, ganz langsam von der Menschentraube wegzubewegen, aber ich hatte überhaupt keine Chance. Für die paar Meter bis zum nächsten Stand brauchte ich eine gute Stunde. Das war ein absoluter Ausnahmezustand. Das reinste Chaos.

Aber ich wollte auch kein Arschloch sein. Immerhin waren das meine Fans, und ich hätte es scheiße gefunden, die einfach wegzuschicken. Also machte ich Fotos, Fotos, Fotos. Und verabschiedete mich schon innerlich von dem Plan, den ich mir für diese Gamescom gemacht hatte. Immer lächeln, immer freundlich sein, das war furchtbar anstrengend.

Nach ein paar Stunden schaute ich auf mein Handy. Es war 15:00 Uhr. Verdammt! Ich hatte in zehn Minuten einen Termin auf einer der Bühnen, das hatte ich beinahe vergessen. Ich war zu einem kleinen Talk eingeladen worden.

»Sorry, Leute«, rief ich. »Ich muss jetzt leider los. Wir können später weiter Fotos machen, okay?«

Ein Raunen ging durch die Menge. Es tat mir irgendwie leid, die Leute zu enttäuschen, aber ich hatte keine Wahl. Also machte ich mich auf den Weg in die Halle, in der ich mich einfinden sollte. Eine Gruppe von etwa fünfzig Jugendlichen folgte mir. Völlig verrückt, dachte ich. Aber so richtig verrückt wurde es erst, als ein dreizehnjähriger Junge sich einfach vor mich stellte, sein Handy rauszog und mir ins Gesicht filmte.

»Sag mal was, Monte, sag mal was!«

Ich konnte diese Dreistigkeit gar nicht fassen. »Ey, bist du eigentlich noch ganz dicht?«, fragte ich ihn, aber er lachte nur und zog direkt wieder ab.

Die Leute überschritten in den kommenden Jahren so einige Grenzen. Nicht aus Böswilligkeit, das weiß ich natürlich. Aber jeder kleine Zwischenfall, der einzeln noch harmlos ist, wird belastend, wenn er sich zehnmal, hundertmal, tausendmal wiederholt. Meine Angespanntheit ist über die Jahre gewachsen, Kleinigkeiten können mich triggern, weil sie manchmal wie ein Teil einer Kette wirken, die einfach nicht enden will. Ich würde mir selbst mehr Gelassenheit wünschen, aber ich bin auch nur ein Mensch, der gute und schlechte Tage hat. Meine erste Gamescom war nur ein kleiner Vorgeschmack auf das, was noch alles kommen sollte.

V. NEUE WELTEN

Ein Schlachtfeld. Mein Zimmer war noch immer ein gottverdammtes Schlachtfeld. Ich massierte mir die Schläfen und betrachtete das Chaos, das sich hier in den vergangenen Wochen angesammelt hatte. Das sah alles nun wirklich nicht mehr feierlich aus. Auf dem Boden leere Monster-Dosen. Auf dem Schreibtisch aufgerissene Chipstüten. Neben meinem Bett gestapelte Pizzakartons. Und hier und da ein paar Cola-Flaschen mit Getränkeresten, in denen jede Menge Zigarettenstummel traurig herumschwammen. Ich verzog die Mundwinkel. Eklig, Digga. Dann zog ich die Vorhänge auf. Das Sonnenlicht blendete mich. Ich kniff die Augen zusammen und fühlte mich wie ein Vampir. Vielleicht, weil ich die gesamten letzten Wochen auch wie ein Vampir gelebt hatte. Seit ich keinen festen Job mehr hatte, war mein Rhythmus komplett zerstört. Ich lebte fast nur noch in der Nacht. Und auch die letzte Nacht war verdammt kurz gewesen.

Aber es half ja nichts, ich hatte es Oma und Opa versprochen. Es war Samstag, und ich wollte den beiden ein bisschen im Haus helfen. Rasenmähen. Die Gartenarbeit übernehmen. Die zwei waren nicht mehr die Jüngsten, und ich wollte meinen Teil ja auch beitragen. Schließlich ließen sie mich bei sich wohnen, obwohl ich mittlerweile bereits fünfundzwanzig war. Obwohl wir eine Vorgeschichte hatten und ich wirklich nicht immer der brave Enkel gewesen war. Also einmal ein bisschen früher aufstehen, das musste drin sein. Aber bevor ich mich um den Garten kümmern konnte, musste ich erst dieses Chaos hier in den Griff kriegen.

Ich nahm eine geöffnete Mülltüte und fegte mit dem Arm den gesamten Restemüll von meinem Schreibtisch. Dann nahm ich einen Lappen und wischte feucht drüber. Ich schaute auf meinen Rechner. Er war angeschaltet, eigentlich war er permanent angeschaltet. Noch im Stehen öffnete ich ganz nebenbei routinemäßig mein Postfach und entdeckte eine Mail, die schon gestern Nachmittag angekommen war. Sie war von dem Spieleersteller Activision. Wahrscheinlich Spam oder eine Werbemail, dachte ich und wollte sie gerade löschen, da sah ich, dass der Betreff ziemlich ungewöhnlich war. Die Mail war von einem Markus. »Persönliche Einladung Marcel Eris«, stand da.

Merkwürdig. Normalerweise wurde ich doch bloß mit meinem Spielernamen angeschrieben. Das schien vielleicht doch etwas anderes zu sein. Ich zog meinen Stuhl heran, setzte mich, öffnete die Mail – und schüttelte den Kopf. Das konnte doch nicht sein. Das war doch garantiert nicht echt. Oder etwa doch? Ich las die Mail erneut. Wieder und wieder.

Ich brauchte eine Weile, um zu realisieren, was hier gerade geschehen war. Krass, dachte ich, das ist doch zu schön, um wahr zu sein!

Ich rannte die Treppen runter und stürmte zu Oma und Opa in die Küche, wo die beiden gerade frühstückten.

»Was ist denn mit dir los?«, fragte Opa, der mir sofort ansah, dass ich in bester Stimmung war. Er schaute verwundert auf die Uhr. »Dafür, dass es noch nicht mal zehn ist, scheinst du mir ein bisschen zu gut gelaunt zu sein.«

»Ja, ja, Opa«, sagte ich. »Aber hört mal, ich habe wirklich gute Nachrichten.«

Ich holte mir einen Orangensaft aus dem Kühlschrank und setzte mich neben die beiden an den Tisch. »Ich habe eine Einladung bekommen. Von Activision, die wollen, dass ich ...«

»Wer ist das?«, fragte meine Oma.

»Was?«

»Wer ist Activision?«

»Das ist eine Firma, Oma. Die Firma, die Call of Duty rausgebracht hat.«

Sie schaute mich mit fragenden Augen an.

»Das ist das Spiel, was der Junge immer die ganzen Nächte an seinem Computer spielt.«

»Genau, Opa, genau, und die Firma, die dieses Spiel gemacht hat, die hat mich nach London eingeladen.«

Opa schüttelte nur den Kopf. »Und was sollst du bitte schön in London machen?«

Das war nun nicht ganz so einfach zu erklären. Activision hatte für die CoD-Serie eine ganz besondere Veröffentlichungsstrategie. Jedes Jahr kam ein neuer Teil der Reihe auf den Markt, und dieses Release wurde im Vorfeld groß beworben. Eine riesige Maschinerie wurde angeworfen: Trailer im Internet, riesige Werbeaufsteller in den Märkten, Plakatkampagnen. Das Spiel wurde wie ein Blockbuster angekündigt. Wie ein Kinofilm. Und das nicht ohne Grund. Auch wenn es vielen Menschen gar nicht so bewusst ist, aber die Videospielindustrie konnte der Unterhaltungsindustrie schon damals das Wasser reichen. »Modern Warfare 3« zum Beispiel, das 2011 erschien, hatte mit vierhundert Millionen US-Dollar Umsatz am Starttag alle bisherigen Release-Rekorde anderer Spiele, Bücher oder Filme in die Tasche gesteckt. »Black Ops 2«, das 2012 erschien, spielte binnen der ersten fünfzehn Tage nach Release eine Milliarde Dollar ein.

Call of Duty hatte eine ungeheuer große Fangemeinde. Der Termin, an dem ein neuer Teil erschien, war für Zocker in aller Welt ein heiliger Tag. Ein Tag, den sie sich mit drei roten Ausrufezeichen im Kalender markierten. Es gab sogar Menschen, die nachts vor ihrem MediaMarkt campierten, um die Ersten zu sein, die am Morgen das neue Spiel in Händen halten durften. Es war fast wie eine Religion.

Man zelebrierte das richtig. Und Activision wusste das natürlich und machte ein Event daraus.

Damit der jeweils aktuelle Teil bis zum nächsten Release aber auch interessant blieb, veröffentlichten sie nach und nach DLCs, also Erweiterungen des Grundspiels. Genau darum sollte es in London gehen: »Onslaught«, das erste DLC zu »Call of Duty – Ghosts« erschien Anfang 2014, und ich sollte es noch vor der eigentlichen Veröffentlichung antesten dürfen. Das war für mich völlig surreal. Ich war der größte CoD-Fan der Welt, habe aus meiner Liebe zu diesem Spiel einen YouTube-Channel eröffnet, und dieser Channel ermöglichte mir plötzlich, dass ich zwei Wochen vor allen anderen die neusten Karten des DLC anzocken durfte. Was für eine Ehre!

»Du sollst … Karten anzocken? Was bedeutet das?«

»Ich darf das Spiel spielen, bevor es andere dürfen, Oma.«

»Aha. Und … was bringt dir das?«

Gut, die Details verstanden sie natürlich noch nicht, aber dass ich nach London fliegen sollte, das begriffen Oma und Opa dann doch. Ich sah, wie Opas Stirn sich langsam, ganz langsam in Falten legte.

»Das kostet doch ein Schweinegeld«, sagte er. »London, was willst du denn in London, du kannst dein Spiel doch auch hier spielen.«

»Nee, nee, Opa. Die bezahlen mir das. Den Flug, das Hotel, alles.«

»Das glaube ich nicht«, sagte er.

Ich hatte damit gerechnet. Also zog ich die ausgedruckte Mail aus meiner Hosentasche und streckte sie ihm entgegen. Er schaute mich an, nahm das Blatt entgegen und las es sich durch. Einmal. Zweimal. Dann legte er seinen Kopf schräg und nickte anerkennend.

»Scheint so, als würden die wirklich ein großes Interesse an dir haben …«, sagte er. »Wahnsinn.« Er begriff nicht wirklich wieso, aber dass eine große Firma für mich alle Kosten übernahm, um mich etwas testen zu lassen, dass ihnen meine Meinung also offenbar etwas wert war, das machte ihn stolz.

Oma fing an zu lachen. Das machte sie immer, wenn eine Situation sie überforderte, wenn etwas passierte, was für sie nicht greifbar, nicht vorstellbar war. Da bezahlte eine große Firma Geld, damit ihr Enkel nach London fliegen und dort ein Computerspiel testen konnte. Unglaublich.

Ich nahm sie in den Arm und lachte mit. Auch ich konnte mir das alles noch gar nicht so richtig vorstellen.

*

Ich lehnte meinen Kopf gegen die Scheibe und schaute aus dem Fenster auf die alte Landstraße vor uns. Es war stockdunkel. Die Scheinwerferlichter von Opas altem Mercedes beleuchteten den Asphalt nur notdürftig, außerhalb der Lichtkegel konnte ich kaum etwas erkennen. Eigentlich war es noch mitten in der Nacht. Nur ein blasser roter Streifen am Horizont kündigte an, dass es bald Tag wurde.

»Schlaf mir nicht ein«, sagte Opa.

Ich richtete mich im Beifahrersitz wieder ein wenig auf und zog meine Jacke zu. Es war kalt geworden in den letzten Tagen.

»Tu ich nicht, Opa.« Tat ich aber doch. Ich hatte schlecht geschlafen. Eigentlich hatte ich so gut wie gar nicht geschlafen. Ich hatte die halbe Nacht gezockt, kroch dann für zwei Stunden ins Bett und lag wach, weil ich mir die ganze Zeit ausmalte, wie es wohl werden würde. Der große Tag. Der Tag, an dem ich nach London fliegen würde.

Ich hatte mich seit zwei Wochen jede einzelne Sekunde darauf gefreut, ich hatte seit zwei Wochen jedem, wirklich jedem, von meiner Reise erzählt, aber im Moment war ich einfach nur noch müde.

Der Wagen bremste ab.

»So, da wären wir, mein Junge«, sagte Opa, hielt sich mit beiden Händen am Steuer fest und schaute starr aus dem Fenster. Wahrscheinlich hätte er mich am liebsten umarmt und mir gesagt, dass er mich liebt, aber dafür war Opa einfach nicht der Typ. »Pass gut auf dich auf, ja?«, presste er noch raus. Der größtmögliche aller Gefühlsausbrüche.

»Ehrensache, Opa.«

Ich griff nach meiner kleinen Reisetasche auf dem Rücksitz und stieg dann aus. »Danke fürs Fahren.«

Die kalte Morgenluft draußen sorgte dafür, dass ich langsam wieder wach wurde. Ich ging auf das kleine, alte Bahnhofsgebäude zu. Neugraben. Opa hatte mich bis nach Neugraben gefahren, weil die Bahntickets zwischen Neugraben und Hamburg Flughafen günstiger waren als die Bahntickets zwischen Buxtehude und Hamburg Flughafen. Das hatte er extra recherchiert, wie er sagte. Ein klassischer Opa.

Ich schaute auf mein Handy. Es war gerade mal halb fünf. Scheiße! Normalerweise würde ich um die Zeit erst ins Bett gehen.

Der Zug sollte um zehn vor fünf kommen, also hatte ich noch ein wenig Zeit. Auch das, ein klassischer Opa. Lieber früh genug losfahren; nicht, dass wir noch in einen Stau geraten, hatte er gesagt. Was sich um diese Zeit zwischen Buxtehude und Neugraben hätte stauen können, das blieb sein Geheimnis.

Ich ging zum Kiosk, kaufte mir eine Zeitung, einen Kaffee und ein belegtes Brötchen, dann setzte ich mich ans Gleis und wartete. Ich war weit und breit der einzige Mensch hier.

Umso überraschter war ich, als die Bahn einfuhr. Sie war voll. Sie war so voll, dass ich nicht einmal mehr einen Sitzplatz bekam. Ich stellte mich also in eine Ecke und beobachtete all die Menschen, die hier standen. Krass, dachte ich. Wirklich krass. Ich wusste natürlich, dass es viele Berufspendler gab, und ich wusste auch, dass es jede Menge Menschen gab, die früh aufstehen mussten, um rechtzeitig an ihrem Arbeitsplatz zu sein. Aber dass es dann doch so viele waren, die sich hier um kurz vor 05:00 Uhr morgens in die Bahn pressen mussten, das hätte ich nie gedacht.

Dabei war ich mal einer von ihnen. Habe auch jahrelang auf dem Bau gearbeitet, als Möbelpacker geschuftet, musste früh, glücklicherweise nie ganz so früh, aufstehen, wenn der Auftrag es verlangte.

Ich schaute in die Gesichter der anderen. Die meisten starrten einfach nur vor sich hin. Manche guckten auf ihre Handys. Niemand hielt Blickkontakt mit irgendwem. Die Menschen wirkten müde. Fast wie Zombies. Und irgendwie waren sie das ja auch. Sie rackerten sich ab, um am Ende des Monats genügend Geld für die Miete auf dem Konto zu haben. Die meisten konnten wahrscheinlich nicht mal große Sprünge machen, sie würden gerade so über die Runden kommen. Und dennoch quälten sie sich jeden Morgen früh aus dem Bett, um Tag für Tag in dieser überfüllten Bahn zu sitzen oder zu stehen, und alles, woran sie dachten, war im besten Fall das nächste Wochenende, an dem sie endlich mal ausschlafen konnten.

Ich betrachtete einen Mann, in dessen Gesicht sich tiefe Falten eingegraben hatten. Er war vielleicht Ende fünfzig und schien einer schweren körperlichen Tätigkeit nachzugehen. Und er wirkte, als hätte er viel gesehen im Leben. Ich wurde kurz melancholisch. Wie sinnlos dieses Leben doch ist, dachte ich, man hält sich nur über Wasser. Und um sich über Wasser zu halten, gibt man sich auf.

Doch dann fiel mir ein, dass ich gleich nach London fliegen würde. Dass ich zwar mit diesen armen Schweinen in derselben Bahn stand, aber nicht mehr dasselbe Leben lebte wie sie. Dass ich meinen Traum verwirklicht hatte. Dass ich verdammt noch mal von dem Publisher meines absoluten Lieblingsspiels eingeladen worden war, um in London das neueste DLC von Call of Duty anzuzocken. Damit würde ich zwar nicht reich werden, aber ich konnte genau das tun, worauf ich Lust hatte. Ich lebte mein Hobby, und meine Meinung interessierte Firmen, vor denen ich den größten Respekt hatte. Dass mir jemals so eine Anerkennung entgegengebracht würde, hätte ich im Leben nicht geglaubt. Wahrscheinlich hätten all die Leute in der Bahn gedacht, dass ich komplett den Verstand verloren habe, wenn ich in diesem Moment ausgesprochen hätte, was mir durch den Kopf ging. Aber das konnte mir egal sein.

Wir erreichten den Flughafen, ich quetschte mich aus der überfüllten Bahn und machte mich auf die Suche nach dem richtigen Gate.

*

Als ich die Lufthansa-Maschine wieder verließ, fühlte ich mich, als wäre ich in einer anderen Welt gelandet. Dabei war ich bloß in London. Doch hier waren die Dinge anders. In London war ich nicht mehr bloß Marcel Eris, nicht bloß der Junge, der sich wochenlang in seinem Zimmer einschloss, um mit seinen Freunden Call of Duty zu zocken. Hier war ich MontanaBlack. Der YouTuber. Und MontanaBlack wurde wie ein VIP behandelt. Zumindest kam mir das so vor.

Es begann schon am Flughafen. Nachdem ich den Zoll verlassen hatte, sah ich einen Mann, der ein Schild mit meinem Namen hochhielt. Er nahm mir mein Gepäck ab und brachte mich zu seinem Wagen, zu einem schönen schwarzen Audi, mit dem er mich den ganzen Tag über kutschieren würde.

»Soll ich Sie erst ins Hotel bringen oder direkt zum Event, Mr Eris?«

Ich überlegte nicht lange. Was wollte ich denn im Hotel? »Gerne direkt zum Event«, antwortete ich ihm auf Englisch, und wir fuhren los.

Der Mann fragte mich, ob ich vorher schon einmal in London gewesen sei.

»Nein«, erwiderte ich, »bisher noch nicht.« Also bot er mir an, einen kleinen Umweg zu fahren und mir die Sehenswürdigkeiten der

Stadt zu zeigen. Das wäre vielleicht gar nicht schlecht, dachte ich, dann könnte ich Oma und Opa auch etwas erzählen, was sie interessant fanden. Dass ich nicht nur ein paar virtuelle Maps, sondern auch das ein oder andere reale Highlight gesehen hätte.

Nachdem wir also am Buckingham Palace, dem Big Ben und der Tower Bridge vorbeigefahren waren, kamen wir schließlich zum Event. Activision hatte im Herzen der Stadt einen riesigen Saal angemietet. Am Eingang empfingen mich zwei breitgebaute Bodyguards in schwarzen Anzügen. Mein Fahrer reichte ihnen einen Zettel, nickte ihnen zu, und sie ließen mich durch die große Eingangstür gehen.

»Ich warte am Auto. Wenn Sie irgendwas brauchen, lassen Sie es mich einfach wissen«, verabschiedete sich mein Fahrer. »Und haben Sie viel Spaß«, lächelte er noch.

Den werde ich garantiert haben, dachte ich und betrat den riesigen Raum.

Es war überwältigend. Überall befanden sich einzelne Gaming-Stations, an die man sich setzen und einfach zocken konnte. Der ganze Saal war ordentlich hergerichtet, es standen große Aufsteller von Call of Duty herum, an den Wänden hingen riesige Poster. Vielleicht zwanzig oder dreißig Menschen liefen durch den Saal, alle jung, ich hörte alle möglichen Sprachen, Deutsch, Englisch, Französisch, Spanisch. Mann, ich war im Paradies!

»Du bist MontanaBlack, stimmt's?«, sprach mich ein Mann auf Deutsch an. Ich drehte mich um, und vor mir stand ein junger Typ, Dreitagebart, tätowierte Arme, hochgekrempeltes weißes Hemd. »Grüß dich, ich bin Markus.«

Der Typ, der mir die E-Mail geschrieben hatte, also. Wir gaben uns die Hand und quatschen ein bisschen. Wir hatten sofort einen wahnsinnig guten Draht zueinander. Markus war ein super Kerl. Locker, entspannt, einfach cool. Und ich wusste, was ich ihm zu verdanken hatte. Mein Kanal war zu diesem Zeitpunkt noch recht klein, eigentlich gab es gar keinen richtigen Grund dafür, dass er mich hier nach London eingeladen hatte. Aber irgendetwas schien Markus in mir zu sehen. Irgendeine Art von Potenzial, dass ich noch sehr viel größer werden könnte, als ich es bislang war. Wieder so etwas, das ich kaum für möglich gehalten hätte. Menschen glaubten an mich, wollten mir dabei helfen, meine Stärken noch zu verbessern. Stärken, von denen ich zu der Zeit nicht mal wusste, dass ich sie besaß. Dieser Glaube, der Zuspruch meiner Zuschauer, die Anerkennung meiner Arbeit – all das zusammengenommen motivierte mich damals extrem.

Neu hinzu kamen Events wie dieses. Sie waren eine der ersten Annäherungen zwischen Industrie und YouTubern. Man muss Activision wirklich zugutehalten, dass sie sehr viel früher als die meisten ihrer Konkurrenten verstanden hatten, was für einen unglaublichen Werbeeffekt es für ihre Spiele hatte, wenn Leute wie ELoTRiX, Commander Krieger oder MarcelScorpion Videos über ihre Spiele machten. Wie sehr das die Kaufentscheidung von Zuschauern beeinflussen konnte. Also kamen sie auf die Idee, diese YouTuber zu umgarnen, sie auf Events einzuladen, ihnen die Möglichkeit zu geben, Spiele vorab exklusiv anzuzocken, sehr genau darauf zu achten, was bei ihnen gut ankam und all solche Dinge. Es war kostenlose Werbung für sie. Und YouTuber waren in der Regel wahrscheinlich auch ein wenig pflegeleichter als Journalisten, die weniger Hemmungen hatten ein Spiel trotz tollem Event öffentlich zu zerreißen. Dass aber auch jemand wie ich seine Meinung offen sagte und sich nicht von irgendwelchen Vorab-Events beeinflussen ließ, sollte das Verhältnis zwischen Activision und mir einige Jahre später noch trüben. Aber damals, da war ich der weltgrößte CoD-Fan. Und alle Loblieder auf dieses Spiel, die kamen von Herzen.

»Nimm dir Zeit, sieh dich ein wenig um und richte dich gerne hier ein«, sagte Markus. »Und wenn du irgendwas brauchst, gib mir einfach Bescheid. Ich bin den ganzen Tag hier.« Er klopfte mir auf die Schulter.

Ich ging ein wenig die Location ab und fand einen Kühlschrank, der komplett mit Monster-Dosen gefüllt war. Direkt daneben entdeckte ich das Buffet, das absolute Highlight. Es gab eine endlose Reihe von Edelstahlbehältern, in denen alle möglichen Gerichte warm gehalten wurden. Fisch & Chips, Auflauf, Putenbrust-Filet. Ich hätte mir am liebsten von allem etwas genommen, so verdammt gut sah das aus. Ich fühlte mich ernst genommen, einfach wie ein VIP.

Und so verbrachte ich den gesamten Tag in der Veranstaltungshalle. Ich zockte, ich nahm Videos auf, ich unterhielt mich mit den anderen YouTubern, die eingeladen worden waren, ging mit Markus auf den Balkon zum Rauchen und stopfte mich am Buffet voll. Gegen Abend leerte sich langsam die Halle.

»Wenn du zum Hotel willst, sag einfach Bescheid«, sagte Markus und legte mir die Hand auf die Schulter, während ich noch eine der letzten Maps zockte. »Aber fühl dich nicht gestresst.«

»Sag mal, Markus, der Flug zurück geht morgen, oder?«

»Ja, morgen früh.«

»Meinst du, es gibt auch noch einen Flug, den ich heute nehmen könnte?«

Er schaute mich verwirrt an. »Bestimmt, aber ... willst du dich nicht lieber ein wenig ausruhen? Es war ein harter Tag, und wir haben dir ein wirklich schönes Hotel gebucht.«

Ich hatte nichts gegen schöne Hotels. Aber am liebsten schlief ich zu Hause. In meinem eigenen Bett. Und der Gedanke, morgen früh um sieben aufzustehen und zum Flughafen zu hetzen, war irgendwie nicht so cool. Ich bringe so was immer am liebsten schnell hinter mich, auch heute noch.

»Das ist ein sonderbarer Wunsch«, sagte er. »Aber kein Problem, ich buche das für dich um.«

Licht

Und so flog ich nach einem langen, ereignisreichen Tag wieder zurück nach Hause. Um 01:00 Uhr war ich in Buxtehude, ging zu Oma und Opa ins Schlafzimmer, sagte ihnen, dass ich wieder da war, und gab ihnen einen Kuss. Dann legte ich mich in mein Bett und versuchte zu realisieren, was gerade in meinem Leben alles passierte.

Ich kam nicht weit. Nach ein paar Minuten war ich eingeschlafen.

VI. LUXUS

Ich lehnte mich gegen die Scheibe und sah, wie die trockene, staubige Landschaft an uns vorbeizog. Ich konnte kaum noch etwas erkennen. Die Sonne war bereits untergegangen, und draußen wurde es langsam dunkel. Nur ein paar vereinzelte Straßenlaternen spendeten ein wenig orangenes Licht. Aber es gab auch nicht viel, was man hätte sehen können. Ein paar Sträucher, einige vertrocknete Bäume und kleinere Erhebungen am Horizont. Die Landschaft war kahl. Ich fächerte mir mit meinen Flugtickets ein wenig frische Luft zu, während mir der Schweiß über die Stirn lief und ich mich dafür verfluchte, dass wir wahrscheinlich den einzigen Bus in der Türkei erwischt hatten, der eine kaputte Klimaanlage hatte. Obwohl es schon so spät war, war es noch immer so heiß. So verdammt heiß.

»Alles okay?«, fragte Anna vorsichtig. Sie kannte mich ja. Sie wusste, dass ich nicht gerne unterwegs war. Sie wusste, dass ich langes Reisen hasste. Eigentlich. Aber dieses Mal war es anders. Dieses Mal nahm ich den Flug und die lange Fahrt gerne in Kauf. Dieses Mal hatte ich sogar richtig gute Laune.

»Ja«, sagte ich und zog sie an mich heran. »Ich freue mich. Wirklich.« Dann gab ich ihr einen Kuss auf die Stirn, und sie lehnte ihren Kopf gegen meine Brust und lächelte.

Der Bus ruckelte noch einmal heftig, als wir auf eine Landstraße abbogen. Der Bus war wirklich eine Katastrophe. Nicht nur, dass es keine Klimaanlage gab, auch alles andere war noch auf dem Stand des letzten Jahrhunderts. Die Sitze waren unbequem, der Stoffbezug schon aufgerissen, und ich war mir ziemlich sicher, dass die Kiste, die uns hier durch die Pampa kutschierte, mindestens dreißig Jahre alt war und höchstwahrscheinlich nicht mal mehr eine gültige Zulassung besaß. In Deutschland hätte man so ein Schrottteil längst aus dem Verkehr gezogen.

Bleib ruhig, Marcel. Nicht aufregen, sprach ich mir gut zu. Ist doch alles okay. Ist doch ein Teil des Abenteuers. Ich atmete einmal tief durch und schloss die Augen.

Es dauerte noch eine gute Dreiviertelstunde, bis wir endlich unser Ziel erreicht hatten. Auf einem riesigen Parkplatz kam der Bus zum Stehen. Wir stiegen mit den anderen Reisenden aus, streckten uns einmal und holten schließlich unsere Koffer aus dem Stauraum. Das war es also. Das dort war unser Hotel.

»Sieht doch gut aus?«, sagte Anna.

»Ja«, sagte ich. »Sieht gut aus.«

Ich zog mir eine Zigarette aus der Packung und steckte sie mir an. Das Hotel war eine riesige, hell erleuchtete Anlage mit einer imposanten Glaskuppel. Vier Sterne. Aber das bedeutete hier nicht viel. Wir waren in Antalya, einer Touristenhochburg in der Türkei. Hier warf man mit Sternen nur so um sich. Ich nahm einen tiefen Zug von meiner Zigarette und ließ alles auf mich wirken. Es war schon eine ganz besondere Atmosphäre. Der Geruch von gegrilltem Fleisch lag in der warmen Sommerluft. Türkische Popsongs waren aus dem Inneren der Hotelanlage zu hören. Die Bässe wummerten. Menschen klatschten im Takt. Ich schaute auf eine mit Scheinwerfern angestrahlte Palme, die direkt neben uns stand. Wir waren angekommen. Ich war angekommen. Und es hat ganze dreizehn Jahre gedauert. Dreizehn Jahre, bis ich endlich wieder einmal Urlaub machen konnte. Das letzte Mal war ich als Teenager mit Oma und Opa auf Mallorca. Und jetzt, nachdem wir schon vier Jahre zusammen waren, konnte ich es mir endlich leisten, mit Anna zusammen wegzufliegen. Mit

Anna und ihrer Familie. Denn ihr Bruder und seine Freundin waren auch gleich mitgekommen. Ich schaute auf mein Handy. Es war 21:00 Uhr Ortszeit. Und es war noch immer extrem schwül.

»Kommt«, sagte Annas Bruder. »Lasst uns einchecken.«

Ich nickte, aber vorher holte ich noch schnell meine Kamera raus, um ein paar Impressionen für YouTube einzufangen. In meinem ersten selbst bezahlten Urlaub durfte das natürlich nicht fehlen.

In den letzten Monaten waren für mich so etwas wie goldene Zeiten angebrochen. Ich war weit entfernt davon, wirklich reich zu sein, aber für jemanden, der mit dem Wenigsten hatte klarkommen müssen, war mein Leben plötzlich ein ganz anderes geworden. Ich konnte nicht nur meinen eigenen Lebensunterhalt bestreiten, sondern hatte sogar noch ein bisschen was übrig für die schönen Dinge des Lebens. Dinge, die man nicht zwingend brauchte, aber sich zwischendurch einfach mal gönnen konnte. Und ich konnte Anna endlich einen ganz großen Wunsch erfüllen. Einen gemeinsamen Urlaub.

*

Anna und ich schauten uns an. Okay, das Zimmer war klein. Es war wesentlich kleiner als erwartet. Und das Badezimmer war sogar winzig. Aber es störte uns nicht. Wir hatten hier alles, was wir brauchten. Ein Bett. Einen Schrank. Einen Tisch. Und eine Klimaanlage, die funktionierte. Was wollten wir denn mehr?

»Schau mal, Marcel«, sagte sie und zog mich hinter sich her. »Wir haben sogar einen eigenen Balkon.«

»Oha!«

Auch der Balkon war nicht sonderlich groß, und da wir uns in einem der obersten Stockwerke befanden, musste ich mich jedes Mal am Geländer festhalten, damit meine Höhenangst mich nicht wahnsinnig machte. Vorsichtig schaute ich runter. Von dem kleinen Balkon aus hatten wir tatsächlich einen Blick auf die gesamte Hotelanlage. Wir sahen den Pool, die beiden Bars, das Außenrestaurant und die riesige Kuppel, die über dem Hauptgebäude angebracht war. Das war der Vorteil. Der Nachteil war, dass es ziemlich laut war. Die Hotel-Disco konnten wir bis spät in die Nacht hören, morgens wurden wir von Kindergeschrei geweckt. Aber das alles war nicht so wichtig. Es war Sommer, wir waren im Urlaub, und ich hatte ihn mir ganz allein leisten können. Das war alles, was zählte.

Am nächsten Tag schauten wir uns das Hotel bei Tageslicht an. Der Pool war leider wahnsinnig klein. Und voller Kinder. Es gab nicht einmal die Möglichkeit, eine Runde zu schwimmen, so überfüllt war er. Also machten wir uns auf den Weg zum Strand. Der Sand war angenehm warm unter meinen Füßen. Kaum zu glauben, dass ich noch ein Teenager war, als ich das letzte Mal einen Strand gesehen hatte. Aber meine Erinnerungen an diese Zeit waren mittlerweile völlig verblasst.

Ich spürte, wie die Sonne meine Haut wärmte, nahm einen tiefen Atemzug und genoss den salzigen Duft des Meeres, der in der Luft lag. Auch am Strand war ziemlich viel los, eine Liege reihte sich hier an die andere, klassischer Massentourismus. Aber das störte mich gar nicht. Anna und ich nahmen uns eine Decke und legten uns ein wenig von den abgegrenzten Liegebereichen des Hotels entfernt auf den Sandboden. Dann machte ich meine Augen zu, hörte das Geräusch der Wellen, die über den Strand rollten, und das Geschrei von spielenden Kindern und döste langsam weg. Als ich aufwachte, griff ich nach meiner Tasche, zog meine kleine Cam heraus und vloggte ein wenig. Das war für mich mittlerweile ganz selbstverständlich. Die Kamera war immer dabei.

Anschließend gingen wir zurück in das Hotel-Restaurant und bedienten uns am Buffet. Wir hatten ein All-inclusive-Paket gebucht und konnten so viel essen und so viel trinken, wie wir nur wollten.

Als wir abends im Bett lagen, schaute ich aus der geöffneten Balkontür in den dunklen Sternenhimmel.

»Alles in Ordnung?«, fragte Anna.

Ich nickte. Ich hatte zum ersten Mal seit Langem wieder ein wenig Ruhe gefunden. Die letzten Jahre waren so wild gewesen, es hatte sich so wahnsinnig viel getan, dass ich bis zu diesem Moment überhaupt keine Gelegenheit gefunden hatte, das alles zu reflektieren. Ich ahnte es zu diesem Zeitpunkt noch nicht, aber Ruhe zu finden sollte später einen hohen Stellenwert in meinem Leben einnehmen. Die ersten Jahre YouTube waren wie ein Rausch, ich konnte an nichts anderes mehr denken. Aber als ich damals kurz den Pausenknopf drückte, bekam ich einen kleinen Vorgeschmack darauf, dass diese Ruhe der größte Reichtum war, den es für einen Menschen wie mich gab. Ich dachte darüber nach, wie verrückt das doch alles war. Wie sehr sich mein Leben verändert hatte. Vor sechs Jahren war ich einfach nur ein Junge, der frisch aus der Entzugsklinik gekommen war und nun versuchte, halbwegs über die Runden zu kommen. Ich jobbte in einem Getränkemarkt, war chronisch pleite, und mein tägliches Highlight bestand darin, abends mit meinen Freunden zu zocken. Es war eine gute Zeit, keine Frage, ich war glücklich. Aber ich hatte damals überhaupt keine Perspektive. Keine wirkliche Zukunft. Keine Träume – wie Anna völlig richtig erkannt hatte. Bis ich YouTube entdeckte.

Und jetzt? Jetzt konnte ich Anna Geschenke machen, konnte mit ihr in den Urlaub fliegen. Wurde von Publishern umworben. Ich hatte treue Fans, die meine Videos verfolgten, egal ob es nun um Gaming ging oder um Geschichten aus meinem Leben. Es fühlte sich an wie ein Traum. Und auch wenn das Hotel hier kein wirkliches Luxushotel war, war es doch ausreichend. Es war einfach schön, so viel Zeit mit Anna zu verbringen. Es war einfach schön, dass wir uns überhaupt einen Urlaub leisten konnten. Vor YouTube musste Anna jeden Tag zehn Stunden im Reisebüro arbeiten und mich mitfinanzieren. Zeit zu haben, Ruhe zu finden und den Menschen, die ich liebte, eine Freude machen zu können – das war Luxus.

Ich fühlte mich so glücklich wie nie zuvor.

VII. BEKANNTHEIT

Okay, das war schwieriger als ich erwartet hatte. Ich stocherte in dem Grünkohl herum, den Oma mir gerade serviert hatte. Ich versuchte, es den beiden noch einmal zu erklären. Schritt für Schritt.

»Also, Oma, ein Fantreffen ist ein Treffen, wo all die Leute hinkommen, die meine Videos im Internet gucken. Das sind Leute, die mich gut finden.«

Oma zog die Augenbrauen hoch. »Und was machst du dann mit diesen Leuten?«

»Na ja, Fotos und so.«

Oma schaute zu Opa. Opa schüttelte den Kopf. Dass ich mit meinen Videos Geld verdiente, war für sie schon schwer greifbar. Dass mich Firmen nach London einluden, damit ich dort ihre Spiele anzocken konnte, war für sie kaum mehr vorstellbar. Dass ich aber richtige Fans hatte, die sich extra einen Nachmittag Zeit nahmen, um mich zu treffen und ein Foto mit mir zu machen, das ging weit über ihre Vorstellungskraft hinaus.

»Du bist doch kein Filmstar, Marcel.«

»Für die jungen Leute ist das Internet offenbar das neue Kino«, sagte Opa abgeklärt und verschwand wieder hinter seiner Zeitung.

Ja, genau so war es. Früher schauten Jugendliche zu Rockstars, Rappern und Schauspielern auf. Heute zu YouTubern. Wahrscheinlich, weil man als YouTuber mittlerweile genau das hatte, was die Stars von früher auch besaßen: eine riesige Reichweite; eine große Prominenz. Und wer eine Reichweite hat, wer fame ist, der ist automatisch auch begehrt. Im 21. Jahrhundert ist Aufmerksamkeit die wichtigste Währung. Dass viele ältere Menschen bei dieser Entwicklung nicht hinterherkamen, dass sie das nicht verstanden, hatte auch etwas mit der Veränderung unserer Medienwelt zu tun. Früher gab es nur das Fernsehen und die Zeitung. Wer prominent war, der kam im Fernsehen vor. Und über ihn wurde in den Zeitungen geschrieben. Wer dort nicht vorkam, war auch nicht prominent. Durch das Internet haben sich jedoch viele kleine Gruppen und Subkulturen gebildet, von denen man gar nichts mitbekommt, wenn man sich nicht in ihnen bewegt. Durch das Internet wurde plötzlich alles dezentral. Ohne die geringste Berichterstattung im Fernsehen konnte man nun Millionen von Menschen für sich begeistern. Nur fand das halt alles in sehr isolierten Communitys statt, deshalb sprach kein allgemeiner Nachrichtensender darüber. Selbst ich stoße immer wieder auf YouTuber, die eine unglaubliche Reichweite aus Millionen von Followern haben – obwohl ich von ihnen noch nie zuvor etwas gehört habe.

Das Gespräch mit Oma und Opa war also eigentlich das klassische Generationen-Gespräch. Für ältere Menschen, die noch mit den alten Medien groß geworden sind, ist es einfach nicht vorstellbar, was für einen Impact die sozialen Medien heutzutage haben. Und die junge Generation fühlt sich von den älteren oftmals nicht richtig verstanden und wenig ernst genommen, weil ihre Welt mittlerweile komplett digital stattfindet.

»Okay, Oma, ich muss jetzt los«, sagte ich und schob meinen Teller weg.

»Fotos machen?«

»Genau, Fotos machen.«

Ich zog meinen Rucksack auf und setzte mich in mein Auto. Ich lag noch ziemlich gut in der Zeit, aber ich wollte ein paar Minuten früher am vereinbarten Treffpunkt sein, um mir ein Bild von der Lage zu machen. Ich hatte wirklich keine Ahnung, was mich erwarten würde. Ein MediaMarkt in Hamburg hatte mich vor einigen Wochen angeschrieben und gefragt, ob ich nicht Interesse hätte, mal bei ihnen ein kleines Fantreffen zu veranstalten. Da ich so was noch nie gemacht hatte, meine Community das aber regelmäßig von mir einforderte, dachte ich, das wäre eine gute Gelegenheit.

Der Typ vom MediaMarkt, mit dem ich in Kontakt stand, versicherte mir, dass der Laden mit solchen Veranstaltungen bereits Erfahrung habe und für alles sorgen würde. Ich erinnerte mich mit Bauchschmerzen an die Gamescom. Wie ich von Jugendlichen umlagert wurde und keinen Schritt mehr vorwärtskam. Aber ich war mir absolut sicher, dass hier nicht so viel los sein würde. Das war ja bloß mein Fantreffen. Es waren ja nicht Hunderttausende Leute auf die Gamescom gepilgert, um mich zu sehen, sondern um dort zu zocken. Sie hatten mich nur zufällig entdeckt und die Gunst der Stunde genutzt. So viel konnte heute also gar nicht los sein, war ich überzeugt. Ich stand mittlerweile bei fast einer halben Million Abonnenten und rechnete deshalb damit, dass vielleicht ein- oder zweihundert Leute da sein würden.

Als ich auf der Autobahn fuhr, sah ich vor mir einen alten Opel Corsa. Auf der Rückbank saßen zwei Jungs, zwölf, vielleicht dreizehn Jahre alt, die an der Heckscheibe klebten und mir wie wild zuwinkten. Ich grinste und winkte zurück, dann überholte ich den Wagen und fuhr an der nächsten Tankstelle rechts ran. Der Corsa folgte mir, ein älterer Mann stieg aus und kam auf mich zu.

»Entschuldigen Sie, Sie sind doch Montablack, nicht wahr?«

Monta…? Ach, egal. »Ja, genau …«

»Sie sind doch gleich in Hamburg im MediaMarkt …«

»Ja, ganz genau.«

»Wissen Se, guter Mann, da fahren wir nämlich auch gerade hin, weil meine beiden Jungs riesige Fans von Ihnen sind.«

Ich griff derweil nach dem Dieselschlauch an der Zapfsäule und tankte meinen Wagen auf.

»Und da habe ich gedacht, wenn wir Sie hier schon treffen und es Ihnen keine allzu großen Umstände macht, könnten Se mit meinen beiden Jungs nicht vielleicht schon jetzt ein Foto machen?«

Es war klar, dass der Mann wirklich überhaupt keine Ahnung hatte, wer ich eigentlich war und warum seine Kinder ein Foto mit mir machen wollten, aber dass er seine Jungs trotzdem zu so einer Veranstaltung begleitete, fand ich cool.

»Na klar«, sagte ich also gleich. »Ist doch überhaupt kein Problem.« Dann stellten wir uns vor der Tankstelle auf, die beiden Budschis kamen, wir schnackten ein wenig und schossen schließlich ein paar Fotos.

Anschließend fuhr ich weiter und erreichte schließlich den MediaMarkt. Als ich am Parkplatz ankam, konnte ich meinen Augen kaum trauen. Um das gesamte Gebäude herum hatte sich eine riesige Schlange gebildet. Was war denn da los? Gab es heute etwa noch ein zweites Event? Ich dachte wirklich keine Sekunde lang daran, dass sich all diese Menschen wegen mir hier versammelt hätten. Und das, obwohl ich auf der Gamescom schon einmal gesehen hatte, wie die Leute auf mich abgingen. Aber ich brachte das in meinem Kopf einfach nicht zusammen. Erst als ich aus dem Auto stieg und mich jemand erkannte, begriff ich, was hier wirklich abging.

»Hey, das ist Monte!«

»Mooonnte!«

Ein riesiger Jubel brach los. Ich schaute verlegen auf den Boden, weil mich die Situation völlig überforderte, dann ging ich an der Menge vorbei und in den Markt hinein. Ich fragte mich durch, bis schließlich der Filialleiter vor mir stand, mit dem ich schon vor dem Event telefoniert hatte.

»Herr Eris, gut, dass Sie da sind«, sagte er. Er war leichenblass. »Ich muss Ihnen sagen, mit so einem Ansturm hatten wir nicht gerechnet. Da draußen ist wirklich die Hölle los.«

»Machen die Leute Ärger?«, fragte ich.

»Nein, überhaupt nicht. Es sind nur ... so viele.«

Wir einigten uns darauf, so schnell wie möglich loszulegen, damit wir die riesige Schlange von locker tausend Zuschauern nach und nach abarbeiten könnten. Er zeigte mir den Bereich, den das Personal für mich abgetrennt hatte. Ein großer Tisch, auf dem einige Autogrammkarten von mir sowie fünf wasserfeste Stifte zum Unterschreiben lagen. Abgesichert wurde alles von drei Securities, die aufpassten, dass die Leute nicht drängelten und alles seine Ordnung hatte. Absolut professionell geklärt, dachte ich. Und dann ging es los. Zuschauer für Zuschauer kam zu mir, ließ sich eine Autogrammkarte unterschreiben und machte am Tisch ein Selfie mit mir.

»Danke, Monte!«

»Yo, alles gut, der Nächste.«

»Hi, ich bin Tim, ich bin ein großer Fan von dir.«

»Korrekt, Diggi, wo kommst du her?«

»Harburg.«

»Bist du mit deinen Eltern da?«

»Ja ...«

»Sehr gut, okay, alles klar, hier die Unterschrift, der Nächste.«

Und so ging das in einer Tour. Ich hatte nur wenige Sekunden pro Zuschauer, aber es waren trotzdem zu viele Menschen. Am Anfang war es mir extrem unangenehm, die Leute einfach so abzufrühstücken, nachdem sie sich hier vielleicht schon stundenlang für mich angestellt hatten. Ich fand es respektlos. Am liebsten hätte ich mir für jeden Einzelnen genug Zeit genommen, ein bisschen gequatscht, erfahren, wer er ist und was er macht und warum er gerne meine Videos guckt. Aber es war schlichtweg nicht möglich. Nach ein paar Minuten funktionierte ich einfach nur noch und fügte mich der Routine.

Die Zuschauer, die kamen, waren alle ganz unterschiedlich alt. Die jüngsten waren vielleicht elf oder zwölf, die ältesten Mitte bis

Ende dreißig. Insgesamt war aber eher ein jüngeres Publikum da, was wahrscheinlich auch ganz normal ist. Ein berufstätiger Familienvater zog sich vielleicht zum Feierabend mal einen Monte-Stream rein, um abzuschalten, aber er hatte weder Zeit noch Lust, sich drei Stunden in einer MediaMarkt-Schlange anzustellen, nur um ein Foto mit mir zu machen. Das war eher was für die Jüngeren.

Wobei ich auch gar nicht so wirklich begriff, warum die so scharf drauf waren, ein Foto mit mir zu kriegen. Was hatten sie denn davon? Vielleicht würden sie es auf Instagram hochladen und dann ein paar Likes bekommen. Aber sonst? Ich verstand es nicht, aber ich sah, dass es den Leuten trotzdem etwas bedeutete. Und das reichte ja oftmals schon aus.

»Hey, Monte …«

»Moin, wie heißt du?«

»Max.«

»Cool, dass du gekommen bist, Max. Wie alt bist du?«

»Dreizehn.«

»Wie läuft's in der Schule?« Ich unterschrieb ihm ein CoD-Spiel.

»Geht so.«

Er stellte sich vor mich und machte ein Selfie.

»Was willst du nach der Schule machen?«, fragte ich ihn.

Er schaute mich an und strahlte. »YouTuber werden.«

YouTuber werden. Okay. Das musste ich ein paar Sekunden sacken lassen. Für jemanden aus meiner Generation war das eine ungewöhnliche Antwort. Klar, ich war ja auch YouTuber. Aber ich bin da einfach reingerutscht. Ich hatte mir nicht vorgenommen, das zu werden, als wäre es ein normaler Job. YouTube als Berufswunsch anzugeben, das war etwas Neues. Etwas, was mir noch einmal vor Augen führte, wie gravierend dieser Umbruch in den Köpfen der Kids war, der da gerade stattfand.

»Okay, der Nächste.«

Die Menschen, die an meinen Tisch kamen, hatten die verschiedensten Dinge dabei, die sie unterschrieben haben wollten. Einige hatten T-Shirts oder alte CoD-Spiele mitgebracht. Andere gleich ihre ganze Playstation. Ich schaute auf die Schlange. Sie nahm kein Ende.

»Sind noch viele Leute weiter hinten?«, fragte ich einen der Securitys, weil ich nur bis zum Ladeneingang schauen konnte.

»Viel zu viele«, sagte er und schaute auf die Uhr. Es war mittlerweile 19:30 Uhr. Wir hatten für das Event eigentlich den Zeitraum von 16:00 bis 20:00 Uhr eingeplant. Ich bat ihn, mir den Filialleiter zu holen, und wir einigten uns darauf, den Laden so lange offen zu lassen, bis auch der Letzte sein Autogramm bekommen hatte. Der Filialleiter war auf jeden Fall ein korrekter Typ. Erst weit nach Mitternacht fuhr ich wieder nach Hause.

Als ich am nächsten Tag ausgeschlafen ins Wohnzimmer kam, starrten Oma und Opa mich völlig fassungslos an.

»Was ist denn los?«, fragte ich verwirrt.

»Junge«, sagte Oma erstaunt. »Du bist ja wirklich ein Star.«

»Was?«

Sie drückte mir die BILD-Zeitung in die Hand, in der ein Bericht über den gestrigen Tag stand. Auf dem Foto sah ich aus wie ein Dulli. Aber durch einen offiziellen Artikel in der Zeitung fingen langsam auch Oma und Opa an zu begreifen, dass ich nicht bloß irgendwelche Spiele spielte. Dass das alles langsam ein richtig großes Ding wurde.

Ich konnte ihnen kaum verübeln, dass ihnen das nicht so ganz geheuer war. Mir war es das schließlich auch nicht. Ich war nie der Typ, der viele Leute um sich herum brauchte. Als Zahlen auf einem Abo-Counter waren sie abstrakt; Meilensteine, die mir anzeigten, dass ich auf dem richtigen Weg war. Nicht mal, weil aus 100 000 irgendwann 300 000 und 500 000 Abonnenten wurden, sondern einfach, weil die Zahl stieg, statt zu sinken. Das bedeutete, dass ihnen gefiel, was ich machte, und das freute mich.

Aber wenn ich im normalen Leben auf sie traf, dann wurde es surreal. Tausend Leute waren zwar nur ein Bruchteil meiner damaligen Community, aber ich sage euch, auf einem Haufen sind das verdammt viele Menschen! Menschen, die sich wegen mir die Beine in den Bauch standen, die teilweise anfingen, zu zittern und zu weinen, wenn sie mich sahen. Die mich zum Vorbild nahmen und das machen wollten, was ich durchzog. Dabei war ich doch einfach nur ein Typ aus Buxtehude, der Videos ins Internet stellte.

So schön es auch war, ihre Freude zu sehen, so schwierig war es auch, damit umzugehen, als ich immer öfter erkannt wurde, als ich immer seltener einen Schritt in der Stadt machen konnte, ohne angesprochen oder fotografiert zu werden. Da bereitet einen ja auch keiner drauf vor. Irgendwann siehst du Bilder von dir auf Instagram, auf denen du verlinkt wurdest, die irgendjemand geschossen hat, ohne dass du es wusstest. Irgendwann sind es Bilder von dem Haus, in dem du lebst. Bilder von deinem Auto. Und Bilder in Zeitungen und Online-Artikeln, in denen Dinge über dich stehen, die nicht besonders schmeichelhaft sind. Das kann ganz schön unheimlich sein.

VIII. ERFOLG

Das war ein Scherz. Das musste einfach ein Scherz sein. Unmöglich, völlig unmöglich, dass das hier gerade wirklich passierte. Ich lag auf meinem Bett und starrte die Decke an. Ich konnte das einfach nicht glauben.

»Markus, Diggi, das meinst du doch nicht ernst, oder?«

»Hast du etwa keine Lust?«, fragte er zurück.

Keine Lust? Was für eine Frage!

Markus und ich hatten mittlerweile ein wirklich gutes Verhältnis und standen in regelmäßigem Austausch miteinander. Ich war ihm noch immer dankbar dafür, dass er es mir ermöglicht hatte, nach London zu fliegen. Für mich war dieser Flug nicht einfach nur irgendein Städte-Trip. Für mich war das nicht nur irgendein Gaming-Event. Für mich war diese Reise ein Wendepunkt. Zum ersten Mal in meinem Leben hatte ich das Gefühl gehabt, mehr sein zu können, als ich selbst in mir gesehen hatte. Als ich in der Halle stand, die Activision gemietet hatte, kam es mir vor wie der Beweis, der mir noch gefehlt hatte, um wirklich daran glauben zu können, dass aus meinem harmlosen Hobby eine echte Perspektive werden könnte. Im folgenden Jahr lief es immer besser und besser. Die dreihundert Euro blieben keine einmalige Sache. Auf den Job im Getränkemarkt war ich bald nicht mehr angewiesen. Ich stand finanziell auf eigenen Beinen, konnte meinen Großeltern was zurückgeben. Das war schon mehr, als ich je für möglich gehalten hätte. Ich lebte von dem, was mich glücklich machte. Und jetzt das!

Licht

»Du kannst auch noch ein paar Nächte drüber schlafen, Marcel. Du musst dich nicht sofort entscheiden.«

Aber ich musste nicht lange überlegen. Welcher Mensch auf dieser Welt würde denn auch zu so einer Gelegenheit Nein sagen? Welcher Mensch auf der Welt würde sich gegen eine Reise nach Los Angeles entscheiden?

Markus hatte da tatsächlich etwas ganz Besonderes für mich organisiert. Im März 2015 stand die Call-of-Duty-Championship an, das weltweit größte Meisterschaftsturnier der international besten CoD-Spieler, die für ein riesiges Preisgeld von 400 000 Dollar gegeneinander antreten würden. Um das Event auch außerhalb des englischsprachigen Raums ein wenig zu pushen, hatte Activision eine Handvoll deutscher YouTuber ausgesucht, die vor Ort vom Turnier berichten sollten.

»Und da darfst du natürlich nicht fehlen«, sagte Markus.

Ich fühlte mich wahnsinnig geehrt. Und ich freute mich, dass neben mir MarcelScorpion, ELoTRiX, Dner, Izzi und ViscaBarca mitkommen sollten. Alles Jungs, mit denen ich in gutem Kontakt stand, alles Jungs, die ich wirklich von Herzen gerne mochte. Ich sagte sofort zu. Los Angeles. Was für ein Film!

Im letzten Stream vor der großen Reise unterhielt ich mich mit meinen Zuschauern über das, was demnächst anstand, und erzählte auch ganz offen, wie aufgeregt ich war. Natürlich. USA. Los Angeles. Wer hat nicht schon einmal davon geträumt, diesen Ort zu sehen? Am meisten freute mich aber, wie sehr sich meine Zuschauer für mich freuten. Das habe ich nie als selbstverständlich angesehen. Die Leute, die mich verfolgt haben, verfolgten nicht einfach nur meine Videos und meine Streams. Sie brachten sich nicht nur in den Chat ein. Sie waren bei jedem Stream dabei, nahmen alles auf, machten Best-of-Zusammenschnitte, bastelten Memes aus meinen Videos, Wallpaper, spendeten mir sogar Geld. Bis heute feiern sie jeden meiner Erfolge, weil sie wissen, dass es ohne sie nie dazu gekommen wäre. Ich glaube, das liegt daran, dass ich für viele Zuschauer zu einem festen Bestandteil ihres Lebens geworden bin. Dreimal die Woche, komme, was da wolle, verbrachten wir den Abend miteinander. Warum waren Daily Soaps damals so erfolgreich, warum sind es Serien noch heute? Weil sie den Menschen das Gefühl geben, dass sie an etwas teilhaben können. Auf Twitch kam noch hinzu, dass sie nicht einfach nur stumm dabei zusehen konnten, sondern praktisch live an der Geschichtsschreibung mitwirkten, gemeinsam mit dem Streamer durch Höhen und Tiefen gingen. Das schweißte uns schon immer zusammen. Ich hatte natürlich kein so spannendes Leben wie irgendwelche Hollywoodstars, aber genau das machte mich für die Menschen ja vielleicht auch interessant. Dass ich ihnen von meinen Alltagsproblemen erzählen konnte und sie verstanden, wovon ich redete, dass sie einem Streamer wie mir sehr viel näher waren als einem fiktiven Seriencharakter.

Aber meine Zuschauer interessierte an diesem Abend vor allem eins: Sie wollten, dass ich sie während der Reise auf dem Laufenden hielt. Ich solle nicht nur vloggen, sondern auch einen Stream aus den Staaten machen. Wollte ich natürlich auch. Ich hatte nur das kleine Problem, dass mein Laptop mir am Abend zuvor abgeschmiert war. Und ich hatte noch keine Gelegenheit gehabt, mich um ein neues Gerät zu kümmern. Keine Ahnung, ob ich das vor meiner Reise noch schaffen würde.

Ich ließ mir gerade ein paar Tipps für die Orte geben, die man unbedingt gesehen haben musste, wenn man in L.A. war, da bekam ich plötzlich eine Donation von einem Zuschauer. Eine Spende samt Nachricht: »Moin, du brauchst einen Laptop? Wir haben einen! Sind 'ne junge Agentur aus Hamburg und stellen ihn dir gerne zur Verfügung. Gib einfach Bescheid. Gruß: Dennis«.

Krass. Wirklich krass, dachte ich. Was für eine unglaublich korrekte Aktion! Ich schrieb diesem Dennis, fragte ihn, ob er das wirklich ernst meinen würde, oder ob er mich hier nur verarsche. Nein, sagte er. Er meine das vollkommen ernst. Dann schickte er mir seine Adresse. »Komm einfach vorbei, wir sitzen in Hamburg, nicht weit weg.«

Und so trafen wir uns einen Tag später bei ihm im Büro. Als er mir die Tür öffnete, kam mir sein Gesicht gleich extrem bekannt vor. Irgendwo hatten wir uns schon einmal gesehen.

»Auf der Gamescom«, sagte er, als könne er meine Gedanken lesen. »Letztes Jahr. Nur flüchtig.«

Richtig, dachte ich. Da war was. Dennis betreute damals mit der Agentur die Stage, für die ich gebucht war, und holte mich mit der Security am Eingang ab. Wir hatten aber nicht groß miteinander gesprochen. Dafür war alles viel zu hektisch. Wie klein die Welt doch ist, dachte ich noch.

»Das hier«, sagte Dennis, »ist mein Geschäftspartner Arne.«

Wir begrüßten uns und quatschten ein bisschen. Zwei total entspannte Jungs.

»Was genau macht ihr für Geschäfte?«, fragte ich.

»Ist ein bisschen kompliziert«, sagte Dennis. »Wir sind eine Agentur für Markenstrategie und Kommunikation. Unter anderem konzipieren wir im Moment eine Gaming-Video-Plattform im Auftrag eines internationalen Kunden und entwickeln eine Gaming-Hardware-Marke für den europäischen Markt. Und wir machen Influencer-Marketing.«

Influencer-Marketing. Ein Begriff, der damals gerade erst erfunden wurde. Die Jungs gehörten mit zu den Ersten, die sahen, dass die enorme Reichweite von YouTubern auch Chancen für Firmen boten. Firmen, die für ihre Produkte werben wollten. Also führten sie beide

Parteien zusammen. Das klang interessant. Ich nahm mir vor, mich mit der Thematik nach meiner USA-Reise intensiver zu befassen.

»Aber das spielt ja auch gar keine Rolle«, sagte Arne, ging an einen Schrank und zog ein nagelneues, noch originalverpacktes MacBook raus. »Damit kannst du uns hoffentlich gute Streams bescheren.«

»Jungs, das ist echt richtig nice von euch – und ihr wollt wirklich keine Gegenleistung?«

»Alles gut«, sagten sie. »Wir feiern deinen Content. Vielleicht kannst du irgendwann auch mal was für uns tun, aber wir haben den Laptop hier übrig, wir brauchen ihn nicht – und wir freuen uns, dich unterstützen zu dürfen.«

Ich hatte zu diesem Zeitpunkt keine Ahnung, wie wichtig die zwei Jungs für mein kommendes Leben noch werden würden.

*

Es ging los. Ich flog über Hamburg zunächst nach Frankreich und von Frankreich dann in die Staaten. Es war die Hölle. Ich dachte an meine achtstündige Reise nach Ulm zurück, die ich damals verflucht hatte. Wieso nur? Sie war eine Fünf-Sterne-Luxusreise im Gegensatz zu dem Elf-Stunden-Flug nach Los Angeles. Das Flugzeug war fürchterlich, ich saß in der Holzklasse, eingeengt zwischen zwei übergewichtigen Männern, ich konnte nicht aufstehen, ich konnte nicht rauchen, wir flogen durch Turbulenzen, mir war übel.

»Hey, Monte, du bist ganz grün im Gesicht«, grinste Carsten, der eine Reihe vor mir saß.

»Ja, ja, halt bloß die Klappe …«

Doch so schlimm der Flug auch war, kaum waren wir gelandet, war ich für alles sofort wieder entschädigt. Los Angeles! Mann, ich konnte es nicht fassen. Ich freute mich wie ein kleines Kind. Schon als wir den Flughafen verließen und mit dem Taxi zum Hotel gebracht wurden, fühlte ich komplett diesen ganz anderen Film. Es war so, als hätte man uns in einer fremden Welt ausgesetzt, die wir aber alle doch wahnsinnig gut kannten. Eben aus dem Kino. Aus dem Fernsehen. Die breiten Straßen, die Taxen, die Polizisten mit ihren Uniformen, die riesigen Shops, die ganzen Fast-Food-Läden, die sich aneinanderreihten, die Palmen! Es war exakt so, wie man es sich vorstellte, und das machte es so großartig.

Unser Taxi hielt vor einem Hochhaus am Rande der Stadt. Unser Hotel. Ich checkte ein und betrat mein Zimmer. Ein großes, helles Apartment, das Waschbecken war im Wohn- und Schlafzimmer integriert, ich hatte einen kleinen Schreibtisch und einen tollen Blick auf die Stadt. Ich war im zwanzigsten Stock untergebracht. Blöd nur, dass ich ein wenig unter Höhenangst leide, aber damit kam ich klar. Ich öffnete das Fenster, hielt mich ein wenig krampfhaft am Rahmen fest und starrte auf die große Hauptstraße, die direkt unter mir verlief. Es war viel los, es war laut, die Autos hupten, aber ich liebte es. Es war totales Amerika-Feeling. Es war wie die Soundkulisse in einem GTA-Spiel.

Als die anderen fertig waren, trafen wir uns in der Lobby und zogen von dort ein wenig durch die Straßen. Wir hatten für die nächsten Tage einen ziemlich straffen Zeitplan bekommen, hatten mehrere Termine pro Tag, aber heute Nachmittag, da wollten wir einfach nur ein bisschen rumlaufen und die Stadt auf uns wirken lassen. Die anderen Jungs waren genauso geflasht wie ich.

»Das Hotel ist super«, schwärmte Carsten. »Schnittig und stylisch, genauso wie ich mir ein amerikanisches Hotel immer vorgestellt habe.«

»Das will schon was heißen, bei deiner begrenzten Fantasie«, lachte ich.

»Schaut mal«, sagte ViscaBarca, der im echten Leben eigentlich Anton heißt. »Der Laden da sieht doch ganz gut aus. Wollen wir da rein?«

Wir standen vor einem Fast-Food-Grill. Ein großes, leuchtendes LED-Schild zeigte einen Hamburger. Ich war schnell überzeugt. Wir setzten uns ins Restaurant und bestellten uns einmal quer durch die Karte. Wenn wir schon in den Staaten waren, dann mussten wir das auch auskosten. Man brachte uns Mac and Cheese, Burger, Spareribs und Donuts. Nur Carsten hatte Probleme. Er sprach ein ganz fürchterliches Englisch und verstand die Karte nicht. Wir mussten ihm alles übersetzen.

»Und was heißt das?«, fragte er mich ständig.

»Mann, Digga, Cheeseburger. Das kennst du doch, du Dulli!«

Abends saß ich dann an dem kleinen Schreibtisch meines Zimmers und begann schon mal, das Material, das ich im Laufe des Tages aufgenommen hatte, an meinem neuen Laptop zusammenzuschneiden, als es an meine Zimmertür klopfte. Ich schaute auf mein Handy. 23:00 Uhr.

»Monte?« Ich erkannte die Stimme von Dner. »Bist du noch wach?«

Ich öffnete die Tür. »Yo, was geht?«

Dner stand mit seiner damaligen Freundin Kathi vor mir. »Wir wollten noch eine Runde drehen. Hast du Lust mitzukommen?«

Klar hatte ich Lust. Es war zwar schon spät, und wir hatten alle einen langen Tag hinter uns, aber an Schlaf war wirklich nicht zu denken. Dafür war ich noch immer viel zu aufgeregt. Wir waren hier schließlich in Los Angeles, verdammt!

Ich zog mir eine Trainingsjacke über, und wir zogen los. Dner und Kathi, Izzi, Markus und ich. Einen wirklichen Plan hatten wir nicht, wir wollten uns einfach nur ein wenig treiben lassen. Auf den Straßen war trotz der Uhrzeit noch viel los. Überall fuhren schwere SUVs, auf den breiten Fußgängerwegen waren jede Menge Menschen unterwegs, es hatten sogar noch recht viele Shops geöffnet. Wir gingen über eine der großen Hauptstraßen der Stadt, ohne ein Wort zu sprechen. Wir waren viel zu sehr fokussiert auf das, was uns umgab. Wir sogen das einfach ein. Es war ein unglaubliches Gefühl, als

Deutscher nachts wie selbstverständlich durch die Straßen von Los Angeles zu laufen.

Aber die Stadt hatte ihr Gesicht verändert. Während tagsüber die Touristen, die Reichen und Schönen und die ganzen Beachboys über den Boulevard schlenderten, sah man nun sehr viele arme Menschen, Obdachlose, die ihren gesamten Besitz in einem Einkaufswagen vor sich herschoben. Die Stimmung war zu keinem Zeitpunkt bedrohlich, im Gegenteil, dennoch war es ein unwirkliches Bild.

Plötzlich spürte ich, wie mich jemand von hinten am Arm anfasste. Ich zuckte kurz zusammen und drehte mich um. Da stand ein kleiner, kaputter Mann, der ein schwarzes Tanktop trug. Seine Haare waren lang und ungepflegt. Sie fielen ihm als verfilzte Strähnen vor die Augen. Er hatte mehrere Tattoos im Gesicht. Ich erkannte gleich, dass er auf Crack war. So was hatte ich damals, als ich selbst in der Entzugsklinik war, oft gesehen. Er war dünn und unterernährt, eigentlich nur noch ein Skelett, und sein Blick wanderte nervös umher. Er stammelte ein paar Worte, die ich nicht verstand, und hielt mir seine Hand hin.

Der Typ hatte nicht mal Schuhe an. Er lief barfuß auf den Straßen herum. Als ich ihn näher betrachtete, fiel mir auf, dass er wahrscheinlich gar nicht so alt war, wie er wirkte. Er war eher so in meinem Alter, aber die Drogen hatten ihn vergreisen lassen. Ich fragte mich, was der Typ wohl für eine Geschichte hatte. War er nach Los Angeles gekommen, weil er von Hollywood träumte? Wollte er Schauspieler werden und war gescheitert? Es gab unzählige dieser traurigen Existenzen und Geschichten hier. Hollywood war vielleicht eine Traumfabrik, aber für viele junge Menschen wurde sie zum Albtraum.

Ich zog eine Zwanzigdollarnote aus meiner Tasche und drückte sie dem Typen in die Hand. Er brauchte ein wenig, um zu registrieren, dass in seiner ausgestreckten Hand ein Geldschein lag. Er war völlig neben sich und torkelte dann, ohne etwas zu sagen, einfach weg.

Erfolg

»Alles okay bei dir?«, fragte mich Dner, als ich dem Kerl noch länger hinterherstarrte.

Ich war komplett in Gedanken versunken. Es war ein merkwürdiger Moment. Irgendwie, dachte ich, irgendwie hätte ich genauso enden können wie dieser Kerl. Ich war schwer drogenabhängig gewesen und hatte den Absprung wirklich gerade so mit größter Not geschafft. Und jetzt, jetzt war ich hier, in Los Angeles. Der Stadt der Träume. Und das obwohl mein größter Traum doch immer nur gewesen ist, irgendwie durchzukommen.

»Ja«, sagte ich. »Alles in Ordnung.« Dann zogen wir weiter.

Am nächsten Morgen saßen wir alle zusammen beim Frühstück. Jedem von uns war die Müdigkeit ins Gesicht geschrieben. Wir spürten, wie der Jetlag so richtig anzog. Ich nahm mir ein Brötchen und schnitt es gerade auf, da kam Carsten als Letzter aus unserer Runde an den Tisch. Er wirkte im Gegensatz zu uns anderen einigermaßen ausgeschlafen und hatte allerbeste Laune.

»Guten Morgen!«, begrüßte er uns euphorisch.

»Moin!«, brummten wir zurück.

»Ey, ich bin so begeistert, Leute!«, strahlte er. »Ihr glaubt ja nicht, was mir gestern noch passiert ist, ich bin so ein Trottel …«

Ich schmierte ein wenig Erdnussbutter auf das Brötchen und schaute Carsten an, der sich schwungvoll an unseren Tisch setzte.

»Ich habe doch tatsächlich meine Zahnpasta vergessen.«

»Standard«, sagte Anton desinteressiert.

»Ja, schon klar. Aber was ich sagen wollte, ist, dass ich total begeistert von diesem Hotel bin. Die haben an alles gedacht und provisorisch schon vorgesorgt. Am Waschbecken stand eine Zahnpasta!«

Ich stutzte kurz. Zahnpasta am Waschbecken? Ich hatte keine Zahnpasta am Waschbecken gehabt. Ich schaute die anderen an. Sie wirkten ebenso verwirrt.

»Und na ja«, redete Carsten weiter. »Was soll ich sagen? Diese Zahnpasta ist wie alles andere hier auch so typisch amerikanisch, das ist schon irgendwie geil.«

»Was meinst du mit typisch amerikanisch?«, fragte ich.

»Na ja … so geschmacksintensiv.«

Ich schaute Anton und Marcel an.

»Digga«, sagte Marcel. »Da war keine Zahnpasta in unseren Zimmern, da war nur …«

Ich musste anfangen zu lachen. Nein! Das konnte doch nicht wahr sein! Auch die anderen fingen an, sich kaputtzulachen.

»Was ist, was soll das?«, fragte Carsten.

»Digga«, klärte ich ihn auf. »An unseren Waschbecken stand keine Zahnpasta. Da stand Bodylotion.«

Carsten schaute mich an und verstand kein Wort, was es nur noch lustiger machte.

»Bodylotion, Junge … das ist zum Eincremen für den Körper, du Oberdulli!«

»Ich dachte, das wäre Englisch für Zahnpasta?«

Wir konnten nicht mehr. Carsten und sein Englisch, das war wirklich ein Thema für sich.

Nach dem Frühstück wurden wir abgeholt und mit einem Shuttlebus in die Arena gebracht, in der die CoD-Championship stattfand. Mitten in der Stadt hatte man mehrere riesige Zelte eigens dafür aufgebaut.

Ich war nie ein allzu großer Fan von Pro-Gaming gewesen, aber es war schon wahnsinnig interessant, so eine Veranstaltung einmal live mitzuerleben. Das Spiel wurde auf eine große Leinwand übertragen, es waren Hunderte von Menschen da, die jede Bewegung gebannt verfolgten. Die Stimmung war wirklich vergleichbar mit dem Public Viewing bei der letzten Fußball-Weltmeisterschaft in Deutschland. Nur dass hier sehr viel mehr und sehr viel schneller passierte. Bei jedem Kill rastete das Publikum richtig aus. Wenn eine Partie vorbei war, wurde auf der Bühne mit einer Nebelmaschine eine Rauchfontäne erzeugt. Scheinwerfer blinkten. Es war eine riesige Show. Und Amerikaner verstanden etwas von Shows.

Als ich da so mit den Jungs im Publikum saß und das Spiel verfolgte, wurde ich ganz nachdenklich. Als ich mit Call of Duty angefangen hatte, war das Spiel zwar schon ein internationaler Bestseller, der sich millionenfach verkaufte, aber ich hatte das Gefühl, es gab dennoch neben den Normalo-Spielern eine ziemlich eingeschweißte Community von Nerds, für die dieses Spiel sozusagen heilig war. Leute wie ich, die sich mehr als nur gut unterhalten fühlten. Oder eben Leute wie diese Pro-Gamer, die sich selbst so weit trainierten, dass sie zu den besten Spielern der Welt wurden. Aber es kamen mehr und mehr Showelemente hinzu. Alleine das hier, alleine diese Arena, der Typ, der durch die Reihen ging und Hot Dogs verkaufte, das fühlte sich alles irgendwie merkwürdig an. Es fühlte sich so an, als ob aus unserer Leidenschaft ein kommerzielles Produkt, ein reines Event gemacht würde. Es war nur ein diffuser Gedanke. Aber ich bin ihn nicht mehr losgeworden. Für mich war das zu viel Trubel. Ich vermisste mein Zuhause, ich vermisste mein Streaming-Set-up und meinen Chat. Ich war erst ein paar Tage weg, und schon fehlte mir etwas. Ich gönnte es allerdings den Spielern auf der Bühne von Herzen, dass sie für ihr Können gefeiert wurden. Ich gönnte ihnen die Kohle, die sie als Sieger verdienen würden. Allein die Vorstellung, dass man vom Zocken leben konnte, war vor Kurzem noch undenkbar gewesen!

Verrückt, dachte ich. Was für ein unfassbares Glück wir alle hatten. Wir saßen in L.A. und lebten für und von unserer größten Leidenschaft. Und obwohl hier alles so bunt und schillernd war, konnte ich mich gleichzeitig noch immer auf zu Hause freuen. So konnte jeder sich das rauspicken, was am besten zu ihm passte. Auch wenn es ganz unterschiedliche Welten waren, dieses Gaming-Event in Amerika und mein Stream daheim in Buxtehude, wurde mir klar, dass man so Erfolg definieren konnte: Genau das zu tun, was man liebte, und dafür die Anerkennung zu bekommen, die man verdiente. Die Pro-Gamer vom Publikum in der Halle, ich als YouTuber und Streamer später von meinen Zuschauern bei den Videos oder im Chat.

Am nächsten Tag machten wir noch einen ganz besonderen Ausflug. Einen Ausflug nach Hollywood. Ich fand das wahnsinnig aufregend. Welcher Mensch träumt nicht davon, einmal die legendäre Traumfabrik zu sehen?

»Digga, das ist so geil hier«, sagte ich zu Anton, als wir den Hollywood Boulevard von oben bis unten entlangliefen. Auf dem Boden waren überall Sterne in den Gehweg eingelassen. Auszeichnungen für berühmte Personen des Showgeschäfts. Bis ich meine eigene Auszeichnung von YouTube in Form einer Plakette für eine Million Abonnenten kriegen sollte, würden noch zwei Jahre vergehen.

»Ja, schon«, sagte Anton. »Aber was ist das hier für ein komischer Geruch überall?«

Ich musste lachen. Er hatte recht. Die ganze Stadt lag gefühlt unter einer riesigen Weed-Wolke. Wahrscheinlich weil in Kalifornien vor Kurzem der Konsum von Cannabis legalisiert worden war. Aber wenn man sich die wilden Geschichten anhörte, die Stars über Hollywood erzählten, dann war das hier vielleicht auch vorher schon der Normalzustand gewesen.

Nachdem wir den Walk of Fame einmal abgelaufen waren, ging ich mit den anderen Jungs noch ein wenig shoppen. Es war einfach unglaublich, wie viele verschiedene Sorten von Monster Energy es hier gab. Sorten, von denen ich noch nie zuvor etwas gehört hatte. Aber auch alles andere war einfach überlebensgroß. In den Schuhgeschäften waren nicht wie in Deutschland ein paar Dutzend Sneaker ausgestellt, sondern es gab regelrechte Hallen, in denen gefühlt Tausende von Schuhen zum Verkauf standen. Nicht nur ein paar Caps, sondern ganze Wände voll. Als wir durch die Geschäfte gingen, verstand ich zum ersten Mal, warum Amerika zu dem wurde, was es heute ist, zu dem Land der unbegrenzten Möglichkeiten. Es hatte etwas mit der Einstellung zu tun. Hier dachte man nicht klein wie in Deutschland, hier dachte man groß, hier dachte man überdimensional. Und nur wer groß denkt, ist auch in der Lage, große Dinge zu leisten.

Wenn die Strecke, die zwischen unseren Träumen und unserer Realität liegt, das ist, was wir Leben nennen, dann kann es gut sein, dass wir gar nicht erst loslaufen, weil wir zu viel Angst haben, diese Distanz niemals überwinden zu können. Dass wir unsere Träume und Ziele absichtlich ganz klein halten, um nicht zu scheitern. In Amerika begriff ich, dass das genau der falsche Gedanke war. Denn je größer unsere Träume sind, desto mehr können wir von der Strecke lernen, die wir zurücklegen. Und selbst wenn wir niemals am Ziel ankommen, dürfen wir uns nicht schon von unserer Angst vorm Scheitern davon abhalten lassen, überhaupt erst loszulaufen.

Ich war glücklich mit dem, was ich tat. Aber im Gegensatz zu früher hätte ich an diesem Punkt nicht mehr gesagt, dass es nun einfach so bleiben konnte. Ich wollte sehen, wohin der Weg noch führen würde. Ich wollte wissen, was noch alles möglich war. Ich nahm mir daher vor, zumindest ein kleines Stück dieser US-Mentalität für mich mitzunehmen. Denn auch das war Erfolg für mich: sich auf das zu freuen, was als Nächstes kam, und dann das Beste daraus zu machen.

Die Zeit in Los Angeles endete viel schneller, als mir lieb war. Wir hatten so viele Termine, waren bei so vielen Events, sodass ich gar nicht merkte, wie schnell die Woche schon wieder vorbei war. Die anderen Jungs waren ein bisschen klüger als ich. Sie hingen noch eine Woche Privaturlaub dran. Mieteten sich einen Leihwagen und fuhren nach Las Vegas, um dort die Sau rauszulassen. Ich hingegen flog einfach wieder nach Hause. Aber ich freute mich drauf. Hollywood war ja ganz nett. Aber Buxtehude, das war Liebe.

IX. VERÄNDERUNG

Ich beendete die Runde, verabschiedete mich von meinen Jungs und zog mir mein Headset vom Kopf. Dann zündete ich mir eine Zigarette an, lehnte mich weit in meinem Stuhl zurück und starrte auf den Bildschirm. Was war nur los? Irgendwie hatte das heute keinen Spaß gemacht. Es hatte schon die ganzen letzten Wochen, die ganzen letzten Monate keinen Spaß mehr gemacht. Nein, das hier, das war nicht mehr so, wie es einmal war. Lag es an mir? Lag es am Spiel? Lag es an den anderen?

Irgendwie hatte das Zocken mit meinen Jungs seinen Reiz verloren. Wie hatte das passieren können? Wie war das möglich? Noch vor zwei Jahren war Call of Duty meine große Leidenschaft gewesen. Meine ganze Welt. Jetzt waren die nächtlichen Online-Runden mit der alten Crew einfach nichts Besonderes mehr.

Die Veränderung kam nicht von heute auf morgen. Sie erfolgte über Wochen und Monate. Je länger ich über die Gründe nachdachte, desto klarer wurde mir, dass die Entfremdung mit meinen alten Zockerjungs einen Grund hatte. YouTube.

Schon von Anfang an waren sie skeptisch gegenüber dieser YouTube-Sache. Die Welt, in der ich mich bewegte, war nicht mehr ihre Welt. Sie fanden es einfach merkwürdig, was ich da trieb. Vielleicht sogar ein bisschen lächerlich. Das hat natürlich niemals jemand laut ausgesprochen, aber es waren kleine Seitenhiebe. Seitenhiebe, die mich verletzten. YouTube wurde mehr und mehr zu meinem Leben. Und wenn sie sich darüber lustig machten, dann machten sie sich auch über mich lustig. Daher wurden unsere abendlichen Zockerrunden immer seltener und seltener. Was ich bis heute bereue.

Aber nach und nach wuchs in mir auch noch eine andere extrem unschöne Erkenntnis. Die Erkenntnis, dass der Erfolg, den Leute wie ich plötzlich auf YouTube hatten, mit ein Grund für den Niedergang von Call of Duty war. Es klingt ein bisschen merkwürdig, aber dadurch, dass die Videos von mir und den anderen CoD-Spielern so wahnsinnig erfolgreich wurden, lockten wir eine ganz neue Zielgruppe an. Eine viel jüngere Zielgruppe. Noch vor zwei Jahren war CoD ein Spiel, das hauptsächlich von Erwachsenen gespielt wurde. Mittlerweile tummelte sich eine ganz neue Generation von Spielern in der Lobby. Eine Generation, die möglicherweise über den Erfolg unserer Videos überhaupt erst auf das Game aufmerksam geworden war. Und das änderte einfach alles. Wenn sich damals zwei Deutsche in der Lobby trafen, dann freuten sie sich und begannen ein Gespräch. Sie waren irgendwie Teil einer Szene. Teil einer verschworenen Gemeinschaft. Wenn sich heute zwei Deutsche in der Lobby treffen, dann beleidigen sie sich von oben bis unten durch.

Klar, Beleidigungen gehören bei einem Spiel irgendwie auch dazu. Das ist Trash-Talk, das sind angestaute Emotionen, die man auf diese Weise rauslässt. Wenn man eine Runde verliert, dann muss man den seelischen Schmerz, den das bei einem leidenschaftlichen Spieler nun einmal verursacht, ja auch irgendwie kompensieren. Das weiß jeder Zocker. Das ist nichts Persönliches. Das ist nicht wörtlich gemeint. Das ist einfach ein Teil der Abmachung. Aber es ist eine Sache, einen Gegenspieler im Rahmen einer Runde zu beleidigen. Doch einfach nur grundlos jemanden, mit dem man gar nichts zu tun hat, in der Lobby als Hurensohn zu titulieren, ist etwas ganz anderes.

Ich glaube, dass die Generation nach mir da sehr viel abgebrühter ist. Ich selbst bin nicht mit dem Internet aufgewachsen. Ich habe meine Jugend draußen verbracht. In der echten Welt. Und wenn man in der echten Welt jemanden beleidigt hat, dann musste man dafür auch geradestehen. Dann musste man das rechtfertigen. Dann musste man sich vielleicht auch einmal eine Ohrfeige einfangen. Wer auf diese Weise aufgewachsen ist, der ist sehr viel vorsichtiger mit ernst gemeinten Beleidigungen gegenüber anderen Menschen im digitalen Raum. Auch wenn man mir das nicht immer angemerkt hat. Aber ich habe es mir immer zweimal überlegt, ob ich jemanden wirklich anpöbeln wollte. Und wenn, wie.

Die Generation nach mir ist wie selbstverständlich mit dem Internet groß geworden. Für sie ist das Netz ein ganz eigener Raum, in dem man sagen und machen kann, was man will. Man muss keine Konsequenzen befürchten. Wenn es Ärger gibt, dann schaltet man den Rechner einfach ab. Ich glaube, dass das dafür sorgt, dass die Hemmschwellen sinken.

Zunächst nahm ich die Sache mit den Beleidigungen aber noch sportlich und machte sogar ein YouTube-Format daraus. Es war ein Format, dass meine Fans ganz besonders liebten. Es nannte sich »Alltag in Call of Duty« und bestand eigentlich nur daraus, wie ich meine Interaktion mit fremden Spielern filmte. Obwohl, »Interaktion« ist so ein großes Wort. Sagen wir, wie es ist: Ich filmte einfach, wie die anderen Spieler grundlos anfingen, mich zu beleidigen und wie ich darauf reagierte. Ich schnackte mit meinem Gegenüber, und je aggressiver er wurde, desto lockerer blieb ich. Es war ziemlich lustig.

Es gab da einen Patienten, den ich mehrfach wiedertraf und der schon um 2014 rum so etwas wie ein Running Gag wurde. Sein Gamertag war Agent007. Ich hatte keine Ahnung, wer der Typ in Reallife war, aber seiner Ausdrucksweise nach zu urteilen, hatte er eher einen schlechteren als einen besseren Schulabschluss gemacht. Agent007 war einfach ein absolut grundlos aggressiver Mensch, der jeden, der gegen ihn zockte, auf das Heftigste beleidigte. Das Spiel ging gerade los, da kündigte er schon an, meine Mutter vergewaltigen zu wollen. Ich machte mir einen Spaß draus und stellte ihm ein paar Nachfragen, wie genau er das denn zu machen gedenke. Als er mich als Wichser beschimpfte, gab ich unumwunden zu, dass ich es mir in der Tat hin und wieder mal ganz gerne machen würde, was ihn dazu trieb, mich nur noch mehr zu beschimpfen. Witzigerweise traf ich ihn häufiger in Call Of Duty, sodass er zu einem regelmäßigen Bestandteil meiner »Alltag«-Videos wurde. Und irgendwann, da fand er das heraus und drohte mir und beleidigte mich noch heftiger. Es war ein riesiger Spaß.

Trotzdem gab mir der Wandel im Umgangston zu denken. Typen wie Agent007 waren keine Ausnahmen, sondern ein Symptom. Und nicht nur die Beleidigungen nahmen zu, sondern nach und nach konnte man auch eine Veränderung in der Art und Weise feststellen, wie Leute dieses Spiel spielten. Auch dafür waren einige YouTuber verantwortlich. Da waren einfach ein paar Leute unterwegs, die sehr radikal zockten. Und die haben jede Menge Nachahmer gefunden. Es gab zum Beispiel einen Spielmodus, der sich »Herrschaft« nannte. Bei »Herrschaft« wurden auf der Map drei Flaggen verteilt. Es traten nun zwei Teams gegeneinander an und versuchten, diese Flaggen einzunehmen und zu verteidigen. Dafür gab es dann Punkte. Ein absolutes Mannschaftsspiel also. Um zu gewinnen, musste man seinem Team den Rücken frei halten. Gemeinsam planen. Gemeinsam agieren. Gemeinsame Absprachen treffen. Es mischten da aber nun ein paar Spezialisten mit, die sich einen Scheiß um die Flaggen kümmerten. Die sind bloß rumgelaufen und haben andere Spieler abgeballert, um am Ende sagen zu können, dass sie die meisten Kills in der Runde hatten. Eine reine Ego-Nummer also. Und von diesen Ego-Spielern gab es mehr und mehr und mehr bei CoD. YouTuber machten es vor. YouTuber protzten in ihren Videos damit, wie viele Kills sie pro Runde machten. Andere, junge Spieler kopierten ihr Verhalten.

In den früheren Zeiten war das noch ganz anders. Da ging es eben darum, als Team zu gewinnen. Ob du selbst sieben- oder zwanzigmal abgeknallt wurdest, spielte überhaupt keine Rolle. Wenn du am Schluss der Runde den finalen Kill gemacht hast, der deinem Team zum Sieg verhalf, dann warst du ganz einfach der Held. So und nicht anders.

Aber es brachte mir natürlich nichts, in Nostalgie zu schwelgen. Fakt war, das Spiel hatte sich verändert. Und wir YouTuber hatten einen nicht unerheblichen Einfluss darauf. Wie ironisch! Ich war ein Teil des Problems, mein Erfolg war ein Teil des Problems. Der Erfolg, den ich meiner Leidenschaft zu CoD zu verdanken hatte! Irgendwie musste ich darauf reagieren. Ich konnte nicht so weitermachen wie bisher, denn ich stand nicht mehr genug hinter dem, was ich tat.

Ich entschloss mich nach längerer Überlegung dazu, meinen Content umzustellen. Auf meinem Hauptkanal MontanaBlack wollte ich mich zukünftig deutlich stärker auf Reallife-Videos konzentrieren. Geschichten erzählen. Den Leuten von meiner Vergangenheit berichten. Denn das war es, was ich neben dem Zocken auch vorher schon getan habe. Was mir Spaß machte und den Leuten auch. So konnte ich ganz unabhängig davon, was in der Gaming-Welt gerade vor sich ging, meinen Kanal betreiben.

Die Umstellung war ein absolutes Wagnis, denn Reallife-Content war zu diesem Zeitpunkt noch nicht sonderlich angesagt. Auch der Gedanke, dass es wirklich nur noch um mich gehen sollte, dass die Leute nur noch wegen mir zuschauen würden und nicht auch wegen des Spieles, das ich zockte, war nicht ohne. Klar, ich war ein unterhaltsamer Typ, aber war ich wirklich unterhaltsam genug? Reichte ich den Leuten, wenn sie ihr Lieblingsspiel nicht mehr zu sehen bekamen?

Aufs Zocken wollte ich aber natürlich nicht komplett verzichten. Nicht, weil es eine sichere Bank war und ich wusste, dass ich damit immer punkten konnte. Sondern weil ich mir ein Leben ohne das Zocken einfach gar nicht vorstellen konnte. Der Ort für Gaming-Videos sollte mein Zweitkanal werden, SpontanaBlack.

Am Ende des Tages war diese Zweiteilung die beste Entscheidung, die ich je getroffen habe. Denn von nun an begann meine YouTube-Karriere so richtig an Fahrt aufzunehmen. Plötzlich bekam ich Millionen von Klicks. Call of Duty war nicht der ausschlaggebende Grund gewesen, wieso mir Leute zuschauten. Zu Beginn war es der Hebel gewesen, aber mit der Zeit war es tatsächlich eher zu so etwas wie einer Bremse geworden. Nicht jeder konnte mit dem Spiel etwas anfangen. Der Reallife-Content dagegen war für eine viel größere Gruppe von Menschen zugänglich. Ich konnte abwechslungsreicher in meinen Inhalten werden, konnte mehr ausprobieren und auch wieder verwerfen. Ich war völlig frei in meinen Entscheidungen.

Ich hatte zu Beginn dieser Veränderung auf jeden Fall Bedenken, ob ich allein als »Content« genügen würde, um die Leute zu unterhalten. Jetzt zu wissen, dass sie wirklich wegen mir da waren, wegen meiner Art, fühlte sich großartig an – und eröffnete mir unzählige neue Möglichkeiten ...

X. BUSINESS

Und hier war ich wieder. Herbst 2016. Ich zog noch einmal an meiner Zigarette und beugte mich leicht über das Geländer des Balkons. Was für eine Aussicht! Ich konnte mich kaum losreißen. Von hier oben hatte man den gesamten Hafen im Blick. Die großen Kutter. Die schweren Baukräne. Die Industrieanlagen. Es war atemberaubend. Ich beobachtete, wie die Sonne langsam unterging und den Himmel in ein strahlendes Rot färbte. Dann nahm ich einen letzten Zug, schnippte die Zigarette weg und ging zurück ins Büro. Das Büro. Eigentlich war das Büro gar kein richtiges Büro. Eigentlich war das Büro mehr so etwas wie ein Penthouse. Es lag ziemlich eindrucksvoll an der Hamburger Elbchaussee. Die Jungs hatten es minimalistisch, aber irgendwie schick eingerichtet. Überall standen Sofas, leere Getränkedosen und volle Aschenbecher herum. Dieses Büro und die Art, wie die Jungs hier arbeiteten, war der Inbegriff von Rock'n'Roll.

Ich feierte das. Aber heute war ich nicht gekommen, um mit ihnen abzuhängen. Heute ging es ums Geschäft. Ich versuchte, mich zu konzentrieren und mich nicht mehr von der spektakulären Aussicht ablenken zu lassen. Fokus, Marcel, Fokus. Dennis stellte mir eine Dose Lipton-Eistee auf den Tisch, dann setzte er sich zu Arne und mir.

»Und ihr seid euch sicher, dass das klappt?«, fragte ich.

»Nein«, sagte Arne. »Es ist ein Risiko. Aber alles im Leben ist ein Risiko.«

Ich mochte Arne. Ich mochte seine ehrliche Art. Und ich mochte es, dass er diese unglaubliche Ruhe und Gelassenheit ausstrahlte, die mir das Gefühl gab, dass er alles unter Kontrolle hatte. Dass er schon wusste, was er tat. Und das wusste er auch. Das wussten sie beide. Obwohl ich die Jungs erst seit Kurzem kannte, sagte mir irgendeine Stimme in meinem Kopf, dass ich ihnen vertrauen konnte. Dass es Schicksal war, dass wir zusammengefunden hatten. Ich hatte die drei Jungs kennengelernt, nachdem sie mir den Laptop für Los Angeles gespendet hatten. Seitdem hielten wir Kontakt.

Ich nahm noch einmal die Papiere in die Hand, die da vor mir lagen. Las mir alle Stichworte durch. Ja, es klang riskant. Aber es klang auch vielversprechend. Ich stand vor einer schweren Entscheidung.

Ich hatte mir in den letzten Wochen vorgenommen, meine Karriere als YouTuber endlich professioneller anzugehen. Endlich ein wenig Ordnung in das ganze Chaos zu bringen. Alles wurde immer größer. Ich hatte mittlerweile über eine Million Abonnenten auf YouTube – und auch bei Twitch ging es steil bergauf. Dennis und Arne halfen mir dabei, den abstrakten Erfolg, den ich hatte, nun auch nachhaltig zu Geld zu machen. Sie besorgten mir erste große Placements, also erste personalisierte Werbedeals, mit denen ich noch einmal sehr viel mehr Geld verdiente als mit den bloßen YouTube-Einnahmen. Und wir machten uns einen gemeinsamen Plan, wie wir die Marke »MontanaBlack« noch besser aufstellen könnten. Dennis hatte da extra eine PowerPoint-Präsentation zusammengebastelt, in der er alle möglichen Einnahmequellen aufzeigte. Da gab es zum Beispiel zwei Jungs, die eigene YouTube-Kanäle gegründet hatten, um die Highlights meiner Twitch-Streams hochzuladen. »DieCrew« und »Richtiger Kevin«. Auch sie erzielten Hunderttausende von Aufrufen. Statt ihre Kanäle wegen Copyright-Verstößen zu melden, schrieb ich die beiden an und machte ihnen einen Vorschlag: Sie durften weiterhin meinen Twitch-Content exklusiv nutzen und daraus Highlight-Videos zusammenschneiden. Ich bekam im Gegenzug eine Beteiligung an den Einnahmen, die sie mit diesen Videos generierten. Das war für uns alle eine Win-win-Situation. Und dann war da noch mein Merchandise. Meine Zuschauer wollten unbedingt MontanaBlack-Merchandise haben. T-Shirts, Hoodies, Socken. Die Nachfrage war riesig. Also schloss ich mich mit einer Drittfirma zusammen. Das war das übliche Vorgehen. Ich lieferte die Logos, sie druckten sie auf T-Shirts, Sweater und sonstige Textilprodukte und verkauften sie über ihren Onlineshop. Ich hatte nichts weiter zu tun, als die Designs zu hinterlegen. Die Herstellung, die Lagerung und der Versand, all das lief über die Firma. Das war zwar sehr praktisch, zugleich aber nicht sehr lukrativ, denn für die Arbeit, die sie mir abnahmen, wollten die Textilhersteller selbstverständlich auch ihren Anteil haben. Und der war hoch. Sehr hoch. Natürlich verdiente ich noch immer an jedem verkauften T-Shirt gutes Geld. Aber den großen Teil der Einnahmen gab ich wieder ab. Am meisten störten mich allerdings die extrem langen Lieferzeiten von bis zu sechs Wochen, die ich meinen Zuschauern einfach nicht zumuten wollte.

Und da kamen jetzt Dennis und Arne ins Spiel. Dennis fixierte mich mit seinem Blick und begann dann, mir seine Idee noch einmal in allen Details vorzustellen. »Das wird gut«, sagte er. »Glaub mir, das wird gut.« Seine Idee war eigentlich ganz simpel. Statt bloß auf die Billigware aus China zu setzen, so wie die meisten anderen YouTuber das machten, wollte er künftig wirklich hochwertige und individuelle Produkte produzieren lassen. Er hatte eine Firma in der Türkei überzeugt, mit uns zusammenzuarbeiten, die bereits für namhafte Marken produzierte. Das ermöglichte es uns, echte Markenware herzustellen. Mehr als nur das Standardzeug.

»Schau dir das an«, sagte er und zog einen Hoodie aus einem Karton. Ein Sample, das er extra hatte herstellen lassen. Ich nahm das

Teil und befühlte es. Der Stoff war schwer, das Logo hochwertig aufgedruckt, die Nähte sehr viel sauberer verarbeitet als bei meinen bisherigen Sachen.

»Von der Qualität bin ich überzeugt«, sagte ich. »Aber wie machen wir das mit den ganzen Kosten? Herstellung, Lager?«

»Lass das mal unsere Sorge sein, das kriegen wir schon hin. Monte, wir machen einen ganz klaren Deal: Wir sind dafür zuständig die Sachen ins Lager zu bekommen. Wir machen das Lager voll. Du machst es wieder leer. Dafür machen wir bei allem fifty-fifty.«

Ich atmete noch einmal tief durch, trank einen Schluck aus der Lipton-Dose und drückte meine Zigarette im Aschenbecher aus. Ich schaute mir die drei Jungs an. Ich vertraute ihnen. Sie hatten schon einmal bewiesen, dass sie nicht bloß groß daherredeten, sondern auch ablieferten. Und das war genau der Schlag von Menschen, mit dem ich mich künftig mehr umgeben wollte.

Wir gaben uns die Hand und beschlossen den Deal. Ja, wir würden eine gemeinsame Firma gründen. Und wir hatten auch schon einen Namen. Get on my LVL.

»Get on my level« war ein klassischer Spruch aus meinen frühen Zockertagen. Wenn ich mit meiner alten Clique nachts eine Runde spielte und jemand von uns wieder einen guten Kill hinlegte, dann brüllten wir den Gegner über das Headset mit genau diesem Spruch an: »Get on my level, du Noob!«

Ich fragte meine Jungs, ob es für sie okay wäre, wenn ich unseren kleinen Insider ein wenig zweckentfremden und ihn als Motto auf meine Shirts drucken würde. Sie hatten kein Problem damit.

Doch ich schätze, so ist das Leben einfach. Es hat nichts damit zu tun, dass man sich nicht mehr mag. Manchmal trennen sich einfach die Wege, verschieben sich die Prioritäten. Ich hatte diesen unbändigen Hunger darauf, weiter nach den Sternen zu greifen. Immer besser zu werden, professioneller zu werden. Zocken war nicht mehr nur ein Hobby, sondern mein Leben. Und ich fand, ich war mir selbst irgendwie schuldig, das Beste aus all den Chancen zu machen, die sich mir eröffneten. Weil ich hart dafür gearbeitet hatte. Mit weniger hätte ich mich nicht zufriedengegeben.

Daher war es nur konsequent, den Schritt in Richtung Business zu machen. Das alles hatte mittlerweile eine Größe erreicht, die kaum noch allein zu bewältigen war. Mein kleiner Traum war dermaßen explodiert, dass daraus nun eine eigene Firma entstehen würde. Wenn mir das jemand 2009 gesagt hätte, als ich den Kanal MontanaBlack88 erstellte, um verwackelte Graffiti-Videos abzuspeichern, ich hätte ihn für vollkommen bescheuert erklärt.

ZWISCHENSPIEL

Ich schloss die Augen und spürte das kalte Wasser auf meinem Körper. Tiefer Atemzug. Es tat gut. Es half mir, wieder ein wenig klarer zu werden. So blieb ich stehen. Fünf Minuten. Zehn Minuten. Keine Ahnung. Zeit spielte gerade keine Rolle. Ich wusste nicht einmal, wie spät es war, ob noch früher Abend oder schon späte Nacht. Es war mir egal. Reine Existenz. Mein Alltag hatte seine komplette Struktur verloren, ich lebte bloß noch vor mich hin, hatte nichts mehr, an dem ich mich wirklich orientieren konnte. Ein paar Pflichttermine, die ich wahrnehmen musste. Klar. Aber ansonsten war da nichts. Keine Videos. Keine Streams. Meine Online-Existenz hatte ich in den letzten Tagen ganz bewusst auf das Minimum heruntergefahren. Auf Instagram passierte nur so viel, dass sich die Leute keine Sorge machten.

Die regelmäßigen Streams, die jahrelang die oberste Priorität in meinem Leben hatten, die mir Halt gaben – gerade nicht möglich. Vielleicht gut. Vielleicht notwendig. Vielleicht die Zwangspause, die ich gebraucht habe, bevor ich den Wagen noch mit voller Beschleunigung gegen eine Wand gefahren hätte.

Ich drehte das Wasser wieder ab und trat aus der Dusche. Absolute Stille. Blick in den Spiegel. Dann wickelte ich mir ein Handtuch um und ging in das Wohnzimmer. Auf dem Boden verteilt lagen die Zettel, die Papiere. Ungeordnete Gedanken. Stichpunkte. Erinnerungen.

Ich griff nach einem der Blätter und las, was ich mir in den vergangenen Tagen notiert hatte. Die Namen, die Geschichten – sie lasen sich wie Namen und Geschichte aus einer anderen Zeit. Meine Anfänge auf YouTube. Wenn ich darüber nachdenke, wer ich damals war, wie ich damals lebte und dachte, dann fühlte sich das so weit weg von dem an, was und wer ich heute bin. Es war so eine naive Zeit. Eine sorgenfreie Zeit. Man hat einfach gemacht. Wenn etwas gut war, dann war es gut, wenn nicht, dann eben nicht. Es gab keine schweren Konsequenzen. Man hatte nichts zu verlieren. Im Gegenteil. Ich war dabei zu gewinnen, mir ein Leben zu erschließen, dass ich mir zuvor niemals erträumt hätte.

Wann fing es an, so anders zu werden?

Wann fingen die Schatten an, sich auf dieses Leben zu legen?

Oder waren sie immer schon da?

Es heißt ja, dass es das Gute nicht ohne das Böse geben kann, dass es Schönheit nicht ohne Schrecken gibt, dass wir nur verstehen, was wir haben, wenn wir es verlieren, dass wir unser Glück nur dann wirklich begreifen können, wenn wir auch lernen, was es heißt zu leiden. Ich hatte immer gedacht, dass ich dieses Leid schon hinter mir hatte. Dass mein Leben eine Aufstiegsgeschichte ist. Vom Junkie zum YouTuber. So nannte ich eines meiner Videos. Ich hatte meine Dämonen überwunden. Und dann habe ich Videos darüber gemacht, wie ich sie überwunden habe. Meine Geschichte erzählt. Und diese Geschichte hat mir die Türen zu einem neuen Leben geöffnet. Einem Leben, in dem ich mehr hatte, als ich es mir jemals vorstellen konnte. Eine schöne Geschichte. Nur war sie an dieser Stelle noch nicht vorbei. Es kamen neue Dämonen.

Ich atmete tief durch, dann nahm ich mir ein leeres Blatt. Und schrieb weiter.

TEIL 2:
SCHATTEN
(2016-2020)

Der magische Ort, an dem alles begann. Mein Dachbodenzimmer im Haus von Oma und Opa.

Diesen beiden Menschen... verdanke ich einfach alles!

Auch wenn Opa erst skeptisch war, was meine YouTube-Ambitionen anging.

Monte kulinarisch: Mein legendärer Nudelauflauf frisch aus dem Ofen.

Es darf aber auch mal Pizza bestellt werden. Abendbrot mit Anna in meinem Bett und dazu eine gute Serie. Die schönste Zeit meines Lebens.

Den Sternen so nah wie nie zuvor: Im März 2015 werde ich von Activison in die Vereinigten Staaten eingeladen. Das erste Mal Los Angeles. Es fühlt sich an wie im Film.

Der Lifestyle wird auch bei Nacht gelebt. Mit meinen Kollegen erkunden wir den Los Angeles Nokia Plaza.

Ein großer Schritt: Anna, Mini-Kylo und ich, kurz nachdem wir den kleinen Mops in unser Leben geholt haben.

So ein Feini!

Aber es gab in diesem Jahr auch noch andere Veränderungen: Ende 2015 besichtige ich meine erste eigene Wohnung in Buxtehude. Sie liegt ...

... in einem Neubaugebiet auf dem alten Granini-Gelände. Wo ich vor vielen Jahren das erste Mal ein Auto geknackt habe. Anfang 2016 ziehe ich ein.

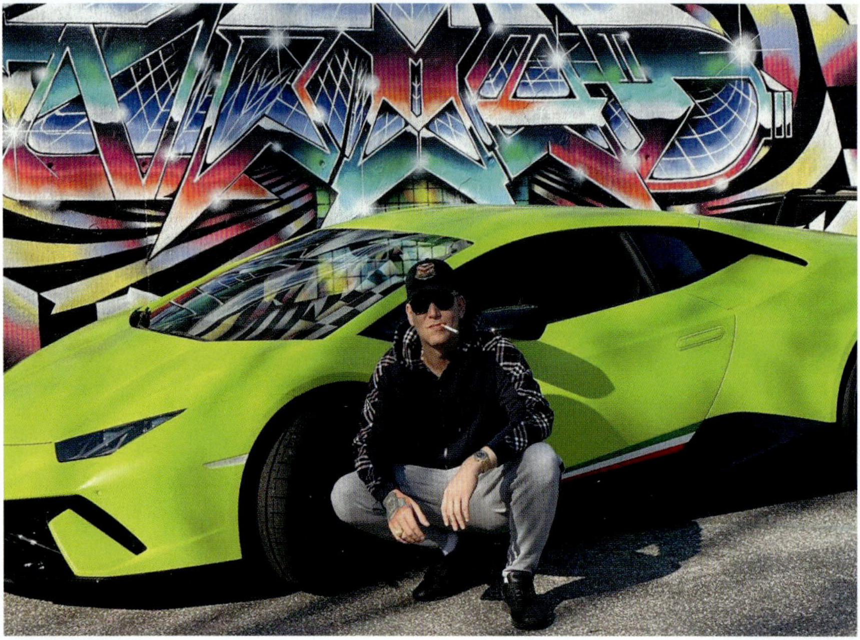

Ein lang gehegter Traum geht in Erfüllung: mein Lamborghini.

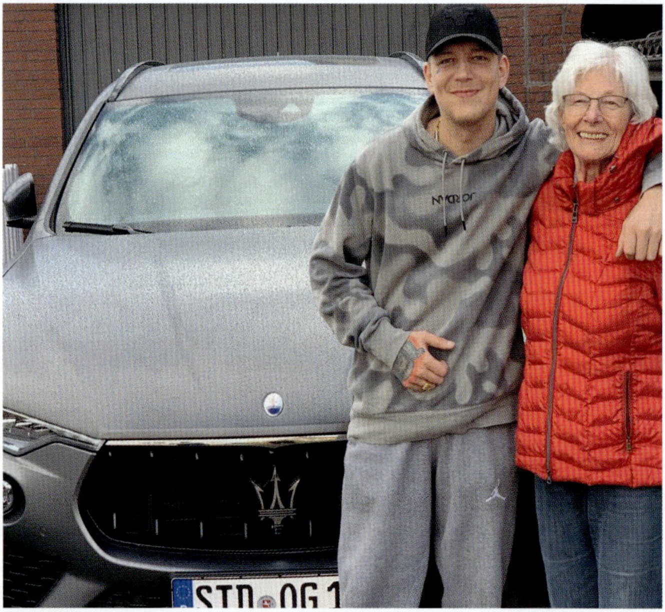

Und nicht nur mir selbst, sondern auch meiner Familie kann ich was gönnen, damit Omi immer sicher und bequem unterwegs ist.

Das größte Projekt bislang: Der Umbau meines Hauses, genau so, wie ich es haben wollte. Mit einem über vier Meter langen Aquarium,

... Graffiti in der Garage,

... einem Sternenhimmel über dem Bett,

... dem Ankleidezimmer,

... und natürlich dem Herzstück,

... meinem Zockerzimmer.

I. ABSTAUBER

Ein ekelhafter Tag. Der Himmel war grau, und es regnete schon seit Stunden ohne Unterbrechung. Auf den Straßen bildeten sich immer größere Pfützen. Kein Mensch war mehr unterwegs. Von Weitem hörte man das Grollen des Gewitters. Ich schloss meine Fenster, zog meine Jalousien runter und setzte meine Kopfhörer auf. Dann konzentrierte ich mich wieder auf mein Video. Ich war gerade dabei, eine Reallife-Story zu schneiden, als mein Handy anfing zu vibrieren. Auf dem Display leuchtete ein Name auf. Martin. Mir blieb für einen kurzen Augenblick die Luft weg. Ich starrte auf das Smartphone in meiner Hand. Martin. Das war verdammt lang her. Ich atmete einmal tief durch. Dann nahm ich den Anruf an.
»Hallo?«
»Marcel, Digga! Ich bin's …«
Wieder das Grollen des Donners.
»… Martin. Kennst du mich noch, Bruder?«
Natürlich kannte ich ihn noch. Was für ein merkwürdiges Gefühl, seine Stimme wieder zu hören. Nach so vielen Jahren. Sofort lief vor meinem inneren Auge ein Film ab. Und plötzlich war ich wieder sechzehn, hatte den Geruch von Lackfarbe in der Nase und das Zischen der Graffiti-Dosen im Ohr. Als ich Martin kennenlernte, war ich gerade auf dem Höhepunkt meiner Graffiti-Phase. Hochsommer 2004. Wenn ich nicht gerade bekifft auf irgendwelchen Sofas rumlag, dann zog ich mit meinen Freunden durch die Gegend, streifte nachts durch die Straßen und suchte ständig nach neuen

Spots, an denen wir unsere Tags auf die bislang unbemalten Wände setzen konnten.

»Bist du so weit?«, fragte mich mein Kumpel Julian. *Ich nickte, zog mir die Kapuze über den Kopf, schnallte den Rucksack fest und gab ihm ein Zeichen. Dann sprinteten wir los. Es musste jetzt schnell gehen. Wir liefen und liefen und liefen und hatten schließlich unser Ziel erreicht. Eine große Mauer, mitten in der Stadt. Ich spürte, wie mein Puls raste. Wie das Adrenalin durch meinen Körper rauschte. Aber jetzt war keine Zeit, um nachzudenken.*

»Schnell, schnell, schnell!«, drängte Julian, und ich öffnete meinen Rucksack, zog meine Spraydosen heraus und fing an, die Wand breitflächig zu besprühen. Es war völlig still. Nur das Zischen der Sprühfarbe durchschnitt die Ruhe der Nacht. Ich war komplett in meinem eigenen Film. Total fokussiert, nahm nichts mehr um mich herum wahr. Wie lange dauerte es? Zwei Minuten? Fünf? Ich hatte keine Ahnung. Als ich fertig war, steckte ich die Dose wieder ein und gab Julian ein Zeichen.

»Warte«, sagte er. »Ich brauche noch etwas.«

»Beeil dich!« Ich drehte mich um und scannte die Umgebung. Es war ruhig. Niemand war zu sehen. Und dennoch wurde ich immer nervöser. Wir saßen mitten in der Stadt. Wie auf dem Präsentierteller. Es war nur eine Frage der Zeit, bis uns jemand erwischen würde.

Ich ging in die Hocke und schaute mich weiter um. Es war ja nicht so, dass wir ganz Unbekannte waren. In Buxtehude hatte sich mittlerweile sogar eine Sonderkommission Graffiti gebildet, die nur dafür zuständig war, uns auf die Schliche zu kommen. Es war ein ewiges Katz-und-Maus-Spiel. Und die Polizei wartete nur darauf, dass wir einen Fehler machten. Dass wir unvorsichtig wurden, dass wir ... Moment! War da ...? Nein, das musste eine Täuschung sein. Cool bleiben, Marcel. Werd jetzt auf keinen Fall paranoid. Ich atmete tief durch, kniff meine Augen

zusammen, um besser in der Dunkelheit sehen zu können. Doch! Da war etwas. Ganz hinten, am Ende der Straße. Ein Licht.
»Digga, wir müssen weg.«
»Ich brauche noch ganz kurz«, sagte Julian und sprayte weiter.
»Nein, Mann, da ist jemand. Komm schon! Wir müssen los.«
Ein Scheinwerferlicht blendete auf. Mein Atem ging schneller. Mein Puls überschlug sich fast. »Verdammt, Julian!«
»Zehn Sekunden«, drängte er und machte eiskalt weiter. Ich sah, wie das Auto langsam auf uns zufuhr. Waren das Bullen? Das Licht blendete mich. Ich hob die Hände vor mein Gesicht und zog die Kapuze tiefer.
»Digga, das ist kein Spaß mehr!«, drängte ich.
»Okay«, sagte Julian. »Ich hab's.«
Wir sprangen auf und fingen an zu laufen. Der Wagen beschleunigte. Er kam näher und näher. Er strahlte uns von hinten an. Das waren hundertprozentig Bullen. Wir rannten und rannten, erst die Hauptstraße runter, dann bogen wir in eine Seitengasse ein, sprinteten ein paar Schleichwege entlang und standen plötzlich vor einem Zaun.
»Scheiße! Das ist eine Sackgasse.«
»Egal, rüber«, drängte Julian, und wir sprangen den Zaun hoch. Ich spürte, wie sich der spitze Draht durch meine Handschuhe bohrte. Aber ich war so voller Adrenalin, dass ich keinen Schmerz spürte. Ich wuchtete mich mit ganzer Kraft auf die andere Seite, und dann rannten wir einfach weiter. Immer weiter. Irgendwann waren wir so außer Atem, dass wir uns keuchend an einer Hauswand anlehnten.
»Sind sie weg?«
»Ich denke schon«, presste ich hervor. »Das war verdammt knapp!« Ich stützte meine Hände auf meinen Knien ab und atmete schwer vor Erschöpfung.
Julian schaute zu mir hoch und grinste. »Ja, Mann. Aber es hat sich doch gelohnt, oder?«

Es hatte sich gelohnt. Wir hatten einen richtig prominenten Spot gesprayt. Das würde morgen die ganze Stadt sehen. Und genau das war es, was mich an Graffiti reizte. Es ging gar nicht so sehr um den Adrenalinkick. Es ging vielmehr darum, gesehen zu werden, den eigenen Namen in der Stadt zu verbreiten. Natürlich nicht den echten Namen. Aber das spielte ja keine Rolle. Für jemanden wie mich, der immer ein Niemand gewesen ist, war es ein großes Gefühl, dass die Leute mich irgendwie wahrnehmen konnten. Dass ich ihnen irgendwie zeigen konnte, dass auch ich ein Teil der Stadt war. Ich war wie ein Hund, der sein Revier markieren wollte.

Zwei Tage später standen Julian und ich wieder vor der Mauer. Sein Gesicht war kreidebleich. Wir konnten einfach nicht glauben, was passiert war.

»Ich schwöre, ich bringe diese Typen um«, fluchte er. »Mann! Ich bin so verdammt sauer!«

Ich legte meine Hand auf seine Schulter und hielt den Kopf schräg. Ich fühlte seine Wut. Aber im Moment war ich eigentlich nur eins: unfassbar enttäuscht. Diese Wand war das größte Ding, was wir bisher durchgezogen hatten. Und sie hatte uns jede Menge Zeit und Vorbereitung gekostet. Eine Woche lang hatten wir Nacht für Nacht die Gegend ausgekundschaftet. Hatten überprüft, bis wie viel Uhr hier noch Menschen vorbeikamen, die uns hätten überraschen können. Hatten uns davon überzeugt, dass es keine Wachleute gab. Hatten uns notiert, wann Streifenwagen vorbeifuhren. Wir hatten alles bis ins kleinste Detail geplant. Und beinahe wären wir erwischt worden.

Und jetzt das.

Seien wir ehrlich, dass unser Graffiti hier nicht für die Ewigkeit stehen würde, das war uns beiden klar. Dass die Stadt es irgendwann überstreichen würde, war zu erwarten. Aber das? Damit konnten wir nun wirklich nicht rechnen.

Abstauber

Ich schaute noch einmal die Mauer an. Nein, entfernt hatte man die Graffiti nicht. Sie waren einfach übermalt worden. Von einer anderen Crew. Innerhalb von gerade einmal zwei Tagen. Statt unseren Tags standen da nun drei Tags von irgendwelchen anderen Typen.

»Wir müssen den Kerlen eine Lektion erteilen!«, *fluchte Julian.* »Das können wir nicht auf uns sitzen lassen. Das muss Konsequenzen haben.«

»Ja, na klar«, *stimmte ich zu. Das war ein No-Go. Eine absolute Respektlosigkeit. In der Graffiti-Szene nannte man das Übermalen von fremden Graffiti* »crossen«. *Und wer etwas crosste, der suchte ganz offensichtlich nach Ärger. In der Region kam das immer mal wieder vor. Es gab verschiedene Sprayer, die alle darum wetteiferten, die krassesten Pieces an die verrücktesten Orte zu malen. Normalerweise zollte man sich dafür gegenseitig Respekt. Aber hin und wieder kam es vor, dass zwei Crews so sehr um die besten Plätze konkurrierten, dass Feindschaften entstanden. Und das Crossen fremder Bilder war so etwas wie eine Kriegserklärung.*

Ich schaute mir die Tags an, die ich noch nie zuvor in Buxtehude gesehen hatte. »Hast du von den Typen schon mal was gehört?«

»Nein«, *sagte Julian.*

Das war komisch. Entweder waren sie neu in der Stadt und wollten auf diese Weise ein wenig Aufmerksamkeit auf sich ziehen. Oder es waren Graffiti-Touristen. Aber das war eher unwahrscheinlich. Dann hätten sie sich nicht genau diesen Platz ausgesucht. Nur zwei Tage nachdem wir durchgezogen hatten.

»Ich werde mich umhören, ich schwöre, ich finde die Typen. Und dann kriegen die eine heftige Abreibung.«

»Mach das, Digga«, *sagte ich und schaute auf meine Uhr.* »Ich muss jetzt mal los.«

»Was hast du vor?«

»Du weißt, dieses Hochzeitsding. Ich habe dir davon erzählt.«

Schatten

Wir gaben uns eine Faust, ich setzte mich auf mein Fahrrad und machte mich auf den Weg zu meiner damaligen Freundin Sabrina. Sie hatte mich für den Nachmittag für eine Familienveranstaltung verpflichtet.

Ein Onkel von ihr feierte seinen Hochzeitstag. Eine große Sache. Die Familie hatte extra im Nachbardorf einen kleinen Saal angemietet und hergerichtet. Da ich wusste, wie ernst sie solche Veranstaltungen nahmen, hatte ich mir ausnahmsweise eine Jeans statt nur meine Jogginghose angezogen.

Sabrina wartete schon vor der Tür ihres Elternhauses. Sie schaute ungeduldig auf die Uhr.

»Entschuldige«, sagte ich, stellte mein Fahrrad ab und gab ihr einen Kuss. »Ich musste noch etwas erledigen.«

»Ist alles okay bei dir?«, fragte sie und musterte mich.

»Klar, wieso?«

»Ich weiß nicht, du wirkst irgendwie ganz weit weg.«

Ich versuchte, den Gedanken an die Mauer abzuschütteln. An diese dreiste, bildgewordene Provokation. Komm schon, Marcel, du bist hier Gast. Zeig ein bisschen Respekt.

Wir stiegen gemeinsam in das Auto ihrer Mutter und fuhren zur Feier. Der Saal war wirklich schön und liebevoll hergerichtet. Überall standen kleine eingedeckte Tische mit weißen Decken, weißen Servietten und silbernem Besteck. In einer Ecke des Raumes war ein riesiges Buffet aufgebaut. Es roch nach frisch gegrilltem Fleisch. Ich mochte die Familie von Sabrina sehr und begrüßte alle, dann setzte ich mich auf den mir zugewiesenen Platz. Es war wirklich alles komplett durchgeplant. Auf jedem Tisch waren Kärtchen mit Sitzanweisungen hinterlegt. Und auf jedem Platz gab es auch ein kleines Programmheftchen. Ich nahm es in die Hand und blätterte es durch. Es war genau aufgelistet, was es am Buffet alles zu essen gab und wann welche Programmpunkte geplant waren. Bis 16:00 Uhr konnte man sich etwas zu essen holen. Für 16:15 Uhr waren irgendwelche Reden angekündigt und ab 18:00 Uhr legte ein DJ auf.

Krass, dachte ich. Wer auch immer dieses kleine Heftchen designt hat, er hat sich wirklich Mühe gegeben. Und immer wieder gab es einige dekorative Graffiti-Schriftzüge auf den Seiten. Ich schaute sie mir genauer an. Irgendwie kamen sie mir bekannt vor. Aber ich konnte sie nicht so richtig zuordnen. Sie erinnerten mich nur an etwas …

Moment! Nein! Unmöglich! Ich nahm das Heft noch einmal in die Hand und schaute mir die Schriftzüge ganz genau an, untersuchte jedes Detail, die Konturen, die Linienführung. Konnte das wirklich …? Ja, dachte ich. Ganz sicher. Das war kein Zufall.

»Ist alles okay mit dir?«, fragte Sabrina, die merkte, dass ich mich gar nicht mehr von dem Programmheft losreißen konnte.

»Wer hat das gemacht?«, fragte ich sie.

»Was?«

»Wer hat das hier gemacht? Das Programmheft?«

Sie guckte mich an, als wäre ich völlig bescheuert. »Was interessierst du dich plötzlich so dafür? Es sind einfach nur gefaltete und zusammengetackerte Blätter …«

Ich konnte ihr das jetzt alles unmöglich erklären. Ich musste nur unbedingt wissen …

»Martin«, sagte Sabrina schließlich. »Der Freund von meiner Cousine. Der hat das gemacht. Soll ich ihn dir vorstellen?«

Sie sagte das in einem spöttischen Ton. Aber ich meinte es ernst. »Ja, stell ihn mir vor.«

Wir standen von unserem Tisch auf und liefen durch den Saal, bis wir ihn schließlich gefunden hatten. Er stand vor dem Gebäude und rauchte gerade eine Zigarette. Ich musterte den Kerl von oben bis unten. Martin. Er wirkte ganz cool, war etwa in meinem Alter, hatte einen ähnlich lässigen Klamottenstil wie ich, und hielt ein Bier in der Hand.

»Moin«, begrüßte ich ihn. »Ich bin Marcel.«
»Hi. Martin.«
»Ich wollte dich nur mal fragen, die Graffitis hier im Programmheft ... Sind die von dir?«
Er strahlte. »Ja, Mann! Interessierst du dich auch für so was?«
Okay. Schwierige Situation. Richtig schwierige Situation. Ich überlegte, was ich jetzt tun sollte. Ich war mir ganz sicher, dass Martin hinter der Sache mit der Mauer steckte. Es war eindeutig dieselbe Handschrift. Eigentlich hätte ich ihm dafür eine Schelle geben müssen. Jetzt und Hier. Aber das war völlig unmöglich. Er gehörte ja zur Familie. Mehr oder weniger. Ich konnte hier keinen Aufstand machen. Also entschied ich mich dazu, das Ganze einfach offen auszusprechen. Und zu sehen, was dann passierte.
»Die Mauer in Buxtehude. Innenstadt. Du hast unser Graffito gecrosst«, sagte ich ihm direkt ins Gesicht.
»Moment, Moment ... noch mal langsam. Was meinst du damit, dass ich euer Graffito ge...« Er machte eine Pause, dann begriff er. »Du steckst hinter ...?«
»Ja, Mann!«
»Fuuuuuck!«
Wir standen uns ein paar Sekunden gegenüber. Musterten uns.
»Ich sollte dir eine reinhauen«, sagte er.
»Was? Junge, ich sollte dir eine reinhauen.«
»Wer hat denn mit der Scheiße angefangen?«, fauchte er mich an und kam einen bedrohlichen Schritt auf mich zu.
Ich ging in Kampfstellung.
Dann besannen wir uns beide wieder, wo wir waren, schauten uns um, nahmen wahr, dass die anderen uns fragend anschauten, und lächelten ihnen dann künstlich entgegen.
»Ihr habt angefangen, unsere Bilder zu übermalen, schon vor Wochen!«, zischte er mich an.

»*Das ist nicht wahr*«, entgegnete ich. »*Ich habe gar nichts übermalt.*«

Er schaute mich noch immer skeptisch an, hielt mir dann seine Big Box Lucky Strike entgegen und fing an, seine Version der Geschichte zu erzählen. Anscheinend hatte Julian ohne mein Wissen seit einigen Wochen quasi im Alleingang fremde Graffiti übermalt. Die Sache mit der Mauer war bloß eine Racheaktion.

Was für ein absurdes Missverständnis. Was für eine absurde Situation. Aber sie hatte auch etwas Gutes. Von diesem Tag an wurde Martin zu einem meiner engsten Freunde. Wir waren nur noch gemeinsam unterwegs, er wechselte in meine Sprayer-Crew und wir sprühten die abgefahrensten Sachen. Martin und ich, das war wirklich echte Bruderliebe.

*

»Kennst du mich noch, Bruder?«

»Natürlich kenne ich dich noch, Digga«, sagte ich. »Was für eine Frage!« Es tat verdammt gut, seine Stimme zu hören.

Ich lehnte mich in meinem Gaming-Stuhl zurück und hörte, wie der Regen gegen das Fenster prasselte. Wie lange war das her? Zwei Jahre? Drei Jahre? Noch länger? Nach unserer wilden Jugend wurden Martin und ich irgendwann erwachsen, und unsere Wege trennten sich nach und nach. Martin hatte eine neue Freundin, die er später heiratete. Für ihn die Liebe seines Lebens. Mit jedem weiteren Tag, den er mit ihr verbrachte, strich er mich und seine anderen Freunde ein Stück weiter aus seinem Leben.

Er machte eine Ausbildung und arbeitete im Marketing. Ich hingegen verfiel erst meiner Sucht und rappelte mich anschließend wieder auf. Bis ich schließlich YouTuber wurde. Der Kontakt zwischen uns wurde immer loser. Irgendwann meldete sich Martin gar nicht mehr. Und reagierte auch nicht mehr auf Anrufe oder Nachrichten. Das tat mir wahnsinnig leid. Ich dachte oft an ihn. Es gab so viele Dinge, die wir gemeinsam erlebt hatten. So viele coole Storys, die wir miteinander teilten. Jetzt, wo ich seine Stimme am Ohr hatte, spürte ich erst wieder, wie sehr ich ihn eigentlich vermisste.

»Ist alles gut bei dir, Bruder?«, fragte er.

»Ja, Mann, es läuft – und bei dir?«

»Alles gut, alles gut. Ich hoffe, ich störe dich nicht?«

»Nein, Digga, du störst doch nie.«

»Ich musste gerade an dich denken. Weißt du noch, wie wir damals den Zug bemalt haben?«

Ich fing an zu lachen. Wie könnte ich das vergessen. Wir hatten einen Bahnhofsyard ausgekundschaftet und eine komplette S-Bahn zugesprayt. Es war der Höhepunkt unserer Graffiti-Karriere.

»Es war Legende, Diggi!«

»Das war es. Mann, Marcel, mir fehlen diese Zeiten. Hast du nicht Lust, dich mal wieder zu treffen? Bisschen in Erinnerungen schwelgen? Bisschen was Neues starten?«

Ich kann gar nicht beschreiben, wie sehr ich mich über diesen Anruf freute. Seit meiner Zeit auf YouTube hatte sich für mich so vieles so schnell verändert. Aber mehr und mehr fiel mir auf, was mir eigentlich fehlte. Der Kontakt mit den alten Jungs. Die Verbindung zu früheren Zeiten. Und besonders die Freundschaft zu Martin. Ich hatte die letzten Monate wirklich oft an ihn gedacht. Und ich hatte auch verdammt oft mein Handy in die Hand genommen, um ihn einfach mal anzurufen. Aber, keine Ahnung, irgendetwas hielt mich immer zurück. Ich wusste, er war verheiratet, ich wusste, er stand mittlerweile mit beiden Beinen im Leben – und da wollte ich ihn einfach nicht nerven. Vielleicht war das bescheuert, aber so habe ich halt gedacht.

»Wann denn?«, fragte ich ihn.

Abstauber

»Warum nicht gleich?«

»Klar«, sagte ich. »Ich wollte noch einkaufen fahren. In einer Stunde am Marktkauf? So wie früher?«

»Ja, Diggi, gerne. So wie früher.«

*

Martin hatte sich kaum verändert. Gut, er sah ein wenig älter und seriöser aus. Die Jogger hatte er gegen Anzughosen eingetauscht, aber ansonsten war er immer noch derselbe wie früher. Wir umarmten uns zur Begrüßung.

»Mann, Digga, es ist so gut, dich zu sehen.«

»Top Sneaker«, sagte er. »Geht es dir denn sonst gut?«

»Ja, es läuft bei mir mittlerweile. Wie geht es deiner Frau?«

Er winkte ab. »Könnte besser sein, wir haben gerade eine kleine Ehekrise, aber hey, lass uns nicht darüber reden.« Er klopfte mir auf die Schulter. Dann gingen wir zusammen in den Laden und kauften ein wenig ein.

»Ey, Marcel, weißt du noch? Damals? Big Tasty Bacon?«

»Wie könnte ich das vergessen, Mann.«

Martin und ich hatten unsere Rituale. Das Beste von allen war, dass wir Abend für Abend mit dem Auto gemeinsam zum McDrive fuhren, uns ein klassisches Big-Tasty-Bacon-Menü bestellten und dann den ganzen Abend nach guten Locations spotteten. Wir fuhren kilometerweit, um coole Orte zu finden, an denen wir uns verewigen konnten. Die Sprühdosen hatten wir immer im Kofferraum dabei. Mal fanden wir etwas, mal nicht, aber dieses gemeinsame Cruisen gehört zu den schönsten Erinnerungen, die ich bis heute habe. Ich war wieder voll im Nostalgie-Film. Als wir gerade meine Einkäufe bezahlten, blieb er hinter der Kasse stehen.

»Ich habe dir etwas mitgebracht.«

Er hob einen kleinen Aktenkoffer hoch.

»Oha, Digga, Aktenkoffer, jetzt wird es seriös bei dir, oder was? Ich hoffe sehr, du hast da ein paar Sprühdosen drin.«

Er lachte auf. »Fast, Marcel. Aber es ist noch viel besser.«

Er öffnete den Koffer und zog eine kleine Getränkeflasche hervor. Einfaches Glas. Nicht bedruckt. Kein Etikett.

»Was ist das?«, fragte ich.

»Probier es.«

Ich schaute ihn fragend an.

»Keine Angst, ich werde dich schon nicht vergiften.«

Ich öffnete die Flasche und nahm einen Schluck. Es war gut. Es schmeckte nach Kirsche.

»Das ist ein neuer Energydrink«, sagte Martin. »Genau genommen ist das *mein* neuer Energydrink. Ich habe ihn erfunden.«

»Ach was?«

Es war ein bisschen, als hätte sich Martin einen Jugendtraum erfüllt. Wir beide haben in unserer Jugend mehr Energydrinks als Wasser getrunken, unsere Freunde scherzten schon, dass bei uns Taurin und Koffein durch die Adern fließen würde. Und jetzt hatte er seinen eigenen Drink kreiert.

»Wie heißt er?«

»Das hängt von dir ab«, sagte er. »Was hältst du von Montana-Black?«

Ich schaute ihn fragend an. Dann zog er noch ein paar Formulare aus seinem Aktenkoffer. »Pass auf, ich habe es mir folgendermaßen gedacht: Wir beide, wir machen siebzig/dreißig. Du setzt deinen Namen und dein Logo auf den Drink und bewirbst ihn in deinen Videos und Streams – und ich sorge für alles andere. Alle Kosten bleiben bei mir, und du bekommst dreißig Prozent von allem, was wir an Gewinn einfahren. Was denkst du?«

»Digga, langsam ...«

»Das kann ganz groß werden, Marcel. Ich habe deine Reichweite gesehen. Über eine Million Follower auf YouTube. Tendenz steigend. Und die Aktivität deiner Fans ist riesig, sie vertrauen dir. Und sie würden garantiert einen Monte-Energydrink kaufen wollen.«

»Das kann ja alles sein, Digga, aber ... was soll das alles? Wir haben uns jahrelang nicht mehr gesehen. Und du kommst mir gleich mit so was?«

»Gefällt dir das Angebot nicht? Okay, du hast recht. Wir sind Brüder. Vergiss, was ich gesagt habe. Scheiß auf siebzig/dreißig, wir machen sechzig/vierzig.«

Ich starrte Martin an und konnte nicht glauben, was hier gerade passierte. Der Typ war mal mein bester Freund gewesen. Mein engster Vertrauter. Wir haben jeden Tag gemeinsam verbracht. Haben extrem viel Scheiße durchlebt. Und der einzige Grund, warum er sich bei mir gemeldet hat, war nur, damit er mich an einer Supermarktkasse darum bitten konnte, seinen scheiß Energydrink zu vermarkten? Was für eine Enttäuschung!

»Selbst wenn ich wollte, Martin, ich bin gerade dabei, einen Deal mit einer großen Getränkefirma auszuhandeln. Ich könnte das gar nicht supporten.«

»Oh!«, sagte er. »Und der Vertrag ist schon fix?«

»Er liegt zur Unterschrift in Amerika ...«

»Okay, gut, da kann man wohl nichts machen. Schade, schade!«

Er steckte seine Papiere wieder in den Aktenkoffer.

»Was geht sonst?«, fragte ich ihn. »Wollen wir nicht was starten? Heute Abend durch die Gegend fahren und nach guten Spots schauen oder so?«

Er schaute auf die Uhr. »Super gerne, Marcel, aber ich muss gleich wieder ins Büro, ich habe eigentlich nur Mittagspause gerade und schon jetzt ein wenig überzogen. Heute Abend sieht's auch schlecht bei mir aus, aber hey, ich melde mich. War gut, dich mal wieder gesehen zu haben.«

»Ja, alles klar, Martin.«

Und dann verschwand Martin so überraschend aus meinem Leben, wie er es damals betreten hatte. Ich weiß gar nicht, welche Überraschung größer war. Dass mein größter Graffiti-Konkurrent von heute auf morgen zu einem meiner besten Freunde wurde. Oder dass er heute nur noch Interesse an mir hatte, weil er mich als lebende Werbetafel sah.

Es war das erste Mal, dass sich ein Schatten über meine Erfolge legte. Es war das erste Mal, dass ich verstand, dass ich für viele meiner alten Freunde nicht mehr der Marcel Eris von früher war. Ich war plötzlich der Marcel Eris, der im Internet eine große Reichweite hatte. Der ihnen etwas bringen könnte. Der ihnen Vorteile verschaffen könnte. Der sie vielleicht pushen könnte. Mit dem Geld zu verdienen war.

Je mehr mir mein gutes, neues Leben ermöglichte, desto mehr fiel mir auf, dass die Menschen mich anders wahrnahmen. Ich war für sie jetzt der Typ mit den Hunderttausenden Abonnenten. Dass Fremde mich so sahen und ihren Teil vom Kuchen abhaben wollten, war mir zu diesem Zeitpunkt egal. Aber dass selbst Teile meiner Freunde auf einmal nur noch einen Reichweitenträger in mir sahen, das verletzte und verunsicherte mich extrem. Ich unterstelle ihnen keine böswillige Berechnung oder dass sie mich absichtlich ausnutzen wollten. Sie sahen nun mal eine Chance, und die wollten sie ergreifen. Aber in den Plänen von Menschen, die mir nahestanden oder mal nahegestanden hatten, zu einem finanziellen Faktor zu werden, das fühlte sich einfach falsch an.

Ich fing an, mich immer öfter zu fragen, ob jemand mit mir befreundet war, weil wir uns leiden konnten, oder weil ich lukrativ für sein Geschäft war. Wenn sich solche Gedanken einmal eingeschlichen haben, gibt es kein Zurück mehr. Sie vergiften einfach alles. Und so breiteten sich die Schatten in meinem Leben aus. Als wären sie ein ansteckender Virus.

II. BEEF

Egal. Scheiß drauf, dachte ich, griff nach meinem Handy und wählte die Nummer von Anna.

»Marcel?«, fragte sie mit müder Stimme. »Was ist denn noch?«

»Was los, Weib? Schläfst du schon?«

»Ja natürlich, du Spinner. Wie spät haben wir es?«, fragte sie gequält.

Ich schaute auf die Uhr. «Noch nicht ganz Mitternacht.«

Sie stöhnte auf. »Ich bin gerade eingeschlafen. Was hast du denn?«

Ja, was hatte ich denn? Eigentlich war es nur eine Kleinigkeit. Eine Kleinigkeit, die es nicht unbedingt wert gewesen wäre, sie um diese Zeit noch einmal anzurufen. Gut, das war ein bisschen rücksichtslos. Ich hatte nicht darüber nachgedacht. Hatte irgendwie verdrängt, dass Anna morgen früh ja schon wieder arbeiten musste. Mein YouTuber-Lifestyle war nicht so ganz kompatibel mit ihrem Arbeitsalltag. Ich überlegte, wie ich ihr den Grund meines nächtlichen Anrufes am diplomatischsten erklären könnte. Wie ich es ihr erläutern könnte, ohne wie ein komplettes Arschloch dazustehen.

»Halloooo? Marcel?«

Verdammt, mir fiel nichts ein.

»Bist du noch da?«

Okay, egal. Scheiß drauf. Ich sage einfach die Wahrheit.

»Um ganz ehrlich zu sein, Anna, ich rufe an, weil ich noch einmal vorbeikommen wollte.«

»Jetzt?«

»Ja.«
»Ist irgendwas passiert?«
»Nein, eigentlich nicht, ich wollte nur ...«
»... was wolltest du nur?«
Stille. Egal. Spielte jetzt auch keine Rolle mehr.
»Ich wollte eigentlich Kylo abholen, weil ich irgendwie Lust hatte, den Hund heute Abend bei mir zu haben.«
Anna antwortete mir mit einem mehr als genervten Stöhnen.
»Hallo?«
»Ja, verdammt, komm vorbei.«
Sie legte auf.
Prima. Mehr wollte ich ja gar nicht. Ich zog mir meine Jordans an, steckte meine Autoschlüssel ein und zog die Wohnungstür hinter mir zu. Als ich auf die Straße trat, sah ich, dass vor meinem Haus vier Typen standen. Alle noch recht jung. Vielleicht achtzehn oder neunzehn Jahre alt. Sie quatschten miteinander, rauchten Zigaretten, und als sie mich sahen, verstummten sie plötzlich.
Ich schaute sie an. Sie schauten mich an. Kurzes Abschätzen des Gegenübers. Ich versuchte, die Typen einzuordnen. Aber nein, ich hatte sie noch nie gesehen. Ich wohnte in einer eher ruhigen Gegend. Wenn sie aus der Nachbarschaft gewesen wären, dann hätte ich sie auf jeden Fall erkannt. Ich konnte mir auch nicht vorstellen, dass sie hier irgendwen besuchten. Die Leute, die bei mir Haus wohnten, waren alle sehr viel älter. Zu dieser Stunde war man einfach nicht mehr unterwegs. Zu dieser Stunde hatte man keinen Besuch mehr. Waren sie wegen mir hier? Waren das irgendwelche Stalker-Fans? Egal, dachte ich. Es war nicht mein Problem. Kein Grund irgendwie paranoid zu werden. Vielleicht waren das auch nur irgendwelche Jugendlichen.
»Nabend«, presste ich hervor.
»Nabend«, entgegneten die vier.

Dann schloss ich mein Auto auf, öffnete die Tür und ...

»Ey, Monte«, rief mir einer zu. »Mein Kollege hat damals deine Adresse im Internet veröffentlicht.«

Ich schmiss die Autotür wieder zu und drehte mich um. »Was hast du da gerade gesagt?«

Die vier Jungs schauten sich verunsichert an. Der Größte von ihnen, ein hagerer Lauch mit einer dicken Brille und einem braunen Trenchcoat, blickte mich herausfordernd an.

»Mein Kollege hat damals deine Adresse im Internet veröffentlicht«, wiederholte er und grinste dabei.

Okay. Das war's jetzt komplett. Ich ging zwei Schritte auf ihn zu und machte ihm die Ansage meines Lebens. »Du kleiner Hurensohn!«, fuhr ich ihn an. »Willst du mich eigentlich komplett verarschen?« Mein Blutdruck stieg. Ich spürte, wie sich eine ungeheure Wut in mir aufbaute, die dringend ein Ventil brauchte. Ich hatte eine kleine Taschenlampe dabei, wie immer, wenn ich vorhatte, mit Kylo noch einen nächtlichen Spaziergang zu machen. Ich legte sie mir in der Hand zurecht und war bereit, dem Lulatsch die Fresse zu polieren. Erschrocken trat er zwei Schritte zurück und beschwichtigte.

»Hey, hey, Monte ... ganz ruhig. Wo ist das Problem?«

»Wo ist *dein* Problem, du kleiner Nuttenbengel?«, fauchte ich.

»Es ist doch alles gut. Er hat doch nichts Schlimmes gemacht.«

Nichts Schlimmes gemacht? Seit meine Adresse im Internet stand, bekam ich permanent irgendwelche Pizzen bestellt und kleine Kinder machten Klingelstreiche an meiner Haustür. Das war einer der Gründe, warum ich demnächst umziehen würde.

Ich war wirklich stinksauer. Ich war kurz davor, dem Typen einfach eine zu geben.

»Hey, Monte«, sagte er mit so einer ekelhaften Klugscheißer-Art. »Flipp nicht aus. Du bist doch eine Person des öffentlichen Lebens, da muss man doch mit so was rechnen.«

Er hatte recht. Ich musste mit so was rechnen. Aber das war ja gar nicht der Punkt. Der Punkt war, dass irgendein wildfremdes Arschloch mich auf offener Straße verhöhnte. Und bei so was sah ich einfach rot. Ich kochte vor Wut. Aber ich hatte mich noch unter Kontrolle. Zum Glück. Der alte Marcel hätte es nicht hingenommen. Der alte Marcel hätte zugeschlagen. Direkt. Ohne Nachfragen. Mitten auf die Brille. Aber ich war nicht mehr der alte Marcel. Und ich wollte es auch nicht mehr sein. Ich war mittlerweile klüger. Ich wusste heute, dass jede Auseinandersetzung immer auch Konsequenzen hatte. Und jede körperliche Auseinandersetzung hatte Konsequenzen, die nicht mehr absehbar waren. Was wäre, wenn ich ihm eine mitgab und ihn unglücklich traf? Er ins Koma fiele. Er irgendeine Behinderung bekäme. Oder noch schlimmer?

Nein, das wäre es mir nicht wert. »Ehrenlose Nummer«, sagte ich nur und spuckte vor ihm auf dem Boden.

In dem Moment verstand der Spinner wohl selbst, dass seine Aktion ein ziemliches Eigentor war.

»Sorry«, sagte er kleinlaut, nachdem auch seine Freunde ihm nicht beisprangen. »Das kam vielleicht anders rüber, als es sollte. Das ... war nicht meine Absicht.«

Ich atmete tief durch, nickte einmal und kehrte den Idioten dann den Rücken zu. »Macht, dass ihr euch von meiner Wohnung verpisst«, sagte ich noch, stieg in mein Auto und fuhr zu Anna, um Kylo abzuholen.

Was war nur aus den Menschen geworden?

*

Ich nahm Kylo auf den Schoß und massierte ihm das kleine, schwarze Köpfchen. Er knurrte vor Glück, schloss die Augen und schlief langsam ein. Gut, dass er da war. Gut, dass ich ihn noch zu mir geholt hatte. Er beruhigte mich. Wenn ich Kylo bei mir hatte, dann wurden alle anderen Probleme auf einmal ganz klein. Ganz unbedeutend. Zumindest redete ich mir das ein. In Wahrheit aber kochte ich innerlich noch immer. Was dachte sich dieser Idiot nur? Seit ich bei YouTube immer größer und bekannter wurde, kamen nicht nur Leute auf mich zu, die mit mir Geld verdienen wollten. Es traten auch immer mehr Menschen in mein Leben, die einfach Lust hatten, mich abzufucken. Sowohl im echten Leben als auch im Internet. Und als hätte ich für heute Abend nicht schon genug schlechte Vibes abbekommen, stieß ich beim Surfen auch noch auf ein Video, das meine miese Stimmung komplett in den Keller ziehen sollte.

»Ansage an MontanaBlack«. Ah ja. Ich schaute, wer der Urheber des Videos war. Tanzverbot. Ich zündete mir eine Kippe an, lehnte mich in meinem Gaming-Stuhl zurück und überlegte, ob ich mir das überhaupt antun wollte.

Tanzverbot. Ausgerechnet Tanzverbot. Er war eines dieser neuen YouTube-Phänomene. Ein Charakter, den man zu Beginn seiner Karriere kaum greifen konnte. Ein übergewichtiger Junge mit auffallender Zahnlücke, der in seinen Videos, meistens nur mit Bademantel bekleidet, wild über Gott, die Welt und so ziemlich jeden bekannten YouTuber schimpfte. »Ansagen« nannte er diese Videos, und man wusste zunächst nicht, ob dieser Typ ein psychisches Problem hatte, ob er eine riesige Show abzog oder ob er das alles ernst meinte. Aber genau das machte seine Faszination aus. Die Leute hassten ihn. Er bekam unzählige Dislikes auf seine Videos. Aber er machte einfach weiter. Schimpfte nur noch mehr, regte sich über alles und jeden auf. Und die Leute sahen ihm weiter zu. Er war ein absolutes Kuriosum. Und er wurde mehr und mehr zum Thema. Gefühlt das halbe Internet sprach über ihn. Ausschnitte aus seinen Videos wurden auf Twitter geteilt, angesprochene YouTuber reagierten auf seine Ansagen, und sein Kanal legte eine steile Entwicklung hin.

Und jetzt hatte es offensichtlich mich erwischt. Scheiß drauf, dachte ich mir. Schlimmer kann diese eh schon beschissene Nacht ja kaum noch werden. Also klickte ich das Video an.

Verdammt, wie ich mich geirrt hatte. Es wurde sogar noch einmal deutlich schlimmer. Man sah Tanzverbot durch die Straßen von Berlin laufen, er schaute in die Kamera und sprach mich direkt an.

»Moin, MontanaBlack, du alte Schweinebacke!«, rotzte er in die Kamera. »Alter, weißt du eigentlich mit welchen Leuten du dich hier gerade angelegt hast?« Dann begann er, mich zu beschimpfen. Er bezeichnete mich zunächst als »Hure« und »Bastard«, um mir zwischendurch zu sagen, dass er mich ja eigentlich ganz cool fand und mir daraufhin den Tipp gab, weniger Monster Energy zu trinken, da er wissenschaftliche Belege hätte, dass das Getränk gesundheitsgefährdend sei. Ich nahm einen tiefen Zug von meiner Zigarette und schüttelte den Kopf. Digga, was zur Hölle war nur los mit diesem Jungen?

Nach dem gut gemeinten Monster-Tipp sagte er mir wiederum, dass ich nach Berlin kommen solle, damit er mich dort wegklatschen könne. Dann wimmerte er und forderte mich auf, einen Disstrack zu machen. Es war wirr. Es war das wirrste Video, was ich seit sehr, sehr langer Zeit gesehen hatte.

Ich wusste nicht, was ich von der ganzen Sache halten sollte. War das ein Witz? Meinte er das ernst? Und was sollte das eigentlich? Ich hatte mit Tanzverbot überhaupt nichts am Hut. Okay, stimmte nicht ganz. Ich habe mir während eines Streams von mir einmal einen Stream von ihm reingezogen. Weil sich meine Zuschauer das gewünscht hatten. War aber nicht mein Ding. Ich hatte seinen Stream daher mit dem Hinweis kommentiert, dass ich mir lieber einen Gayporno anschauen würde. Klassischer Monte-Spruch. Aber ihn schien das so sehr zu triggern, dass er gleich ein Ansage-Video gegen mich machte.

Ich schaltete den Rechner aus und legte mich schlafen. Genug Schmutz für eine Nacht. Am nächsten Tag reagierte ich zunächst nur in meinem Stream auf seine Ansage, machte meinen Zuschauern klar, dass mich das alles nicht groß interessierte und dass ich nichts von dem Typen halten würde. Was zu weiteren Videos gegen mich führte.

Und so ging das eine ganze Zeit lang hin und her. Mal war es ruhiger, dann gab es wieder Angriffe gegen mich. Irgendwann fing der Typ an, mir wirklich auf die Nerven zu gehen. Was sollte das? Er kannte mich doch gar nicht. Was nahm er sich raus, mich einfach in irgendwelchen Videos zu beleidigen, nur um mit meinem Namen Reichweite aufzubauen? Mich als »Ratte« und als »Spasti« zu beschimpfen. Ich fand das nicht lustig.

Aber es war eine Zwickmühle: Wenn ich darauf einging, bekam er die Aufmerksamkeit, auf die er es abgesehen hatte. Denn natürlich suchte sich Tanzi nicht irgendwelche No Names raus, um sich an ihnen abzuarbeiten. Er schlug nur bei Kanälen mit großer Community zu, da er sich dann sicher sein konnte, dass die Zuschauer die Information schon weitertragen würden.

Wenn ich allerdings nicht darauf einging, ließ ich seine Beleidigungen einfach so stehen und musste im Chat die ganzen Rückfragen dazu über mich ergehen lassen. Denn, sind wir mal ehrlich, die Leute fanden solche Schlammschlachten natürlich unterhaltsam und waren unterschwellig oder offenkundig enttäuscht, wenn man sich dem einfach so entzog.

Ich reagierte also doch, mit einem eigenen Video, in dem ich ihm anbot, dass er mir all die Dinge ja auch mal persönlich ins Gesicht sagen könne. Ich hätte kein Problem damit, mich mit ihm zu treffen und das unter Männern zu klären. Mir ging es schon immer gehörig auf den Zeiger, dass sich Internetrambos so weit aus dem Fenster lehnen, wie sie es sich im echten Leben niemals trauen würden. Ich hatte daher die Hoffnung, dass diese dann doch sehr harte Ansage dafür sorgen würde, dass er ein wenig kleinlauter wurde.

Doch es brachte alles nichts. Wenn Tanzverbot jemals einen langfristigen Plan gehabt haben sollte, dann ging er auf. Durch seine Beefs mit mir und anderen reichweitenstarken YouTubern wurde sein Kanal größer und größer. Irgendwann hatte er über 100 000 Abonnenten. Und viele seiner anfänglichen Hater wurden nach und nach zu Fans. Er hatte es geschafft, dass sich die Stimmung zu seinen Gunsten drehte. Dass die Leute anfingen, ihn zu mögen. Ihn unterhaltsam zu finden. Nur mir wurde es zu viel. Nachdem es einige Monate ruhiger gewesen war, überschritt er, zumindest aus meiner Sicht, eine Grenze.

Am 3. Mai 2017 stellte er wieder ein Video gegen mich online. Aber dieses Video war anders als die Videos davor. Es war keine wirre Beschimpfung, keine reine Hasstirade mehr. Im Gegenteil, Tanzverbot wirkte für seine Verhältnisse sogar relativ ruhig. Aber er machte mir einen Vorwurf, der mich wirklich traf.

Er sagte, dass ich die Designs für mein Merchandise geklaut hätte. Dabei sprach er ganz konkret das Totenkopf-Logo an, das zur damaligen Zeit auch das Firmenlogo von Get on my LVL war. Die Sache war, dass Tanzverbot nicht ganz unrecht hatte. Tatsächlich habe ich mich bei dem Logo von dem Symbol einer ziemlich alten, eher unbekannten Rap-Crew aus den Staaten inspirieren lassen. Aber ich habe es nicht geklaut. Vielmehr war es so, dass ich meinem Grafiker das ursprüngliche Logo zeigte, weil es mir gefiel. Es war eine Referenz. Eine Huldigung der Oldschool-Legenden, die ich seit Jahren hörte. Tanzverbot stellte es nun aber so dar, als hätte ich das Logo einfach unverändert übernommen. Was schlichtweg nicht stimmte.

Und zum ersten Mal in meinem Leben bekam ich so etwas wie einen Shitstorm ab. Es war keine wirklich große Welle, es waren vielleicht ein paar Hundert negative Kommentare auf Twitter, aber sie trieben mich zur Weißglut, weil ich sie einfach wirklich unfair fand. Weil sie einfach nur Unterstellungen waren. Es war das eine, dass der Kerl mich seit Monaten im Internet beleidigte. Aber jetzt ging er an meine Existenzgrundlage. Er ging an mein Geschäft.

Ich sah sogar, wie irgendwelche deutschen Kevins unter die Videos der amerikanischen Crew schrieben, dass Monte ihr Logo geklaut habe und sie mich doch verklagen sollten. Die Typen hatten wahrscheinlich gar keine Ahnung, was plötzlich die vielen deutschen Comments unter ihren sieben Jahre alten Videos zu bedeuten hatten, aber ich war wirklich stinksauer.

An dem Tag, an dem das Video rauskam, sperrte ich mich in meinem Zimmer ein, schaltete mein Handy ab und verbrachte die gesamte Nacht am Computer. Die erste Hälfte der Nacht nutzte ich, um jeden einzelnen negativen Kommentar, der mich entweder auf Twitter oder auf Instagram oder unter einem meiner YouTube-Videos erreichte, zu löschen, und den entsprechenden Kommentarschreiber zu blocken. Es war absolut unsouverän, aber ich war einfach nur wütend und wollte niemanden von den Arschlöchern, die mir meine Firma kaputtreden wollten, jemals wieder im Internet sehen.

In der zweiten Hälfte der Nacht recherchierte ich, wo genau Tanzverbot wohnte. Ich hatte die Schnauze voll. Ich wollte jetzt da hinfahren und diesem Kerl eine Abreibung verpassen. Es dauerte ein paar Stunden, bis ich tatsächlich seine Adresse rausgefunden hatte, aber ich war noch immer wütend genug, um es durchzuziehen. Mit hochrotem Kopf stieg ich um 05:00 Uhr morgens in mein Auto, gab die Adresse in mein Navi ein und startete den Motor.

Doch dann zögerte ich. Saß ich hier gerade wirklich wutentbrannt hinter dem Steuer, um mitten in der Nacht zu irgendeinem Typen zu fahren, der offensichtlich einige ernst zu nehmende Probleme mit seinem Leben hatte? Ließ ich mich hier wirklich um meinen Schlaf und meinen Seelenfrieden bringen von irgendeinem Typen, der mit seinem Handy durch die Straßen lief und andauernd Leute beleidigte? Was ging denn bei mir ab, dass ich mich davon so verrückt machen ließ?

Ich stieg wieder aus dem Auto und ging noch eine Runde spazieren. Ich musste irgendwie wieder klarkommen.

Scheiße, dachte ich mir. Fast wäre es passiert. Fast wäre ich wirklich wieder in alte Muster verfallen. Dabei wusste ich es doch so viel besser. Früher löste ich viele Konflikte mit den Fäusten. Aber ich wusste schon lange, dass das nicht der richtige Weg war. Dass mich mein Verhalten in der Vergangenheit nur in Schwierigkeiten gebracht hatte. Und dass ich jetzt älter war und klüger sein musste.

Ich atmete tief durch. Komm schon, Marcel, du weißt es besser.

*

Vielleicht war es gar nicht mal so sehr Tanzverbot selbst, der mich so störte. Vielleicht war es das Prinzip Tanzverbot, über dass ich mich so ärgerte. Denn Tanzverbot war nur ein Symptom der tiefgreifenden Veränderung, die YouTube gerade durchlebte. YouTube war nicht mehr das kleine Nischenmedium, das es noch war, als ich es entdeckt hatte. Es war nicht mehr bloß ein Sammelbecken für Menschen, die dort ihre Kreativität ausleben wollten, die dort Content zu den Dingen hochluden, die sie liebten. Die Videos für Menschen machten, die tickten wie sie selbst. YouTube war eine gigantische Maschinerie geworden, ein Schwergewicht auf dem Unterhaltungssektor. Und eine wahre Goldgrube für Leute, die in der Lage waren, eine hohe Reichweite aufzubauen.

Ich nahm diese ganzen Veränderungen mit einem sehr, sehr unguten Gefühl zur Kenntnis. Plötzlich tauchten neue, merkwürdige Charaktere auf. Da gab es junge Frauen, die ihre Reize gerade so sehr zur Schau stellten, wie es die Richtlinien der Plattform zum Thema

Pornografie zuließen. Die Fantasien von irgendwelchen dreizehnjährigen Budschis konnten sie damit trotzdem anregen und ihnen Kram verkaufen, während sie über ihr Sexualleben erzählten oder sich Würstchen in den Mund steckten. Für so was fehlte mir wirklich das Verständnis. Ich spürte, dass YouTube mehr und mehr Leute anlockte, die einfach nur Videos machten, weil sie Geld verdienen wollten, weil sie einen Teil vom Kuchen haben wollten. Was mich aber am meisten erschreckte, war, dass auch viele alte Kollegen von mir, die gemeinsam mit mir angefangen hatten und noch den alten Spirit kannten, plötzlich auf Clickbait setzten. Plötzlich reißerische Videotitel wählten. Plötzlich Thumbnails mit roten Kreisen machten, die irgendetwas Skandalöses offenbaren sollten. Das fand ich ganz, ganz billig.

Ich fragte mich, ob ich vielleicht wirklich zu spießig war. Ob ich die Oldschool-Werte von YouTube zu stark verteidigte und mehr mit der Zeit gehen müsste? War das alles vielleicht nur mein Problem?

Ich entschied mich dazu, die Sache mit Tanzverbot anders zu klären. Ich schrieb ihm eine Nachricht. Wir verabredeten uns im TeamSpeak und klärten unsere Probleme in einem Gespräch. Mit Worten. Wie vernünftige, erwachsene Menschen. Von diesem Tag an hatten wir ein gutes Verhältnis zueinander. Wenn er sich seine eigenen Videos von damals anguckt, sieht man deutlich, wie unangenehm ihm sein Verhalten ist. Er hat irgendein Ventil gesucht, und unter anderem habe ich das halt abgekriegt.

Dass er mich aber so provozieren konnte, das habe ich letztlich selbst zugelassen. Auf das Gefühl, dass dich jemand vor Hunderttausenden von Menschen bloßzustellen versucht, bereitet einen keiner vor. So etwas kann nur im Internet passieren, dem Ort, der mir mein neues Leben ermöglicht hatte – und in dem es zugleich immer angespannter zuging. Tanzverbot war ja nicht der Einzige, der mit meinem Namen um sich warf. Jeder konnte auf Twitter was gegen mich sagen oder Videos veröffentlichen, viele haben diese Möglichkeit auch genutzt.

Ich hatte zuvor gesagt, dass es mich nicht juckt, wenn Fremde mir irgendwelche tollen Geschäftsideen vorschlagen, um mit meinem Namen Geld zu verdienen. Das stimmt, weil ich diese Vorschläge einfach ablehnen kann, und dann passiert nichts weiter. Wer aber auf meinen Nacken Klicks machte, indem er mich in den Schmutz zog, den konnte ich nicht so einfach zum Schweigen bringen. Ich musste daher lernen, mit diesem Mechanismus anders umzugehen. Verhindern konnte ich es nicht.

III. LEISTUNGSDRUCK

Eine Stunde. Es war genau eine Stunde vergangen. Damit war die Sache besiegelt.

»Marcel, mach nicht …«, sprach mir Anna gut zu. »Du übertreibst völlig.«

»Lass mich, Weib. Ich muss.«

Ich schaute mir noch ein letztes Mal die Zahlen an. Nein, keine Chance. Das konnte ich so auf keinen Fall stehen lassen. Ich loggte mich in meinem YouTube-Account ein und löschte mein letztes Video. Es hatte eine Stunde Zeit gehabt, sich zu beweisen. Und es war durchgefallen. Dreizehntausend Klicks in der ersten Stunde. Das war deutlich unter Durchschnitt.

Ein Fenster öffnete sich auf meinem Bildschirm. »Sind Sie sich sicher, dass Sie das Video endgültig entfernen möchten?«

Ich klickte auf »Ja«. Weg war es. Vier Stunden Arbeit. Für nichts. Egal.

»Du machst dich völlig verrückt«, sagte Anna. Und sie hatte recht. Ich machte mich wirklich verrückt. So, wie ich mich in den ersten Monaten in das System YouTube reingefuchst, mir stundenlang Tutorial-Videos angeschaut und versucht hatte, die ganzen Schnittprogramme zu begreifen, so steigerte ich mich jetzt in die Analytic-Tools hinein. Früher lud ich die Videos einfach dann hoch, wenn sie fertig waren. Heute schaute ich ganz genau, wann meine Nutzer besonders aktiv waren, an welchem Tag und um welche Uhrzeit die Videos am allerbesten ankamen. Ich schaute mir an, wie lange sich die Leute meine Videos gaben, an welchen Stellen sie abbrachen, welche Videos besser liefen als andere, welcher Content besonders gefragt war. Ich analysierte alles, was sich nur analysieren ließ. Und ich begann damit, Dinge zu löschen, die eben nicht so gut liefen wie andere.

Zunächst habe ich meine ganzen alten Gaming-Videos gelöscht. Das bereue ich heute noch immer. Aber ich fand es damals irgendwie cool, dass ich nur zwanzig Videos auf dem Kanal und trotzdem knapp eine Million Abonnenten hatte. Das machte was her. Total schwachsinnig. Aber noch viel gnadenloser war ich gegenüber meinen neuen Videos. Wenn sie innerhalb der ersten Stunde nicht mindestens vierzigtausend Aufrufe hatten, entfernte ich sie sofort wieder. Ich wollte einfach nicht, dass irgendjemand auf meinen Kanal guckte und es so aussah, als würde es bei mir gerade nicht gut laufen. Wobei auch das total schwachsinnig war. Es lief ja. Es lief besser und besser, und viele andere YouTuber wären neidisch auf meine Zugriffszahlen gewesen. Aber ich legte mir die Messlatte selbst viel höher, als es eigentlich nötig gewesen wäre. Ich war wie besessen davon.

»Komm jetzt«, sagte Anna und zog meinen Stuhl vom Rechner weg. »Du sitzt schon den ganzen Vormittag vor dem Ding. Ich glaube, du brauchst mal wieder ein wenig frische Luft.«

Sie nahm Kylo und setzte ihn mir auf den Schoß. »Da, schau dir den kleinen schwarzen Knuddel an. Das ist es, was wirklich zählt. Nicht deine beschissenen Internetzahlen.«

Kylo saß auf meinen Beinen und guckte mich von unten mit seinen kugelrunden schwarzen Augen an. Er war einfach das niedlichste Geschöpf, das ich jemals gesehen habe. Ich liebte dieses kleine Ding mehr als alles andere auf der Welt. Anna hatte sich jahrelang einen Hund gewünscht, aber damals war es für uns einfach nicht möglich gewesen, einen Hund zu kaufen. Wo hätte er wohnen, wie hätten wir ihn versorgen sollen? Das war nun alles möglich. Ich verdiente genug Geld und hatte seit Anfang 2016 eine eigene Wohnung.

Sosehr ich die positiven Seiten der jüngsten Veränderungen auch sah, desto mehr spürte ich auch den Druck, der jetzt noch etwas stärker auf meinen Schultern lastete. Und dieser Druck, der war noch einmal besonders schlimm. Er kam nicht von außen. Er kam nicht von Menschen, die sich an mir bereichern wollten. Er kam nicht von Menschen, die mich öffentlich angriffen. Er kam von mir selbst. Anna und ich hatten eine Quasi-Familie gegründet. Ich hatte nun meinen eigenen Haushalt. Ich war einfach nicht mehr bloß für mich alleine verantwortlich, so wie mein ganzes Leben zuvor. Was für ein merkwürdig fremder Gedanke.

Ich streichelte Kylo über sein kleines Köpfchen, und er fing an, vor Freude zu knurren.

»Du hast recht«, sagte ich. »Lass uns einen Spaziergang machen.«

Wir zogen uns an und fuhren dann zusammen in einen nahe gelegenen Wildpark. Für Kylo das ultimative Abenteuer.

»Was ist nur los mit dir?«, fragte mich Anna. »Du wirkst in letzter Zeit so wahnsinnig angespannt.«

»Ich weiß. Es ist ... keine Ahnung.«

Ich atmete einmal tief durch. Die frische Waldluft tat mir gut. Es war ein frostiger Dezembertag, und die Kälte brannte angenehm auf meiner Haut.

Ja, was war eigentlich mit mir los? Warum war ich in letzter Zeit so verkrampft? Warum fixierte ich mich so sehr auf die Zahlen? Am Anfang war YouTube einfach nur ein Hobby. Eine Leidenschaft. Etwas, was ich machte, um mich kreativ auszuleben. Etwas, was mir Befriedigung gab. Durch den Erfolg, den ich bekam, wurde alles immer größer, alles immer elektrisierender. Ich konnte mir unglaubliche Dinge leisten, von denen ich früher noch nicht einmal zu träumen gewagt hätte. Urlaube. Eine eigene, wunderschöne Wohnung. Ein schickes Auto. Ich hatte einfach einen ganz neuen Lebensstandard.

Doch sosehr ich das alles genießen konnte, innerlich hatte ich eine große Unruhe. Ich spürte einen wahnsinnigen Druck.

»Vielleicht habe ich Angst«, sagte ich zu Anna.

»Angst?«, fragte sie und griff meinen Arm. »Wovor?«

»Davor, das alles wieder zu verlieren. Überleg mal. Ich mache ja nicht mehr einfach nur Videos. Ich habe jetzt eine Firma. Geschäftspartner. Ich bezahle sogar jemanden dafür, dass er meine Videos schneidet.«

Früher war meine Online-Existenz eine Flucht vor der realen Welt. Irgendwann vermengten sich beide Welten. Und heute stand ich an einem Punkt, wo mein reales Leben davon abhängig war, wie es in der Online-Welt für mich lief. Was für eine irre Entwicklung.

»Ich will einfach nichts falsch machen«, sagte ich. »Und ... das macht mich wahnsinnig.«

»Weißt du, Marcel, du bist so erfolgreich geworden, weil die Leute dich dafür lieben, wie du bist. Also, sei doch einfach du selbst. Mach deine Videos so, wie du sie selbst haben willst. Und achte nicht mehr so sehr auf die Zahlen.«

Ich nickte. Sie hatte recht. Sie hatte völlig recht. Es waren so viele Dinge, die sich für mich mittlerweile falsch anfühlten. Die Vlogs zum Beispiel. Ich vloggte nur noch, weil ich wusste, dass meine Fans dieses Format liebten. Aber eigentlich fühlte ich es nicht mehr. Ich fühlte es nicht mehr, bei jeder Gelegenheit krampfhaft eine Kamera rausziehen und alles filmen zu müssen. Wenn einfach nichts passierte, was sich für ein Video eignete, dann wollte ich auf keinen Fall irgendwas inszenieren, nur um Material zu haben. Ganze Videos waren auch gar nicht mehr notwendig, weil es mittlerweile Instagram-Storys gab. Da konnte man kleine Fünfzehn-Sekunden-Videos drehen, die nach vierundzwanzig Stunden wieder verschwanden. Sie hatten dieselbe Funktion wie ein klassischer Vlog, sie gaben einen Einblick in mein privates Leben, aber ohne den ganzen Aufwand drum herum.

Leistungsdruck

Und dann war da noch dieser Drang, jede Woche zwei Videos veröffentlichen zu müssen. YouTube vergisst einen schnell, heißt es immer. Wer nicht ständig präsent ist, nicht ständig neues Futter lieferte, der verschwand ganz schnell wieder in der Versenkung. Ich hatte es ja selbst gesehen, bei zahlreichen YouTube-Kollegen. Wenn sie sich mal eine Pause gönnten, wenn sie mal aus irgendwelchen Gründen ein bisschen nachließen, dann setzte schon die Abwärtsspirale ein. Die Plattform war gnadenlos. Die Videos an sich waren dem Algorithmus egal. Es war nur wichtig, dass genug Content vorhanden war, der gut genug geklickt wurde, um ihn als Bühne für Werbeanzeigen zu nutzen. Wer da nicht ablieferte, wurde schnell bestraft.

Nichts von dem drohte mir, meine Aufrufzahlen waren super, meine Zuschauer immer am Start. Aber die Angst saß mir ständig im Nacken und begann, mich zu blockieren. Meine Gedanken drehten sich mehr darum, welche Inhalte gut performen würden, als darum, welche Inhalte ich eigentlich produzieren wollte. Dabei lag mein Fokus nicht darauf, dass ich unbedingt mehr Geld verdienen und schweinereich werden wollte. Als jemand, der von ziemlich weit unten kam, war es die Angst vorm Scheitern und vor dem Verlust, die mich viel mehr quälte.

Aber Anna hatte recht. Wenn ich nicht mehr fühlte, was ich da machte, sollte ich es nicht mehr tun. Wenn mich meine Angst und das ganze Starren auf die Zahlen lähmte, wäre damit niemandem geholfen. Ich würde das meinen Zuschauern erklären. Ich hoffte sehr, dass sie es verstehen würden.

Als wir am Abend wieder nach Hause kamen, setzte ich mich an meinen PC und schmiss den Stream an. Ich wollte die Leute an meinen Gedanken teilhaben lassen.

»Ich habe heute eine Entscheidung getroffen«, sagte ich. »Und ich hoffe sehr, dass ihr mit dieser Entscheidung gut leben könnt.« Ich atmete einmal durch. »Ich habe gemerkt, dass vieles von dem, was ich auf YouTube gerade mache, nicht mehr das ist, worauf ich eigentlich Lust habe. Es fühlt sich einfach nicht mehr so wirklich gut an.« Im Chat erschienen viele traurige Smileys. »Also werde ich künftig auf meinem Hauptkanal MontanaBlack nur noch dann Videos hochladen, wenn ich Lust darauf habe. Das kann fünfmal in der Woche sein, das kann aber auch nur ein Video in sechs Monaten werden. Ich weiß es nicht. Aber ich habe keine Lust, Videos zu machen, die ich selber nicht mehr fühle.«

Viele fröhliche Smileys und nach oben gestreckte Daumen im Chat.

»Gut so, Monte«, schrieben die Leute. »Verstehen wir total.«

Ich war erleichtert. Das war keine selbstverständliche Reaktion. Und glücklicherweise meinten es meine Zuschauer auch so, wie sie es schrieben. Obwohl ich tatsächlich teilweise über Monate kein Video mehr auf meinen Hauptkanal packte, stiegen die Abozahlen weiter. Und wenn dann mal ein Video kam, waren die Zugriffe außergewöhnlich hoch.

Das nahm den Druck etwas von meinen Schultern. Aber ich fragte mich, wie es wohl für andere Influencer sein musste, die nicht so eine loyale Community hatten wie ich. Nach außen sieht alles so einfach aus. Schnell verdientes Geld mit ein paar Fotos und Videos. Die Leute sehen aber nicht, was es für eine ungeheure psychische Belastung ist, ständig auf demselben Niveau regelmäßig abliefern zu müssen. Da ist ja kein Chef, der einem neue Aufgaben zuteilt. Da ist kein Auftraggeber, der dir ein konkretes Projekt gibt. Alle Motivation, jede Idee, die gesamte Disziplin müssen aus einem selbst herauskommen. Jeden Tag aufs Neue. Auch und besonders dann, wenn es nicht so gut läuft. Über deine Leistung entscheiden dann andere, entscheiden die Zuschauer. Und so, wie sie dir zu deinem Erfolg verholfen haben, können sie ihn auch zerplatzen lassen, wenn du sie nicht mehr erreichst.

Wie unangenehm der Gedanke ist, dass du mit jedem Nutzer und Zuschauer, den du möglicherweise verlierst, auch ein Stück von deinem Lebenstraum verlieren kannst, hat mir vor allem zu dieser Zeit zugesetzt, als ich auf der Suche nach Inhalten war, die mich begeistern konnten. Es gibt wenig Schöneres, als genau das tun zu können, was einem Freude bereitet – aber das Loch, das entsteht, wenn die Freude ausbleibt, ist ziemlich ätzend. Die Sorgen, die damit einhergehen, sind es erst recht, denn mein Erfolg als YouTuber und Streamer hängt davon ab, Begeisterung zu verbreiten. Frustriert vorm PC zu hängen und nicht zu wissen, was man zocken soll, weil einem nichts mehr Spaß macht, ist nicht die Definition eines unterhaltsamen Streams. Mit CoD ging es mir jedoch immer öfter genau so, die Vlogs belasteten mich, die Unzufriedenheit machte sich breit. Nicht mehr krampfhaft Videos machen zu müssen, war ein Schritt in die richtige Richtung; was jedoch noch fehlte, war ein neues Feuer.

Und dann passierte etwas, das alles Vorherige völlig in den Schatten stellte.

IV. NEUE DIMENSIONEN

Ruhig bleiben. Ganz ruhig bleiben. Ich sprach mir selbst gut zu. Es ist noch nichts verloren, Monte. Das kriegst du schon noch alles hin. Ich lehnte mich mit dem Rücken gegen die Hauswand. Hielt inne. Seien wir ehrlich, die Lage war beschissen. Richtig beschissen. Aber sie war nicht aussichtslos. Ich würde hier schon wieder rauskommen. Ich musste nur klug vorgehen. Ich durfte jetzt nicht die Nerven verlieren. Ich musste cool bleiben. Okay, dachte ich und legte mir einen Plan zurecht. Eine Exit-Strategie. Langsam runterzählen. Fünf, vier, drei ... Ich spürte, wie sich mein Pulsschlag mehr und mehr beschleunigte, wie das Adrenalin durch meinen Körper schoss. Ich wusste, dass das jetzt meine einzige Chance war, hier lebend rauszukommen ... zwei, eins. Und los! Ich drückte mich von der Wand ab und fing an zu laufen. Vorwärts, vorwärts, vorwärts. Kein Blick zurück. Ich schlug ein paar Haken. Vor mir war ein alter Bauernhof. Ich visierte ihn an. Hier könnte ich mich verstecken. Hier würde ich kurz Schutz finden. Es war nicht mehr weit. Nur noch wenige Meter. Komm schon. Durchhalten.

Ich lief so schnell ich konnte. Plötzlich hörte ich ein Pfeifen. Wieder und wieder. Neben mir schossen Kugeln vorbei. Scheiße, scheiße, scheiße. Ich schlug noch einen Haken, dann hatte ich das schützende Gebäude erreicht. Ducken. Durchatmen. Abwarten. Ich nahm noch zwei, drei Kugeln wahr, die in der Hauswand einschlugen. Dann war Stille. Ich hatte es geschafft. Zumindest für den Moment. Aber mir war klar, dass der Frieden nicht lange halten würde. Ich analysierte die Lage. Da waren mindestens drei Leute direkt hinter mir. Sie waren in dem anderen, in dem kleineren Haus. Hinter dem Haus. Oder auf dem Dach des Hauses. Keine Ahnung. Ich könnte noch ein wenig abwarten, vielleicht würden sie sich gegenseitig erledigen. Aber selbst wenn – einer von ihnen würde übrigbleiben. So viel war klar. Und auf den war ich nicht vorbereitet. Mir ging es schlecht. Richtig schlecht. Gesundheitlich war ich völlig am Arsch. Ein Treffer und es wäre vorbei mit mir. Das wusste ich. Und ich hatte auch wirklich keine gute Waffe, mit der ich mich zur Wehr setzen konnte. Bloß eine graue Pistole, die überhaupt nichts konnte. Aber ich hatte jetzt auch keine Zeit, groß nachzudenken. Jede Sekunde zählte. Jedes Zögern konnte tödlich sein.

Ich öffnete die Tür und betrat das alte Landhaus. Vorsichtig, ganz vorsichtig. Hinter jeder Ecke konnte irgendein Typ lauern, der mich überraschte. Der mir einfach den Todesstoß versetzte. Ich ging von Zimmer zu Zimmer, stieg eine Treppe rauf. Nichts. Ich war alleine. Ich durchsuchte die Zimmer. Dann stieg ich eine weitere Treppe hoch. Der Dachboden. Ich schaute mich um.

Mein Atem ging schneller und schneller. Und dann sah ich sie. In einer Ecke des Dachgiebels stand sie. Eine große Kiste. Komm schon, komm schon, komm schon. Bitte mach, dass das jetzt funktioniert, flüsterte ich vor mich hin. Ich näherte mich der Kiste. Riss sie hastig auf und ... ja, Mann! Jackpot! Verbandsmaterial und ein goldenes Sturmgewehr. Genau das, was ich brauchte!

Ich versorgte meine Wunden und bekam richtig gute Laune. Die Karten waren jetzt neu gemischt. Und auf einmal hielt ich alle Asse in der Hand. Ich stieg die Treppe wieder runter, das Sturmgewehr im Anschlag und ... Scheiße! Ich bekam fast einen Herzinfarkt. Da stand einfach ein Typ in einem schwarzen Ganzkörperkostüm vor mir. Wo kam der denn plötzlich her? Ich zog meine Waffe, doch es war schon zu spät. Der Kerl riss seine Shotgun hoch und schoss mir zweimal in den Kopf. Ich sackte zu Boden. Alles was ich noch sah, war, wie der Mistkerl einen kleinen Tanz auf dem Inhalt meines Inventars aufführte.

»Scheiße, Digga!«, brüllte ich und schmiss den Controller weg. »Ausgerechnet jetzt!« Ich schaute in meinen Chat. Lachende Emojis.

»Noch ne Runde, Monte!«

»Bleib dran!«

»LUL. Noob.«

Ja ja, dachte ich und startete die nächste Runde. Die Sucht hatte mich gepackt. Das letzte Mal, dass ich ein Spiel so sehr gefühlt hatte, war zu den goldenen CoD-Zeiten. Aber die waren lange vorbei. Jetzt war die Zeit von Fortnite gekommen. Ein Spiel, das die gesamte Gaming-Industrie für immer verändern sollte. Im Juli 2017 wurde es veröffentlicht, 2018 ging es dann so richtig durch die Decke.

Das Spielprinzip war ganz simpel und gar nicht mal neu. Man selbst wird mit hundert weiteren Spielern über einer Insel abgeworfen, nur mit einer Spitzhacke bewaffnet. Auf der Map finden sich dann weitere Waffen und Ausrüstung. Wer bis zuletzt durchhält, der hat die Runde gewonnen. Ein klassischer »Battle Royal« also, nur dass man mit Baumaterialien Brücken und Türme bauen kann, die Map also interaktiv mitgestaltet und verändert. Das war neu.

Diese Mischung aus Ego-Shooter und Minecraft kam mit ihrer fröhlichen Comic-Optik so ungewohnt und frisch daher, dass sich sehr schnell sehr viele Spieler fanden, die Fortnite ausprobieren wollten. Und das Beste: Es war kostenlos und ohne Altersbeschränkung, daher konnte es auch jeder einfach mal antesten. Epic-Games, der Publisher, verdient ausschließlich über Ingame-Käufe oder den Battle Pass, der einem zusätzliche Extras ermöglicht.

Ich kann mich nicht erinnern, dass irgendein Spiel zuvor jemals so einen Hype hatte. Jeder, wirklich jeder spielte dieses Game oder hatte zumindest schon davon gehört.

Nachdem ich es das erste Mal gezockt hatte, wurde ich sofort süchtig. Ich saß Tag und Nacht am Rechner und spielte Runde um Runde. Es machte einfach wahnsinnig viel Spaß.

Das Spiel gab aber auch der gesamten Gaming-Community einen richtigen Boost. Es spülte eine ganz neue, junge Generation von Spielern an, die durch Fortnite die Begeisterung fürs Zocken entdeckte. In dieser Zeit wurde für mich YouTube immer unwichtiger und Twitch immer bedeutsamer. Das direkte Feedback. Das Gefühl, etwas gemeinsam und live erleben zu können. Ich sprach nicht mehr einfach nur zu einer Kamera, sondern zu Leuten, die genau im selben Moment sehen konnten, was ich machte. Es fand ein Austausch statt, wo vorher nur die Kommunikation in eine Richtung möglich gewesen war. Wenn es nach mir gegangen wäre, dann wäre ich ständig nur noch online gewesen. Teilweise ließ ich meinen Stream über sieben oder acht Stunden laufen. Einfach, weil mir das Spiel so viel Spaß bereitete. Es war eine absolute Win-win-Situation für alle. Für mich, weil es mir endlich wieder Freude machte, richtig zu zocken, für meine Zuschauer, weil sie den Fortnite-Content komplett abfeierten, und für die Spiele-Publisher natürlich auch, weil sie kostenlose Werbung für ihr Game bekamen, was den Hype noch weiter anfachte.

Aber auch wirtschaftlich lohnte sich die Fortnite-Zeit. Hatte ich mir vor Kurzem noch Sorgen darum gemacht, wie schnell mein schönes neues Leben wieder vorbei sein könnte, ließen mich die aktuellen Veränderungen viel entspannter in die Zukunft blicken. Ich bekam durch das Spiel nicht nur jede Menge neue Zuschauer und brach bei Twitch einen Rekord nach dem anderen, sondern Fortnite machte Streamern wie mir auch noch ein Angebot, das fast zu schön war, um wahr zu sein. Die Firma entwickelte das CreatorCode-Modell. Jeder Fortnite-Streamer bekam einen eigenen Code, und wenn irgendwer im Spiel Geld ausgab und dabei meinen personifizierten Code einsetzte, wurde ich automatisch am Umsatz beteiligt, den Epic Games machte. Entsprechend motiviert war ich natürlich, den Code unter die Leute zu bringen.

Ich hatte schon in den letzten Jahren mit Merchandise, YouTube und Twitch gutes Geld verdient, aber in der Fortnite-Zeit wurden alle Grenzen gesprengt. In meinem besten Monat hatte ich alleine durch die CreatorCode-Einnahmen einen monatlichen Bruttoumsatz von 290 000 Dollar. Amerikanische Streamer wurden durch dieses eine Spiel zu Multimillionären. Ich hatte ab dieser Zeit ein monatliches Einkommen von mindestens sechzigtausend Euro brutto. Es war Wahnsinn. Ich verdiente mehr Geld, als ich mir jemals auch nur in meinen wildesten Träumen hätte vorstellen können.

Es sagt sich viel leichter, als es ist, nicht so sehr auf Zahlen zu achten. Ich glaube, man muss schon in einer ziemlich gefestigten und luxuriösen Situation sein, um sich als Creator davon wirklich nicht beeinflussen zu lassen. Aber ich habe über die Jahre gelernt, dass ich dann am besten bin, wenn ich auf mein Gefühl höre. Mich auf YouTube zu zeigen war eine Bauchentscheidung – und sie hat mir neue Möglichkeiten eröffnet. Meinen Content von reinem CoD hin zu mehr Reallife umzustellen, war eine Bauchentscheidung – und sie hat mir nicht nur eine große Freiheit geschenkt, sondern auch große Erfolge. Mich von einem starren Upload-Plan zu verabschieden, mehr auf Streams zu setzen und ein komplett neues Spiel zu integrieren, war eine Bauchentscheidung – und ermöglichte es mir, mich von meiner Angst zu verabschieden, dass es jederzeit vorbei sein könnte.

Die Leute schauen mir nicht zu, weil ich Spiel X oder Y zocke, sie schalten nicht ein, weil ich dreimal die Woche ein Video bringe. Sie sind da, weil sie *mich* sehen wollen und zu meinem großen Glück meist das feiern, was ich auch feiere. Doch dass ich durch diese Situation als Streamer immer größer und größer wurde, sollte mir noch Nachteile bringen, von denen ich bislang überhaupt keine Vorstellung hatte.

V. BEZIEHUNGEN

Es gibt Momente, auf die kann einen das Leben nicht vorbereiten. Es gibt Momente, die man nicht kommen sieht. Die man vielleicht auch nicht kommen sehen will. Die man aus den vorstellbaren Optionen des Möglichen verdrängt. Und doch sind sie irgendwann da. Einfach so. Schleichen sich an. Und überfallen einen. Dieser Moment war ein solcher Moment.

Es war härter, als ich es mir jemals hätte vorstellen können.

»Möchtest du noch etwas trinken?«

Anna schüttelte den Kopf. Wir saßen auf meiner Couch und schwiegen. Es war eine ohrenbetäubende Stille. Sie war kaum auszuhalten. Ich spürte, wie sich langsam mein Hals zuschnürte. Wie mir die Luft wegblieb. Was taten wir da gerade? Das war doch nicht richtig. Das war doch nicht wirklich das, was wir wollten. Oder doch?

Unsere Blicke trafen sich kurz. Nur für einen Moment. Einen kleinen Moment. Dann wichen wir uns aus. Konnten dem Blick des jeweils anderen nicht standhalten. Anna starrte krampfhaft auf den Boden. Ich verfolgte einen Fisch, der langsam an der Scheibe meines Aquariums vorbeischwamm.

Die Zeit verging. Minute um Minute. Ich wünschte, ich hätte sie anhalten können. Zurückdrehen. Zu einem Zeitpunkt, an dem es einmal besser war. Zu einem Zeitpunkt, an dem man das hier noch hätte retten können. Doch es gab nichts mehr zu retten. Das wusste Anna. Das wusste ich. Uns war klar, was dieses Treffen bedeuten würde. Worauf das alles hier hinauslief.

Und dennoch zögerten wir es hinaus. Weigerten uns, es auszusprechen. Es gab Dinge, die wurden endgültig, wenn sie einmal ausgesprochen waren.

Ich atmete schwer. Auch Anna musste sich zusammenreißen. Das sah ich ihr an. Natürlich sah ich ihr das an. Niemand kannte sie so wie ich. Und niemand kannte mich so wie sie.

Ich hörte das Ticken der großen Uhr.

»Es wird wohl das Beste sein«, sagte Anna schließlich.

»Denke ich auch.«

Wieder Stille.

»Und wie machen ...« Anna machte eine kurze Pause. Riss sich zusammen. Versuchte, nicht zu weinen. »Und wie machen wir das mit Kylo?«, fragte sie leise. »Meinst du, wir kriegen das hin?«

Ich schaute auf Kylo. Unseren geliebten Hund. Unseren kleinen Schatz. Unser Ein und Alles. Er lag auf der Couch. Genau in der Mitte von uns beiden. Er schaute uns abwechselnd mit seinen kugelrunden Augen an. Als würde er genau spüren, was hier gerade passierte.

»Klar kriegen wir das hin«, sagte ich, und sowohl Anna als auch ich streckten unsere Hände aus, um ihm über den Kopf zu streicheln. Sie trafen sich. Verstohlene Blicke. Ich nahm ihre Hand. Hielt sie fest. Sie versuchte zu lächeln. Es wirkte gezwungen.

»Wir machen es einfach so, wie wir es immer gemacht haben«, sagte ich. »Wir teilen ihn uns auf. Ist er ja schon gewohnt, der kleine Kämpfer.«

Kylo knurrte leise. Dann legte er seinen Kopf flach auf die Couch.

Es war schwer. Es war so verdammt schwer. Und es gab keine Anleitung für Momente, wie diese. Anna und ich waren seit acht Jahren ein Paar. Seit acht langen Jahren. Acht Jahre, die sich anfühlten wie eine Ewigkeit.

In meinem Kopf tauchen plötzlich die ganzen alten Erinnerungen wieder auf. Bilder, die sich mir tief eingebrannt hatten. Wie ich Anna aus dem Reisebüro abholte. Wie wir zusammen Fischstäbchen mit Salat kochten. Wie wir abends in meinem Bett lagen und sie mir den Nacken kraulte. Wie wir gemeinsam in dem kleinen Hotelzimmer in der Türkei nebeneinander einschliefen. Wie wir Kylo von einer Züchterin abkauften. Ich konnte nicht mehr. Eine Träne lief mir über das Gesicht. Auch Anna weinte. Es fühlte sich an, als würde hier etwas enden, was für die Ewigkeit bestimmt gewesen war. Anna hat mich in den wichtigsten Jahren meines Lebens begleitet. Sie war an meiner Seite, als ich am Boden war. Sie war an meiner Seite, als ich ein ganz einfaches Leben führte. Und sie war an meiner Seite, als es bergauf ging. Als ich oben war. Aber heute, hier und jetzt, da würde unsere gemeinsame Reise enden. Sie drückte meine Hand.

Das Schlimmste war, dass es keinen wirklichen Grund für unsere Trennung gab. Wir hatten keinen großen Streit gehabt. Es war nichts Schlimmes passiert. Ich habe sie nicht betrogen. Sie hat mich nicht betrogen. Wir haben einfach gemerkt, dass wir uns auseinandergelebt hatten. Dass wir nicht mehr dasselbe füreinander empfanden, wie wir es noch vor ein paar Jahren getan haben. Es hatte sich so viel in den letzten Jahren verändert, dass auch unsere Liebe Risse bekommen hatte.

Vielleicht wäre alles anders gekommen, wenn ich YouTube nicht entdeckt hätte. Wenn ich weiterhin einem normalen Job nachgegangen wäre. Denn YouTube hatte auch mich verändert. Ich hatte für meine Reichweite einen großen Teil meiner Privatsphäre aufgegeben. Fast alles, was ich machte, machte ich öffentlich. Und das sorgte dafür, dass ich sehr empfindlich auf jede Form von Einschränkung reagierte. Es überforderte mich schon, wenn Anna den nächsten Tag mit mir planen wollte. Mein Kopf machte das einfach nicht mehr mit.

Wir entschieden uns an diesem Abend, unsere Beziehung zu beenden. Zum Abschied nahm sie mich noch einmal in den Arm. Wir schauten uns tief in die Augen.

»Komm Kylo«, sagte sie. Kylo bellte einmal kurz auf und drehte sich nach mir um. Dann trotte er mit gesenktem Köpfchen hinter Anna her. Dieser Anblick brach mir das Herz.

Anna ließ die Tür hinter sich ins Schloss fallen. Und ich blieb alleine zurück. Ich habe mich nie zuvor und niemals danach so einsam gefühlt wie in dieser Nacht. Und obwohl es das Intimste und Privateste der Welt ist, kamen wir beide nicht umhin, es trotzdem mit der Öffentlichkeit teilen zu müssen. Wir hatten keine Lust auf Gerüchte. Wir wollten nicht, dass die Leute sich – und uns! – danach ausfragten, wieso der jeweils andere nicht mehr in den Videos auftauchte. Auch Anna machte YouTube, sie war Teil meiner Videos, die Leute würden es ja merken.

Wir beide veröffentlichten kurze Statements, die einfach nur die Fakten präsentierten: Wir hatten uns getrennt, aber es herrschte kein böses Blut zwischen uns. Wir würden uns weiterhin gemeinsam um Kylo kümmern und baten ansonsten darum, dass unsere Privatsphäre respektiert würde. Ich deaktivierte die Kommentare unter dem Video, weil ich überhaupt keinen Bock darauf hatte, dass andere Leute zu unserer Entscheidung ihren Senf dazugaben. Das ging nur Anna und mich etwas an.

Wir haben es geschafft, diese Trennung als Freunde zu überstehen. Uns verbanden viel zu viele Jahre und gemeinsame Erfahrungen, um das alles einfach aufzugeben. Ob ich allerdings noch mal eine Beziehung öffentlich führen werde, steht in den Sternen.

VI. PRIVATSPHÄRE

»Mooooonte …!«

Anfängerfehler. Ich hätte gestern Nacht das Fenster schließen sollen. Aber ich liebte es einfach, mich in einer kalten Winternacht in mein frisch bezogenes Bett zu kuscheln und die frische Novemberluft im Gesicht zu spüren. In meinem aktuellen Leben ein Luxus, den ich mir nicht mehr unbedingt leisten konnte. Zumindest nicht ohne Konsequenzen. So wie jetzt. So wie in diesem Moment, in dem ich die Quittung bekam.

»Moooooooooooonte …!« Ich hörte mindestens drei Typen, die vor meinem Haus standen und laut meinen Namen schrien.

»Monteeee, komm mal raus!«, brüllten sie. Ich zog mir mein Kissen über den Kopf. Ruhig bleiben. Einfach aussitzen. Gleich sind sie wieder weg. Gleich gehen sie von ganz alleine. Gleich kannst du wieder weiterschlafen.

Von wegen.

»Moooonte, lass Foto machen«, schrien sie und lachten laut auf. Es half nichts. Die Kerle waren zu laut, als dass ich sie ignorieren konnte, und zu penetrant, als dass ich sie ignorieren wollte. Ich schaute auf mein Handy. Es war 12:00 Uhr. Ich schmiss mein Kissen weg, quälte mich aus dem Bett, öffnete mein Fenster ganz und schaute mir an, wer da vor meiner Haustür stand. Drei Jugendliche, nicht älter als sechzehn oder siebzehn.

»Verpisst euch, ihr Spacken!«, brüllte ich sie an.

Sie lachten und winkten mir.

»Yalla, Abflug jetzt, ihr Vollidioten!«, brüllte ich noch einmal, dieses Mal etwas ernster.

Sie besprachen sich kurz. Dann zogen sie ab.

Ich atmete genervt aus, setzte mich auf meine Bettkante und massierte mir die Schläfen. Das war mittlerweile mein Alltag. Ständig standen irgendwelche Leute vor meiner Tür. Manche klingelten, manche brüllten rum, manche hupten die ganze Zeit. Die meisten aber warteten nur, bis ich rauskam, um ein Foto zu machen, oder fuhren langsam an meiner Wohnung vorbei, um zu sehen, wo und wie ich so wohnte. Meine Privatsphäre war im Arsch. Und ich war selbst daran schuld.

Ich hatte einen Fehler gemacht. Einen großen, folgeschweren Fehler. Ich hatte mich selbst geleakt. Meine neue Adresse. Nachdem ich endlich umgezogen war und wieder meine Ruhe hatte. Es passierte im Livestream. Eigentlich wollte ich mir nur eine Pizza bestellen, aber in dem Moment, wo ich auf das Bestellfeld klickte, füllte Google automatisch meine vorgespeicherte Adresse aus. Schockmoment. Es dauerte nur eine oder zwei Sekunden, ich reagierte sofort und schloss die Seite wieder, aber mit dem Internet ist es wie mit Zahnpasta. Presst man die Tube einmal aus, kriegt man das Zeug nicht mehr zurückgestopft.

Ich hatte an dem Tag vielleicht vierzigtausend Zuschauer, und mir war völlig klar, dass mindestens einer von ihnen einen Screenshot gemacht hatte, der sich wahnsinnig schnell verbreiten würde. Und so geschah es dann auch. Es dauerte nicht lange, bis meine Adresse öffentlich war. Irgendein Spezialist schaffte es zeitweise sogar, sie bei Google Maps zu hinterlegen. »Montes Wohnung« stand dann da. Das mag zwar auf den ersten Blick ganz lustig klingen, aber wenn tatsächlich jeden Tag Menschen vor deinem Haus stehen und deinen Namen brüllen, dann macht das etwas mit dir. Es ist nicht so, dass ich irgendwie Angst gekriegt hätte. Die meisten Leute, die vorbeikamen, waren noch halbe Kinder, sie wollten meistens nur ein Foto. Aber es ist ein ganz merkwürdiges Gefühl, wenn man keinen Rückzugsort mehr hat.

Meine Wohnung war für mich etwas Heiliges. Egal, was draußen in der Welt passierte, egal, womit ich mich auseinandersetzen musste, ich konnte abends immer noch in mein Bett gehen, die Tür schließen und die Außenwelt wenigstens für ein paar Stunden aussperren. Aber wenn die eigene Adresse öffentlich wurde, dann war die Wohnung kein Rückzugsort mehr. Dann wurde sie Teil des Problems.

Ich ging in die Küche, nahm mir eine Dose Eistee aus dem Kühlschrank und zündete mir eine Kippe an. Es war eigentlich zu früh für mich, aber jetzt war ich nun einmal wach. Der Tag hatte beschissen angefangen. Aber ich hatte keine Ahnung, wie beschissen er tatsächlich noch werden würde.

Ich ging in mein Gaming-Zimmer, schaltete meinen PC an und ließ ein wenig Twitch laufen. StandartSkill streamte gerade ein paar Runden Fortnite. Ich lehnte mich in meinem Gaming-Stuhl zurück, zog an meiner Kippe, nahm ein paar Schlucke von meinem Eistee und blies den Rauch in die Luft. Klassisches Monte-Morgenritual. Ich brauchte das, um in die Gänge zu kommen. Ich beobachtete, wie Stanni einen Sieg nach dem anderen einfuhr. Er hatte einen guten Tag. Offensichtlich einen besseren als ich. Aber ich nahm mir vor, mir die Laune von ein paar Idioten nicht verderben zu lassen. Nicht heute. Ich war für 14:30 Uhr mit Rene und Memo, einem guten Freund von mir, zum Sport verabredet, wollte vorher aber noch etwas frühstücken. Ich schrieb Memo eine Nachricht.

»14:00 Uhr Bäckerei?«

»Geht klar«, schrieb er zurück.

Ich nahm noch einen Schluck Eistee, verfolgte noch ein wenig den Stream und machte mich schließlich fertig. Duschen, Anziehen, Sportsachen zusammensuchen. Um 13:50 Uhr machte ich mich auf den Weg, ließ den Computer an, den Stream weiterlaufen, und zog die Haustür hinter mir zu.

*

»Bestes Leben, Digga«, sagte ich, zog mein Handy aus der Tasche und filmte das belegte Ei-Brötchen mit Remoulade, was gerade auf dem Teller vor mir lag. Die schlechte Laune war wieder verflogen. Es waren diese kleinen Momente im Leben. Ich filmte Memo, der pflichtschuldig in die Kamera winkte, und erzählte einfach drauflos, was heute noch so anstand. Frühstück. Sport. Und am Abend ein paar Runden Fortnite zocken. Dann lud ich das Video in meiner Instagram-Story hoch, steckte das Handy weg und biss in mein Brötchen. Einfach gut.

Vor dem Gym trafen wir uns mit Rene. Es war nicht weit entfernt, lag eigentlich gleich um die Ecke. Wir zogen uns um und absolvierten unser Programm. Ich hatte das Gym erst vor kurzer Zeit für mich entdeckt. Der Sport war ein netter Ausgleich. Ich streunerte ein wenig durch das Studio. Es war angenehm leer heute. Kaum was los. Ein paar vereinzelte Pumper standen im Freihantelbereich und stemmten Langhanteln. Das Studio war relativ neu und modern. Im Hintergrund lief House-Musik. Nachdem ich mich akklimatisiert hatte, setzte ich mich an das Butterfly und machte ein paar Brustübungen. Als ich gerade den dritten Satz absolvierte, spürte ich, dass mein Handy in meiner Hosentasche vibrierte.

Was war denn jetzt schon wieder?

Ich schaute auf das Display. Mustang.

Merkwürdig.

Mustang war mein Nachbar. Ich hatte mittlerweile so viele Kontakte in meinem Telefonbuch, dass ich die meisten Menschen unter irgendwelchen Phantasienamen einspeicherte. Ich musste mir Eselsbrücken bauen, um bei den acht Daniels und fünf Christians in meinem Handy nicht durcheinanderzukommen. Mustang hieß natürlich nicht Mustang. Mustang war einfach nur mein Nachbar, der unter mir wohnte. Aber er fuhr einen wunderschönen Ford Mustang.

Wir hatten eigentlich nicht viel Kontakt. Ich konnte mich nicht erinnern, dass er mich jemals angerufen hätte. Das musste bestimmt wichtig sein, dachte ich mir und nahm ab.

»Moin?«

»Marcel, bei dir wurde eingebrochen.«

Ich zuckte zusammen. Was? Was hatte er da gerade gesagt? Eingebrochen? Bei mir? Das konnte nicht sein. Ich war doch gerade noch zu Hause.

»Was sag…«

»Da ist ein riesiges Loch in deiner Tür. Komm am besten schnell.«

Ich legte auf und fühlte mich wie benommen. Es war, als würde man mir den Boden unter den Füßen wegziehen. Mir war schwindelig. Mein Hals wurde trocken. Ich lehnte mich auf dem Trainingsgerät zurück und atmete ein paarmal tief durch.

»Alles okay?«, fragte Rene. »Du siehst so blass aus.«

»Digga«, sagte ich und riss mich aus meinen Gedanken. »Wir müssen sofort nach Hause.«

»Was ist passiert?«, fragte er.

»Ich weiß es nicht.«

Es fühlte sich alles so unwirklich an. So surreal. Ich konnte gar nicht begreifen, was da eigentlich vor sich ging. Eingebrochen? Bei mir? Ich war wie in einem Tunnel. Es war, als hätte mein Kopf auf Autopilot geschaltet. Ich dachte gar nicht mehr nach. Ich funktionierte nur noch. Ging zum Spind. Holte meine Klamotten. Setzte mich ins Auto. Fuhr los.

»Digga, ist wirklich alles okay bei dir?«, fragte Rene, der neben mir saß. »Du bist kreidebleich.«

Aber ich antwortete ihm gar nicht. Blickte nur vor mir auf die Straße. In irgendeinem Teil von meinem Kopf hatte ich noch die Hoffnung, dass das alles nur ein Irrtum war. Dass das gar nicht wirklich passiert war. Anna hatte Kylo heute wie abgesprochen vorbeibringen wollen, sicher hatte sie ihn bei mir abgesetzt und vergessen, die Türe hinter sich zu schließen. Irgendwas.

Ich fuhr auf den Parkplatz vor unserem Haus vor und wusste gleich, dass diese Hoffnung vergebens war. Vor meinem Haus standen Mustang und Anna und unterhielten sich. Anna hatte Kylo bei sich und wirkte unruhig. Ich erkannte es gleich an ihrem Blick. Es stimmte also. Etwas war passiert. Ich stieg aus dem Wagen und ging mit schnellen Schritten auf die beiden zu.

»Was genau ist passiert?«, fragte ich.

»Genaues weiß ich nicht«, sagte Mustang. »Nur, dass jemand deine Tür mit Gewalt aufgebrochen hat. Als ich es gesehen habe, bin ich sofort rein. Wollte gucken, ob die Typen noch da sind.«

Mustang kannte da gar nichts. Und die Täter hatten Glück, dass sie ihm nicht in die Arme gelaufen waren. Mustang war ein durchtrainierter Zwei-Meter-Mann. Er sah aus wie ein Krieger in irgendeinem Action-Film. Und er machte seit zwanzig Jahren aktiv Kampfsport. Nicht die Sorte Mensch, der man begegnen will, wenn man gerade etwas angestellt hatte.

»Aber die Kerle waren schon weg«, sagte er bedauernd.

Ich betrat den Hausflur. Wollte mir selbst ein Bild machen. Als ich meine Wohnungstür sah, schnürte sich mir regelrecht die Kehle zu. Die Tür war wirklich mit massiver Gewalt aufgebrochen worden. Offensichtlich mit einer Brechstange. Der gesamte Schließmechanismus war im Arsch. Mein Puls raste. Zimmer für Zimmer ging ich durch meine Wohnung. Zunächst ins Schlafzimmer. Vorsichtig schaute ich mich um. Mein Fernseher. Meine Playstation. Alles war noch da. Dann ging ich ins Wohnzimmer. Mein Herz schlug immer schneller. Obwohl ich durch meine eigene Wohnung lief, hatte ich das Gefühl, an einem ganz fremden Ort zu sein. Es fühlte sich gerade nicht mehr an wie mein Zuhause.

Ich schaute mich um. Auch hier war alles beim Alten. Alle Wertsachen, die ich hatte, waren noch da. Meine Kamera lag offen auf dem Wohnzimmertisch. Die Schubladen waren nicht aufgerissen. Nichts war verwüstet. Merkwürdig, dachte ich. Was hatten sie nur gewollt? Ich ging in mein Zockerzimmer. Aber auch hier war nichts angefasst worden.

Blieb nur noch das Badezimmer, aber was hätten Diebe in meinem …? Scheiße!

Ich stürzte in den Raum. Ja, hierauf hatten sie es abgesehen. Alle Schränke und Schubladen waren aufgerissen. Und jetzt verstand ich auch, weswegen. In einem der Schränke hatte ich tatsächlich einige Kartons von Designerprodukten verstaut, die ich mir mal gekauft hatte. Gucci-Verpackungen, Rolex-Kartons … darauf waren sie scharf. Die Kartons lagen aufgerissen auf dem Boden verstreut. Einer schwamm sogar in der Toilette.

Ich atmete einmal tief durch. Zum Glück hatte ich auf Opa gehört, dachte ich noch. Niemals Wertsachen zu Hause lagern hatte er mir immer gesagt. Immer alles in ein Bankschließfach. Tatsächlich waren sämtliche Verpackungen und Kartons leer. Meine Uhren hatte ich in einem Schließfach eingelagert. Das waren meine Wertanlagen. Meine Altersvorsorge.

Ich betrachtete das Schlachtfeld, das die Diebe in meinem Badezimmer hinterlassen hatten. Sie konnten maximal fünfzehn Sekunden in meiner Wohnung gewesen sein, dachte ich. Niemals länger. Sonst hätten sie ganz anders zugeschlagen. Sonst hätten sie doch die Wertgegenstände aus den anderen Zimmern mitgenommen. Und auch, wenn am Ende des Tages gar nichts gestohlen worden war, stand ich komplett unter Schock. Was für ein unfassbar ekliges Gefühl zu wissen, dass fremde Menschen in deinem Haus waren und in deinen Schränken rumgewühlt haben. Ich erinnerte mich zurück, dass ich während meiner Drogensucht selbst solche Nummern durchgezogen hatte, und schämte mich zu Tode. Erst jetzt, erst in diesem Moment begriff ich, was ich anderen Menschen durch solche Aktionen wirklich angetan hatte. Aber ich wollte den Gedanken nicht zulassen. Ich hatte das Gefühl, er würde mich komplett überfordern. Würde mich komplett fertig machen.

Ich musste mich irgendwie ablenken, also setzte ich mich an meinen PC und wertete die Videoaufnahmen aus. Das gesamte Haus hatte eine Überwachungsanlage. Ich musste einfach irgendwas machen, um nicht völlig zusammenzubrechen. Ich funktionierte noch immer nur auf Autopilot.

Auf den Bändern sah ich dann alles. Sah, wie der Täter – er war alleine – etwa fünfzehn Minuten nachdem ich das Haus verlassen hatte mit einer Brechstange meine Tür aufbrach. Wie er zielgerichtet ins Badezimmer lief. Wie er meine Schranktüren aufriss. Wie er die Kartons rausholte, durchsuchte und beiseite warf. Und dann passierte etwas Merkwürdiges. Er hielt plötzlich inne. Und ergriff dann panisch die Flucht.

Ich spulte zurück. Schaute mir das Video noch einmal an. Was hatte er? Warum lief er so plötzlich davon? War es mein Nachbar, der gerade mit seinem Mustang vorfuhr? Nein. Unmöglich. Der kam erst später.

Ich dachte nach. Natürlich – der Stream! Das musste es gewesen sein. Ich hatte ja alles offengelassen und in meinem Gaming-Zimmer lief noch immer der Livestream von StandartSkill. Wahrscheinlich war er ein paar Minuten still, hatte nichts gesagt, und fing dann an, stannimäßig rumzuschreien, worauf sich der Einbrecher erschrocken und die Flucht ergriffen hatte. Ich lehnte mich zurück und zündete mir eine Kippe an. Twitch war anscheinend einmal mehr meine Rettung.

*

Die nächsten Tage und Wochen ging es mir dreckig. Mir ging es richtig dreckig. Ich war wahnsinnig froh, dass ich Anna hatte, die mir eine riesige Hilfe war. Sie hatte die Polizei gerufen und sich um alles Weitere gekümmert, während ich noch stundenlang unter Schock stand und mir wieder und wieder die Videoaufnahmen vom Einbruch anschaute, sie wie ein beschissener Detektiv studierte. Erst nachts, als ich alleine war, fing ich an, das alles zu realisieren. Ich lag in meinem Bett und alles wurde so wahnsinnig schwer. Es war, als hätte man mir tonnenschwere Steine auf die Brust gelegt. Ich bekam kaum Luft. Mir war zum Heulen zumute. Es war gar nicht so sehr der Fakt, dass bei mir eingebrochen worden war. Es war das Gefühl, dass ich überhaupt keine Privatsphäre mehr hatte. Genau zu dem Zeitpunkt, als der Täter die Türe aufgebrochen hatte, saß ich mit Memo in der Bäckerei und lud eine Instastory hoch. Hatte ich mich dadurch selbst verraten? Hatte ich dem Täter unbewusst grünes Licht dafür gegeben, in mein Haus einzusteigen? Wusste er vielleicht aus anderen Stories von den Verpackungen in meinem Bad, hatte ich sie gefilmt? Hatte ich ihm eine Anleitung gegeben, wo bei mir was zu holen sein könnte?

Es war Wahnsinn. Ich hatte überhaupt keine innere Ruhe mehr. Jede Entscheidung, die ich traf, konnte irgendwelche unabsehbaren Konsequenzen haben. Ob ich eine Pizza bestellte und meine Adresse leakte oder einfach nur eine Story vom Bäcker machte. All die Dinge, die mich zu dem gemacht haben, der ich heute war, schienen mir nun auf die Füße zu fallen. All das Licht warf nun überdeutlich auch seine Schatten auf mein Leben. Mein Herz war schwer. Es war verdammt schwer. Ich zog mir mein Kissen über den Kopf und versuchte, nicht zu heulen. Wo sollte mich das bloß noch hinführen, fragte ich mich.

Schatten

Am nächsten Morgen stand ich auf und ging zu meinem Briefkasten. Weil die letzten Wochen eh schon beschissen gelaufen waren, konnte ich auch jetzt gleich runtergehen und meine Post holen. Mittlerweile hatte ich schon Bauchschmerzen, wenn ich den Briefkasten nur sah. Ich musste mich regelrecht dazu überwinden, ihn dann auch noch zu öffnen. Es war ja meistens nichts Gutes dabei. Mit der Post kamen nur schlechte Nachrichten. Ich ging also dazu über, nur noch einmal in der Woche nachzusehen und danach gleich alle Briefe auf einmal zu öffnen. Als würde man ein Pflaster schnell von der Haut abziehen. Tat zwar kurz ziemlich weh, war dafür aber auch schnell erledigt.

Ich zog also den Stapel von Briefen heraus, setzte mich an meinen Wohnzimmertisch und öffnete ein Schreiben nach dem anderen. Anwaltsbrief. Rechnung. Anwaltsbrief. Inkassofirma. Werbung. Inkassofirma.

Die Inkassosachen bereiteten mir zunehmend Kopfschmerzen. Es kam ständig vor, dass sich Leute irgendwelche Sachen in meinem Namen bestellten. Nervige Pizzalieferungen an meine Adresse waren das eine, die konnte man zurückgehen lassen. Aber sich selbst auf meinen Namen was zu gönnen, war das andere. Die Leute machten es meistens so, dass sie sich die Pakete zu irgendeiner Packstation liefern ließen, aber als Rechnungsadresse meine Anschrift angaben.

Zunächst bin ich dagegen noch rechtlich vorgegangen, aber es war kaum möglich, die Täter ausfindig zu machen. Auch die Anrufe bei den Firmen und Inkassobüros verursachten unglaubliche Kopfschmerzen. Klar konnte man den Leuten erklären, dass man nicht derjenige war, der bestellt hatte. Und klar konnte ich die Rechnung auch einfach nicht bezahlen und es auf ein Gerichtsverfahren ankommen lassen. Aber in der Zwischenzeit wurden die Dinge ja nicht besser. In der Zwischenzeit bekam ich einfach irgendwelche Schufa-Einträge oder Kontopfändungen wegen dieses Mülls. Darum war ich vereinzelt dazu übergegangen, zumindest die kleineren Sum-

Privatsphäre

men einfach zu bezahlen, um keinen Stress zu haben. Und die größeren Sachen meinem Anwalt zu übergeben. Ich versuchte, gar nicht groß darüber nachzudenken, denn es hätte mich wahnsinnig gemacht. Es hätte mich wahnsinnig gemacht, mich daran zu erinnern, dass ich in meiner Jugend noch dankbar war, wenn ein Freund mir eine Packung Pringles spendierte. Dass es für mich das höchste der Gefühle war, wenn ich eine Flasche Marken-Cola im Kühlschrank hatte. Das war für mich Luxus gewesen. Bloß zwei oder drei Euro mehr, die ich mir in meiner damaligen Situation aber trotzdem einfach nicht leisten konnte. Und jetzt? Jetzt bezahlte ich Sachen, die ich mir nicht einmal selbst bestellt hatte, einfach nur, weil es sich für mich nicht lohnte, dem Ganzen juristisch nachzugehen. Es war absurd, was Geld mit einem machte. Wie sehr Geld den Blickwinkel auf die Dinge veränderte. Wie sehr Geld die Perspektiven auf das Leben verschieben konnte. Und wie sehr alleine der Fakt, dass man nun Geld hatte, dafür sorgte, dass völlig neue Probleme aufkamen.

Dieses Mal fand sich zwischen den Briefen aber auch ein ganz besonderes Schreiben. Es kam von einem Anwaltsbüro aus Süddeutschland. Ich riss den Brief auf und überflog ihn. Ihr Mandant forderte mich auf, eine fünfstellige Summe Schadensersatz zu bezahlen, weil ich ihn öffentlich verleumdet hätte. Der Mandant? Ich scannte den Brief noch einmal und fand schließlich seinen Namen. Ahmet Irgendwas. Ich hatte den Namen noch nie zuvor gehört. Ich drehte das Schreiben um und las weiter. »... haben Sie die aufgezeichneten Gespräche mit unserem Mandanten auf YouTube gestellt, ohne zuvor sein Einverständnis einzuholen.«

Ich fasste mir an den Kopf. Wer zum Teufel soll das sein, dachte ich mir. Von wem habe ich denn bitte schön ein aufgezeichnetes Gespräch online gestellt? Ich hatte wirklich keine Ahnung, was diese Leute von mir wollten. Aber sie hatten mehrere Links zu meinem Kanal angegeben, auf die sich ihr Anschreiben bezog. Ich nahm den

Brief, setzte mich an meinen PC, zündete mir eine weitere Kippe an und tippte den ersten Link in meinen Browser ein. Als das Video erschien, konnte ich mir ein breites Grinsen nicht verkneifen. Ein altes »Alltag in Call of Duty«. Mit meinem guten, längst vergessenen Freund Agent007. Das Video war fünf Jahre alt. Und jetzt, wo es gerade so richtig gut bei mir lief, da kam er rein zufällig auf die Idee, diese fünf Jahre alte Aufnahme zum Anlass zu nehmen, um sich einen Teil von meinem Kuchen zu sichern. Das Absurde war, dass er tatsächlich dachte, mich wegen so eines Unsinns anzeigen zu können. Nachdem er mich grundlos aufs Übelste beleidigt hatte. Nachdem er meine Familie grundlos aufs Übelste beleidigt hatte. Nachdem er angedroht hatte, mich umzubringen. Unter einem albernen Spielernamen, der keinerlei Rückschlüsse auf seine Person zuließ.

Es war absolut lächerlich. Aber es zeigte einmal mehr, wie die Menschen tickten. Wenn sie jemanden kannten, der etwas hatte, dann setzten sie alles daran, auch einen Teil davon zu bekommen. Ob sie ihm damit sein Privatleben versauten, war egal. Bis heute tue ich mich extrem schwer damit, wenn jemand in meine Privatsphäre eindringt. Zu sagen, ich sei selbst schuld, weil ich in meinen Videos die Umgebung meiner Wohnung gezeigt hätte oder eben aus Versehen meine Adresse, zieht in meinen Augen nicht. Das gibt doch niemandem das Recht, vor meiner Tür zu stehen und mich und die Nachbarn zu terrorisieren. Wenn ich irgendwo essen gehe, möchte ich dabei genauso wenig gefilmt oder fotografiert werden wie jeder andere. Wenn ich die Tür hinter mir schließe, möchte ich genauso sehr meine Ruhe haben wie jeder andere. Niemand fühlt sich gern auf Schritt und Tritt beobachtet. Niemand hat Bock, sich um seine Sicherheit zu sorgen, weil einige Idioten sogar vor einem Einbruch nicht zurückschrecken.

Ich nahm noch einen tiefen Zug von meiner Zigarette. Wann war das nur alles so kompliziert geworden?

VII. FREUNDSCHAFTEN

Es war einer der ersten heißen Sommertage des Jahres, ich saß auf meinen Balkon und genoss einfach nur den Augenblick. Diesen beinahe perfekten Augenblick. Samstagnachmittag. Keine einzige Wolke verdeckte den strahlend blauen Himmel. Ich schloss die Augen, lehnte mich in meinem kleinen Plastikstuhl zurück und hörte den Jungs zu, wie sie gerade die ersten Bundesliga-Ergebnisse des Tages kommentierten. Der Geruch von gegrilltem Fleisch lag in der Luft. Ich dämmerte langsam weg. Die Stimmen meiner Freunde entfernten sich mehr und mehr, wurden irgendwann nur noch ein dumpfer Bass, ein fernes Hintergrundrauschen.

»Marcel …?«

Ich war ganz weit weg. Spürte nur noch die Wärme auf der Haut und hatte den Geruch von Fleisch in der Nase. Es fühlte sich an, als wäre ich im Urlaub, irgendwo in Ägypten oder Tunesien oder …

»Ey, Marcel?«

… vielleicht auch in der Türkei. Vor meinem geistigen Auge sah ich den Strand. Das türkisblaue Meer, hörte die Menschen, die um mich herumstanden, sich unterhielten, lachten …

»Marcel!«

Ich schreckte hoch.

»Schläfst du, oder was?«

»Ich hab nur meine Augen ein wenig ausgeruht, Digga.«

Neben mir stand Max und streckte mir einen Teller mit frisch gegrillten Würstchen entgegen. Ich brauchte ein paar Sekunden, um mich wieder zu orientieren. Mich wieder zu besinnen, wo ich eigentlich war. Richtig. Mein Balkon, meine Jungs, Bundesliga-Spieltag. Die anderen saßen im Wohnzimmer vor dem Fernseher und schauten das nächste Spiel. Es musste wohl gerade begonnen haben. Nur Max stand noch hier auf dem Balkon. Max. Er war einer meiner längsten und besten Freunde. Ich kannte ihn, seit ich denken kann. Wir waren damals Nachbarn und wuchsen gemeinsam auf.

»Sag mal, Monte«, sagte er und zog sich einen Stuhl heran. »Wo wir schon gerade unter uns sind … Ich wollte noch einmal über diese Sache reden.«

Diese Sache. Ich wusste sofort, worauf er hinaus wollte. Ich atmete schwer durch. Max hatte vor Kurzem seinen Führerschein gemacht. Mit Anfang dreißig. Er war ein bisschen spät dran, aber wie das eben so ist, wenn man einmal seinen Führerschein besitzt, dann entdeckt man meistens auch eine ganz neue Liebe für Autos. Und Max war nun total scharf darauf, sich endlich auch einen eigenen Wagen zu kaufen.

Er zog sein Handy raus und zeigte mir ein paar Fotos. »Was denkst du?«, fragte er.

Es war kein besonderer Wagen. Ein kleiner Golf. Weiß lackiert, gebraucht, noch keine fünfzehn Jahre alt.

»Ist ganz schick, Digga.«

»Nur dreitausend Euro. Das ist doch ein fairer Preis, oder Marcel?« Er schaute mich mit großen Augen an und ich wusste ganz genau, welche Wendung dieses Gespräch gleich nehmen würde.

Es ging ums Geld. Ja, dreitausend Euro waren ein fairer Preis für das Auto. Aber ein Preis, der weit über dem Budget von meinem Kumpel lag. Max hatte kaum regelmäßiges Einkommen. Er schlug sich nur mit Gelegenheitsjobs rum. Aber die verlor er meistens nach ein paar Wochen wieder, weil er aus irgendeinem Grund nicht mit Autoritäten klarkam. Auf der einen Seite verstand ich das. Ich hatte auch

Freundschaften

immer meine Probleme, blind auf das zu hören, was irgendein Chef von mir verlangte. Aber ich fand meine Mittel und Wege, mich zu arrangieren. Max nicht. Max war ein Sturkopf. Max war jemand, der immer komplett auf Konfrontationskurs ging. Er konnte gar nicht anders. Und so verlor er einen Job nach dem anderen.

»Meinst du nicht, dass du dieses Mal, dieses eine Mal …?«

»Auf keinen Fall, Digga!«, bügelte ich ihn direkt ab und nahm mir eines der Würstchen, die auf dem Teller vor mir lagen, und tunkte es in Ketchup.

»Komm schon«, beharrte er. »Bitte! Es würde mir die Welt bedeuten. Und seien wir doch ehrlich, dir tut das doch nicht weh.«

Nein, dreitausend Euro taten mir nicht weh. Aber es ging mir um etwas anderes. Max war mehr als nur ein Freund für mich. Er war wie ein Bruder. Max war in den besten und in den schlechtesten Zeiten meines Lebens an meiner Seite. Max war einer der wenigen, die mich damals ein paar Tage bei sich auf der Couch hatten schlafen lassen, als ich obdachlos wurde und nicht wusste, wohin. Das war etwas, was ich ihm nie vergessen würde. Aber wenn es ums Geld ging, war er eine Katastrophe. Jedes Mal, wenn er sich etwas von mir geliehen hatte, hatte er es mir nicht zurückgegeben. Oder nur nach ewigem Palaver. Er war extrem unzuverlässig. Und ich wusste, dass das Thema Geld ganz automatisch zu Streit führen würde. Wie schon all die Male zuvor.

Ich stand auf und warf noch ein paar Steaks auf den Grill.

»Ich weiß, was du denkst«, sagte Max. »Ich weiß, dass ich in der Vergangenheit auch mal Mist gebaut habe. Aber bitte, Marcel, leih mir das Geld! Du bist meine einzige Chance.«

Klar war ich seine einzige Chance. Keine Bank der Welt würde ihm einen Kredit geben. Keiner seiner anderen Freunde würde ihm jemals wieder etwas leihen. Nicht mal mehr seine eigene Familie. Sie hatten alle ihre Erfahrungen mit ihm.

»Schau«, sagte er. »Damit du siehst, wie ernst es mir ist, habe ich etwas vorbereitet.« Er zog ein paar Blätter aus seiner Hosentasche und entfaltete sie vor mir. »Einen Vertrag. Den unterschreibe ich dir. Ganz ordentlich. Ganz sauber. Als Beleg dafür, dass ich das Ganze wirklich aufrichtig meine …«

»Digga«, stöhnte ich. »Ich will keinen Vertrag mit dir machen. Ich will einfach, dass wir unsere Freundschaft nicht wegen Geld belasten. Du weißt doch selber wie du …«

»… dieses Mal nicht!«, sagte er und schaute mich wieder bittend an. »Ich verspreche es dir.«

Ach verdammt! Max war mein Bruder. Wie konnte ich ihm irgendwas abschlagen? »Also gut, scheiß drauf«, sagte ich. »Aber ey, tu mir nur einen Gefallen, okay?«

»Jeden!«

»Wenn es irgendwelche Probleme gibt, wenn du irgendwas nicht zurückzahlen kannst, dann sag es mir einfach, okay? Sag es mir, und es ist okay. Aber lass mich bitte nicht wie so einen Dulli dastehen.«

»Na klar!«

*

Ich legte meinen Kopf in den Nacken und klammerte mich am Lenkrad fest. Ich hatte ja mit einigem gerechnet. Aber nicht damit, dass es so schnell eskalieren würde. Ich drückte aufs Gas, der Wagen beschleunigte. Starrer Blick nach vorne. Die Autobahn raste an uns vorbei.

»Freund! Dass ich nicht lache! Freund nennst du dich, Freund, aber du bist doch nur auf dich selbst fixiert«, brüllte mich Max an. Er saß neben mir auf dem Beifahrersitz. Sein Atem roch nach Alkohol. Er hatte deutlich zu viel getankt. Sein altes Problem. Er hatte sich nicht mehr unter Kontrolle, wenn er zu viel gesoffen hatte. Ich trat erneut auf das Gaspedal. Ich wollte einfach nur noch nach Hause. Max und ich waren zusammen in die Spielo gefahren, um uns einfach einen entspannten Abend zu machen. Aber mir hätte eigentlich klar sein müssen, dass die Idee zum Scheitern verurteilt war. Der ganze Abend war ein einziger Reinfall.

Ein halbes Jahr war vergangenen, seit ich ihm die dreitausend Euro für sein Auto geliehen hatte. Er bestand darauf, dass wir beide den Kreditvertrag unterschrieben. Er wollte mir damit zeigen, wie ernst es ihm dieses Mal war. Und so verhielt er sich auch. Die ersten drei Monate überwies er mir die vereinbarten hundert Euro. Dann verlor er seinen Job. Mal wieder. Von da an bekam ich kein Geld mehr.

Aber das wäre ja gar nicht das große Problem gewesen. Hätte er mich einfach angerufen und mir gesagt, dass es gerade schwierig für ihn war, dann wäre das alles völlig okay gewesen. Mann, mir waren diese dreitausend Euro doch scheißegal. Aber stattdessen schwieg Max das Thema einfach tot, sodass es immer unausgesprochen zwischen uns im Raum stand. Na ja. Wenn wir denn überhaupt noch miteinander sprachen. Er meldete sich kaum noch. Klar, es war ihm wahrscheinlich unangenehm, das konnte ich ja verstehen. Aber ich fühlte mich durch sein Verhalten einfach richtig mies. Ich fühlte mich, als wäre ich der Typ, der nur dafür gut ist zu bezahlen, wenn mal eine Rechnung offen war. Ich fand das respektlos.

Irgendwann rief ich ihn dann einfach an und sagte ihm, dass wir uns einen schönen Abend in der Spielo machen sollten. Ich wollte, dass unsere Freundschaft nicht an so einer Sache kaputt ging. Und natürlich hatte ich insgeheim die Hoffnung, dass er mich an diesem Abend beiseitenehmen und mir erklären würde, dass es ihm leid tat, dass er nicht mehr zahlen konnte. Oder sich erklärte. Oder einfach irgendwas zu dieser beschissenen Situation sagte. Aber das tat er nicht. Und so war die Stimmung den ganzen Abend über angespannt und gereizt.

Irgendwann eskalierte es.

»Wollen wir fahren?«, fragte er mich, als er sein letztes Geld verspielt hatte. »Bin nicht mehr so in Stimmung.«

Ich nickte. Auch ich hatte heute alle Einsätze verloren.

»Beim nächsten Mal läuft es besser«, tröstete er mich und legte mir die Hand auf die Schulter.

»Da du dich ja nur alle sechs Monate bei mir meldest, habe ich bis dahin ja noch genug Zeit, mir eine bessere Spiel-Strategie auszudenken«, sagte ich scherzhaft.

Das brachte das Fass zum Überlaufen.

»Der feine Herr«, motzte er mich direkt an. »Vielleicht ist es für andere Menschen eben nicht immer möglich, sich ständig zu melden, ständig verfügbar zu sein. Ich muss auch sehen, wie ich zurechtkomme!«

»Max, beruhig dich, es war nur ein Scherz.«

Aber er beruhigte sich nicht. Als wir in mein Auto stiegen, machte er mir einen Vorwurf nach dem anderen. Ich wäre so reich und erfolgreich und würde die ganzen Freunde am Wohlstand nicht teilhaben lassen.

»Digga, ich habe doch immer alles mit meinen Brüdern geteilt!«, fuhr ich ihn an. »Wer hat dir denn dreitausend Euro für deine Karre geliehen? Und wer hat sie mir denn nicht zurückgezahlt? Also halt bloß die Klappe.«

Max wusste, dass ich recht hatte. Er wusste es ganz genau. Also machte er einen Nebenschauplatz auf und warf mir vor, dass ich so abgehoben sei, dass ich nicht mehr die Lebenswelt meiner Freunde begreifen könnte. Was für ein Unsinn.

»Digga, ich habe dir von Anfang an gesagt, dass ich auf das Geld scheiße. Du musst es mir nicht mal zurückzahlen. Ich scheiße drauf. Hörst du? Ich will einfach nur, dass du mich mit Respekt behandelst und mich nicht wie einen Idioten dastehen lässt!« Denn genauso fühlte ich mich. Wie ein verdammter Idiot. Ach, der Monte verdient schon genug, den können wir ja von vorne bis hinten ausnehmen.

Nach einer fürchterlichen Autofahrt setzte ich Max zu Hause ab. Ich sah ihm nach, wie er in seine Wohnung torkelte. Mein Herz blutete. Als ich selbst wieder zu Hause war, nahm ich den Kreditvertrag, den wir gemacht hatten, strich mit einem dicken Edding jede Seite einzeln durch und brachte ihn dann zu unserem gemeinsamen Kumpel Rene. Rene hatte alles mitbekommen und stand schon seit Wochen zwischen beiden Fronten.

»Yo, Rene, gib das bitte Max, wenn du ihn das nächste Mal siehst, okay? Und sag ihm, dass er mir keinen Cent mehr zurückzahlen braucht.«

Ich hoffte, damit einen Schlussstrich ziehen zu können. Unsere Freundschaft zu retten war mir wichtiger als das Geld. Ich hoffte von Herzen, dass er diese Botschaft verstand.

✳

Am nächsten Tag rief Max mich an. Er entschuldigte sich für sein Verhalten und sagte mir, dass er mir das Geld auf jeden Fall zurückzahlen wolle. Er würde sein Auto wieder verkaufen.

»Digga, das musst du nicht«, sagte ich. »Es ist okay. Behalt das Auto. Behalt das Geld. Ich will einfach nur nicht unsere Freundschaft ficken.«

»Ich auch nicht«, sagte er. »Und darum verkaufe ich das Auto. Es ist das Beste. Ich habe dir ein Versprechen gegeben. Und das will ich halten. Als Freund.«

Einen Tag später schickte er mir per WhatsApp die Anzeige, dass er den Wagen zum Verkauf eingestellt hatte. Es berührte mich wirklich. Es berührte mich, weil wir beide in diesem Moment verstanden hatten, dass eine Freundschaft, dass eine Bruderschaft immer über allen materiellen Dingen auf der Welt stand. Ich war bereit, auf mein Geld zu verzichten. Er war bereit, auf sein Auto zu verzichten. Einfach, damit wir uns weiter in die Augen schauen konnten. Das war eine große Geste von ihm. Ich hätte es mir nie verziehen, wenn unsere Freundschaft an einer solchen Geschichte zerbricht, dachte ich noch.

Eine Woche später schrieb Max mir, dass er den Wagen jetzt verkauft habe und mir mein Geld zurückzahlen würde. Das war das Letzte, was ich je von ihm gehört habe. Das Geld habe ich nie wiedergesehen. Dafür sah ich in seinen Instagram-Stories andere Dinge, die er sich von dem Erlös gekauft hatte. Ein paar Markenklamotten hier, einen Designergürtel da. Und dann jede Menge Party und Highlife. Ich konnte das alles nicht glauben. Das konnte doch nur ein Missverständnis sein. Aber das war es nicht. Max hatte sich am Ende dann doch entschieden. Geld über Bruderschaft.

Es macht mich unglaublich traurig, dass eine so alte Freundschaft zerbrochen ist, ohne dass ich so richtig begreifen kann, warum. Hat er sich wegen seiner Schulden geschämt? Meine Güte, ich habe auf seiner Couch geschlafen, als ich keine Wohnung mehr hatte. Er hatte doch keinen Grund der Welt, sich ausgerechnet vor mir zu schämen. Aber vielleicht war es damals einfacher. Damals, als wir beide noch nichts hatten. Als die Situation für alle gleich beschissen war. Vielleicht war es dieses Ungleichgewicht, das zwischen uns bestand. Dass es mir finanziell sehr viel besser ging als ihm. Dass ich ihm mal eben dreitausend Euro leihen konnte. Dass es mir nicht einmal wehtat, wenn er es mir nicht zurückgab, während er um seine Existenz rang. Vielleicht war es dieses Ungleichgewicht, das ihn so verunsicherte, dass es ihm peinlich war, sich bei mir zu melden. Mir zu gestehen, dass er gerade nicht bezahlen konnte. Wahrscheinlich war das reine Psychologie. Aber ich konnte ja nichts dafür. Egal was ich tat, damit er sich nicht unwohl fühlte, es bewirkte wahrscheinlich das Gegenteil.

    Diese Geschichte ist ein weiterer Baustein dafür, dass mein neuer Reichtum mir neben all den Vorteilen auch einiges kaputt machte. Dass Geld vieles erleichterte und anderes echt kompliziert werden ließ. Genau die Position, in der ich jetzt war, machte viele Freundschaften einfach unmöglich. Weil mein Gegenüber das Gefühl hatte, dass er mir nicht mehr auf Augenhöhe begegnen konnte. Obwohl ich doch derselbe Mensch geblieben bin, der ich immer war. Das Traurige daran ist, dass es selbst dann, wenn es eigentlich gar nicht um Geld geht, letztendlich doch immer um Geld geht. Geld, das man gibt oder nicht gibt, Geld, das man hat oder eben nicht hat. Es verändert die Beziehungen zwischen Menschen, auch wenn man das gar nicht will. Unsere verlorene Freundschaft hat bis heute eine tiefe Narbe auf meinem Herzen hinterlassen, die nie wieder richtig verheilt ist.

VIII. GLÜCKSSPIEL

Dieser Blick war einmalig. Ein klassischer Rene. Er schaute zu mir rüber und schüttelte nur den Kopf.

»Junge«, sagte er. »Du übertreibst jetzt völlig.«

»Ach was«, wiegelte ich ab und steckte noch weitere Einhundert-Euro-Scheine in das Gerät.

»Fünfhundert Euro? Marcel, dein Ernst?«

»Was denn? Ich hole das wieder raus.«

»Du bist doch schon zweitausend im Minus. Das ist irgendwie nicht so gesund, was du da treibst.«

»Ist doch alles locker.« Ich gab Kalle ein Zeichen, dass er uns noch zwei Cola bringen sollte, und zündete mir eine Zigarette an. Die kleine Sonne sprang dreimal aufwärts, als das Geld aufgeladen war.

»Ich weiß ja nicht«, warf Rene noch einmal ein, drehte sich dann aber wieder zu seinem Automaten und drückte aggressiv auf den roten Knopf, um die nächste Runde zu starten. »Ich dachte, du hast das mit der Sucht längst hinter dir …«

Klar hatte ich das längst hinter mir. Irgendwie. Na ja, sagen wir, ich hatte die Sache zum allergrößten Teil hinter mir. So richtig überwinden würde ich sie wahrscheinlich nie. Ich habe gut die Hälfte meines Lebens damit zu kämpfen gehabt, dass ich süchtig war. Zuerst war ich süchtig nach Cannabis. Dann nach Kokain. Schließlich hatte ich Probleme mit dem Alkohol. Als ich damals in die Entzugsklinik kam, da sagte mein Arzt, ich sei polytoxikoman. Süchtig nach verschiedenen Substanzen. Und ganz im Allgemeinen höchst suchtgefährdet.

Und er hatte recht. Ich war zwar mittlerweile clean und trocken, rührte keinen Tropfen Alkohol mehr an und machte auch einen großen Bogen um jede mögliche Form von Drogen, Zigaretten ausgenommen, aber irgendwie hatte ich immer noch einen Suchtcharakter. Das nächtliche CoD-Zocken war meine erste Sucht nach dem Alkohol. YouTube und das regelmäßige Streamen auf Twitch die zweite. Und dann war da eben noch die Sache mit dem Glücksspiel.

Kalle stellte Rene und mir die Cola vor die Nase, ich wählte ein Spiel und drückte den Startknopf. Die fünf Walzen begannen, sich zu drehen. Nichts. Nächste Runde. Nichts.

»Dir ist klar, dass du hier jede Menge Geld verbrennst, oder?«

»Nur solange ich verliere«, sagte ich.

Wir saßen in einer kleinen Spielothek in Buxtehude, die Lichter waren gedimmt, der bunte Teppichboden hatte in den Neunzigerjahren seine besten Zeiten gesehen, und der Geruch von kaltem Rauch hing im Raum. Die Automatengeräusche im Hintergrund signalisierten, dass irgendwer gerade Freispiele gewonnen hatte. Das verleitete mich nur noch mehr zum Weiterspielen.

Ich hatte schon immer ein Faible für Glücksspiel. Ganz früher zeigte sich das meistens in Pokerrunden, wo ich mit meinen Jungs um ein paar Euro spielte. Später dann in Sportwetten, wo ich an Bundesliga-Spieltagen auf die eine oder andere Mannschaft tippte. Und vor Kurzem hatte ich die klassischen Slotmaschinen wieder für mich entdeckt. Einmal die Woche kam ich mit Rene hier vorbei, um den Abend ausklingen zu lassen. Dabei wurden die Beträge, die ich setzte, jedes Mal etwas höher. Mittlerweile spielte ich mit Vierer-Drehungen. Das bedeutete, dass ein Spiel, das ungefähr sieben Sekunden dauerte, vier Euro kostete. Das war das Maximum was hier ging. Wenn wir in richtige Casinos fuhren, dann zockte ich mit Zwanziger-Drehungen.

Ich gewann nicht wirklich oft.

Der wahre Grund, warum ich so oft in diesem Laden abhing, war, dass ich nicht wusste, was ich sonst machen sollte. Dadurch, dass ich keinen klassischen Job mehr hatte, hatte ich auch keine klassischen Arbeitszeiten mehr. Und ohne diese Arbeitszeiten verlor mein Leben an Struktur. Als ich mich entschied, nicht mehr regelmäßig meine YouTube-Videos zu drehen, fiel auch diese Beschäftigung weg. Die einzigen Ankerpunkte, die ich noch hatte, waren meine drei Streams immer mittwochs, freitags und sonntags. Daran hielt ich fest. Der Rest der Woche zerfiel nach und nach.

»Dir ist langweilig?«, lachte Rene.

»Nicht langweilig, Digga, aber ... es ist halt schon schwer, sich groß zu irgendwelchen Dingen zu motivieren.«

»Weißt du noch, wie wir in der Schule waren? Da hätten wir davon geträumt, genauso zu leben, wie du jetzt lebst.«

Ja, das war mir klar. Es war das Leben, was ich mir immer gewünscht hatte. Was sich wahrscheinlich die allermeisten wünschten. Ich konnte bis mittags schlafen. Ich konnte nachts so lange wach bleiben, wie ich wollte. Und ich hatte so gut wie keine Termine, die ich wirklich wahrnehmen musste. Niemand schrieb mir vor, was ich zu tun hatte, wie ich es zu tun hatte und bis wann. Ich konnte einfach mein eigenes Ding machen. Und so glücklich ich auch darüber war, so sehr wünschte ich mir manchmal, wieder einen ganz normalen Alltag zu haben. Auch wenn ich ihn ziemlich schnell wieder verfluchen würde. Aber dieses Leben, so ganz ohne Struktur? Das machte mich irgendwie matschig im Kopf.

»Geil, Digga«, freute ich mich. »Freispiele.«

Rene unterbrach sein Spiel und setzte sich neben mich. Wenn man im Freispiel-Modus war, dann hatte man die Möglichkeit, die richtig hohen Gewinne abzustauben. Zehn Drehungen, in denen alle Gewinne summiert wurden.

Schatten

Ich starrte auf den Bildschirm. Spürte, wie mein Herzschlag immer schneller wurde. Ich war im Tunnel. Absoluter Spieler-Modus. Erste Runde: Nichts. Verdammt! Zweite Runde: Nichts. Egal, da kann noch was kommen, sprach ich mir gut zu, obwohl ich wusste, dass es ziemlich beschissen war, wenn die ersten beiden Runden schon in die Hose gingen. Dann endlich: dreimal das Forscher-Symbol. Sehr gut, aber da ging noch mehr. Mein Körper schüttete jede Menge Glückshormone aus.

»Junge, Marcel, du hängst vor dem Gerät wie so ein Suchti ...«

»Fresse jetzt!«

Ich spielte weiter. Noch drei Runden. Noch zwei Runden. Komm schon, letzte Runde, komm schon, komm schon, komm schon! Da musste doch noch was wirklich Gutes gehen, nur einmal noch und ... Nichts.

Verdammt! Ich schlug auf den Automaten. Fünfundsiebzig Euro Gewinn. Schmutz. In Anbetracht dessen, was ich heute verzockt hatte, eine schlechte Bilanz.

»Vielleicht solltest du ein bisschen kürzertreten?«, fragte Rene vorsichtig.

»Ach was«, sagte ich. »Mir tut das ja nicht weh. Ich verdiene genug. Das ist nur Spielgeld.«

Eine absurde Aussage. Kein Geld der Welt war jemals nur Spielgeld. Ich müsste das aus der Vergangenheit besser wissen als jeder andere. Ich spürte selbst, dass ich wieder ziemlich tief in diesem Spielsucht-Film gefangen war. Klar, ich konnte es mir gerade erlauben. Aber ich wusste auch ganz genau, wenn ich das Geld, das ich aktuell verdiente, nicht verdienen würde, dann liefe ich Gefahr, mein halbes Leben zu verspielen.

»Okay, Jungs«, sagte Kalle, der den kleinen Raum betrat, in dem Rene und ich saßen. »Wir machen langsam zu, ich will euch nicht rausschmeißen, aber ...«

»Schon okay«, sagte Rene und drückte an meinem Automaten auf den Auszahlungsknopf. »Wir wollten eh gerade gehen.«

Als ich eine halbe Stunde später wieder zu Hause war, lief ich wie ein Tiger in seinem Käfig durch meine Wohnung. Scheiße, dachte ich. Ich hatte Geld verloren. Ich hatte viel Geld verloren. Aber es fühlte sich noch nicht so an, als wäre das Spiel wirklich vorbei. Es fühlte sich eher so an, als wäre ich mittendrin unterbrochen worden. Kurz bevor ich den Jackpot knacken konnte. Ich war nicht blöd. Ich wusste, dass das Unsinn war. Dass mein Suchtkopf mir das nur einredete. Noch eine Runde, dann gewinne ich bestimmt. Noch einmal spielen, dann hole ich alles wieder rein. Doch meistens verzockte man nur noch mehr. Aber das war mir egal. Seit ich diesen riesigen Fortnite-Hype hatte, verdiente ich so viel Geld, dass ich mir auch ein paar Verluste erlauben konnte. Völlig egal.

Das Komische war, dass das Glückspiel noch etwas anderes in mir auslöste. Emotionen. Echte Emotionen. Ich hatte in den vergangenen Jahren das Gefühl gehabt, dass ich durch den ganzen Druck, den ich mir selbst machte, immer mehr abstumpfte. Dass ich immer gefühlskälter wurde. Immer weniger Freude an den Dingen verspürte. Doch wenn ich spielte, dann fühlte ich wieder etwas. Und sei es nur die Enttäuschung darüber zu verlieren.

Scheiß drauf, sagte ich mir und dachte wieder an die Verluste, die ich heute eingefahren hatte. Das Spiel war noch nicht vorbei. Nicht heute. Nicht für mich.

Ich ging ins Internet und loggte mich bei einem Online-Casino ein. Überwies fünftausend Euro. Und spielte weiter. Online konnte man mit weit höheren Beiträgen spielen als in der Spielo. Das war aufregend und gefährlich zugleich. Das Geld rann einem einfach so durch die Finger. Aber zumindest dieses eine Mal hatte ich recht mit meinem Bauchgefühl. Es dauerte nicht lange, und ich gewann. Und zwar richtig, richtig groß. Vierzehntausend Euro!

»Jawoll«, brüllte ich und sprang von meinem Stuhl auf. Jawoll, jawoll, jawoll! Vierzehntausend Euro! Ich schlug dreimal auf den Tisch. Geil! Es hatte sich also doch gelohnt, redete ich mir ein. Dass ich in den vergangenen Monaten bestimmt das Vierfache verzockt hatte, blendete ich einfach aus. Das spielte jetzt keine Rolle. Egal, egal, egal, ich hatte jetzt gewonnen. Und ich hatte es im *Gefühl* gehabt! Von nichts anderem wollte ich jetzt etwas wissen.

Als ich mich etwas beruhigt hatte, stellte ich mich an mein Fenster und rauchte eine Zigarette. Wann war ich das letzte Mal so ausgerastet? Wann hatte ich das letzte Mal solche Freude verspürt? Das muss zu meinen frühen CoD-Zeiten gewesen sein. Ich dachte nach. Wenn mir das Glücksspiel so viel gab, warum sollte ich es dann nicht mit meiner Community teilen? Ich hatte neulich erst auf Twitch gesehen, dass einige Leute ihr Spiel im Online-Casino streamten. Warum sollte ich das nicht auch machen? Ich könnte in meinen Streams bis Mitternacht Fortnite zocken. Und ab Mitternacht den Stream auf »ab 18« setzen und Slots spielen. Ich war mir sicher, dass das meine Zuschauer gut unterhalten würde.

Ich sollte recht behalten. Es unterhielt sie. Es kamen viele neue Zuschauer, die nichts mit Gaming am Hut hatten, sondern die ganz klar nur das Glücksspiel interessierte. Ob sie den Stream als Ersatz für ihre eigene Sucht anschauten, ob sie parallel selbst Unmengen Geld verzockten oder einfach nur fasziniert davon waren, wie sehr ich abging, fragte ich mich erst später.

*

Das Wasser war ganz warm. Langsam, ganz langsam stieg ich in das kristallklare türkisfarbene Meer. Die Sonne brannte auf meiner Haut. Im Hintergrund hörte ich Kinder spielen. Erwachsene, die sich miteinander unterhielten. Je weiter ich ins Meer hineinging, desto mehr umhüllte das Wasser meinen Körper. Neben mir alberte ein Teenager-Pärchen herum, die beiden tunkten sich gegenseitig unter. Kreischen. Lachen. Dann zog ich mir meine Schnorchelausrüstung über und tauchte unter. Und auf einmal war sie da. Diese Stille. Diese Ruhe. Dieses Gefühl von unendlichem Frieden. Ich schwamm ruhig und gleichmäßig, sah die vielen kleinen Fische in dem riesigen Meer vor mir, Algen, die am Boden wuchsen und langsam im Wasser hin- und herwaberten. Es war, als wäre ich in eine ganz andere Welt abgetaucht. In eine Welt voller Frieden. Schon seit ich das erste Mal mit meinen Großeltern auf Mallorca war, hatte ich mich in das Tauchen verliebt. Es war wie eine Flucht vor der echten Welt, denn hier unten, hier war alles harmonisch. Friedlich. Hier gab es keine Probleme. Ich spielte sogar eine Zeit lang mit dem Gedanken, Tauchlehrer zu werden. Eine fixe Idee. Aber irgendwie erschien sie mir gerade wieder sehr attraktiv.

Ein dumpfer Schlag. »Herr Eris!«

Ich schwamm weiter. Ein riesiger Schwarm wunderschöner neonfarbener Fische kam mir entgegen. Ich hatte so etwas noch nie gesehen.

Wieder ein Schlag. »Herr Eris«, hörte ich eine Stimme. »Machen Sie die Türe auf!«

Ich ignorierte das Geräusch, ignorierte die immer lauter werdenden Schläge und schwamm weiter, immer weiter, tauchte jetzt noch tiefer unter, und plötzlich sah ich etwas Großes auf mich zukommen, immer schneller und schneller. War das …? Nein, völlig unmöglich.

»Sofort die Türe öffnen!«

Aber doch. Es war ein Hai. Mein Herz verkrampfte sich. Das konnte unmöglich wahr sein. Ich war doch gar nicht so weit rausgeschwommen. Ich versuchte, an die Oberfläche zu kommen, fing an zu strampeln, schneller und schneller, aber ich hatte keine Chance, das Vieh kam immer näher, es riss sein riesiges Maul auf und …

Schatten

Ich riss die Augen auf und schreckte hoch.

»Herr Eris, wir wissen, dass Sie da sind! Das ist die letzte Warnung, machen Sie sofort die Türe auf!«

Wieder schlug irgendwer gegen meine Tür. Ich warf die Bettdecke zur Seite und sprang aus dem Bett. Was war hier eigentlich los? Ich war komplett verschwitzt. Das Klopfen nahm überhaupt kein Ende. Es wurde immer lauter. Immer aggressiver.

»Sofort die Türe aufmachen!«

Ich angelte nach meinem Handy. 8:30 Uhr. Verdammt! Ich schleppte mich durch den Flur, rieb mir den Schlaf aus den Augen und riss dann wütend die Türe auf.

»Digga, was ist denn …?!«

Vor mir standen fünf Polizisten. Einer hielt mir seine Marke direkt ins Gesicht.

»Guten Morgen, Polizei, das ist eine Hausdurchsuchung.«

Und noch bevor ich reagieren konnte, drückten sich die Beamten an mir vorbei, während ich da in meinen Boxershorts stand und überhaupt keine Ahnung hatte, was hier gerade passierte. Oder dass das nur der vorläufige Höhepunkt einer Reihe von ziemlich beschissenen Dingen werden sollte, die mir in den letzten Monaten mein Leben versaut hatten.

Da war zunächst einmal die Sache mit dem Glücksspiel. Die Resonanz der Zuschauer auf Twitch war super. Die Leute feierten es, wenn ich hohe Summen setze. Wenn ich zwischenzeitlich mal gewann, dann war die Stimmung ausgelassen; wenn ich verlor, dann konnten die Leute ihre ganze Schadenfreude ausleben. Aber das war okay. Für mich war das alles Unterhaltung. Ich setzte zwar ordentlich Geld ein, aber ich verdiente durch die Streams ja auch so einiges. Am Ende des Tages machte ich keine großen Verluste. So gesehen, waren das alles Betriebskosten. Die Gewinne schmeckten mir trotzdem. Aber die Ausgaben konnte ich wegstecken.

Glücksspiel

Ich machte mir auch keine großen Gedanken darüber, dass Glücksspiel etwas Anrüchiges sein könnte. Immerhin spielte ich erst sehr spät und deklarierte meinen Stream auch klar als »ab 18«. Ich wusste zwar, dass ich viele junge Fans hatte. Aber ich hatte auch sehr viele erwachsene Zuschauer, die mir gerne zusahen. Insofern war das für mich völlig okay. Am frühen Abend machte ich Content für die Jüngeren. Am späten Abend welchen für die Älteren. Und ich war ja nicht der Einzige. Neben Knossi gab es noch unzählige andere Streamer in Deutschland, die auf Twitch ihr Slotmachine-Gaming vorführten. Es gab für mich nichts, was dagegensprach.

Aber tatsächlich war Online-Glücksspiel in Deutschland gesetzlich gar nicht so klar geregelt, wie es mir schien. Die nationalen Gesetze widersprachen dem EU-Recht, sodass das Ganze eine große Grauzone war. Wer Online spielen wollte, der konnte online spielen, es war noch nie jemand dafür belangt worden. Und wer das Ganze streamen wollte, der konnte auch das ganz einfach machen. Bis jetzt.

Denn ich war längst nicht mehr irgendein unbedeutender Streamer. Ich war mittlerweile Deutschlands größter Streamer. Und auf das, was ich machte, schauten die Leute. Es dauerte nicht lange, bis mir die ersten Menschen im Internet vorwarfen, dass ich Glücksspiel bewerben würde. Ich verstand das nicht. Was regten die Leute sich denn so auf? Ich konnte doch machen, was ich wollte. Sie bemängelten, dass ich eine Verantwortung für junge Menschen hätte. Eine Vorbildfunktion. Ich wischte das alles weg. Ich habe mich selbst nie als Vorbild gesehen.

Aber es war nicht nur das Glücksspiel, was die Leute offensichtlich auf die Palme brachte. Es gab auch einen Fortnite-Stream, in dem ich ein bisschen Trash-Talk machte und meine Gegner, die im Spiel gelbe und schwarze Kostüme hatten, beleidigte. Fremdenfeindlich beleidigte. Es war nicht ernst gemeint. Natürlich nicht. Rassismus liegt mir dermaßen fern. Im Gegenteil, ich habe mich doch gerade in das

Online-Gaming so sehr verliebt, weil es dabei einfach völlig egal war, wer du warst, wo du herkamst, was dein sozialer Background war. Wenn du ein guter Spieler warst, warst du ein guter Spieler. Ich habe doch keinen echten Menschen beleidigt. Bloß eine virtuelle Figur. Aber auch hier teilten ganz offensichtlich nicht alle meine Meinung. Ich bekam von Twitch einen vierwöchigen Bann. Das bedeutete, ich wurde vorübergehend von der Plattform gesperrt. Durfte nicht mehr streamen. Für viele war das wie ein Sieg, Twitter quoll fast über vor lauter Spott.

Und als ob der ganze Shitstorm und der Bann mir nicht schon genug Kopfschmerzen bereiteten, stand jetzt auch noch die Polizei in meiner Wohnung.

»Gegen Sie liegt der Verdacht der Geldwäsche vor, da Sie illegale Glücksspielfirmen in Deutschland beworben haben«, erklärte mir einer der Beamten.

Fassungslos starrte ich ihn an. »Ich habe gar nichts beworben, ich habe auch keine Geldwäsche betrieben, was soll der Unsinn?«, fragte ich.

»Außerdem suchen wir nach einer Waffe. Einer Schrotflinte. Laut Register sind sie nicht im Besitz eines Waffenscheins.«

Ich ließ mich auf meine Couch fallen und massierte mir die Schläfen. »Hören Sie, das ist ein Miss– … das sind alles Missverständnisse! Ich besitze keine Waffe.«

»Und was ist das?«

Der Beamte zeigte mir ein Foto, auf dem ich in einem Stream mit einer Schrotflinte posierte.

»Das war ein Spielzeuggewehr. Eine Replika«, erklärte ich ihm.

»Das gilt es noch herauszufinden.«

Ich vergrub den Kopf ganz tief in meinen Händen. Das war der Tiefpunkt, dachte ich. Das war der ultimative Tiefpunkt meines Lebens.

»Ach, übrigens«, sprach mich eine Polizistin an. »Wundern Sie sich nicht, wir haben wegen des Geldwäsche-Verdachts auch ihre Konten gepfändet.«

Na klar! Warum auch nicht?

*

Die nächsten Tage und Wochen waren für mich die Hölle. Ich hatte in meinem Leben schon viele Tiefpunkte erlebt. Ich hatte schon einmal alles verloren gehabt. Und doch gab es bis zu diesem Zeitpunkt keine Phase, die mich so mitgenommen hat wie diese Wochen im Winter 2018. Denn zum ersten Mal hatte ich das Gefühl, dass ich keine Kontrolle mehr über die Dinge hatte, die mir widerfuhren. Ich hatte das Gefühl, dass ich nicht einmal mehr die Kontrolle über mich selbst hatte. Ich wachte nachts oft auf und begann einfach zu zittern. Ich saß in meinem Auto und hatte Selbstmordgedanken. Ich stand unter der Dusche und fing einfach an zu weinen. Mein Kopf spielte mir Streiche. Und es wurde von Tag zu Tag schlimmer. Als ich Drogen nahm und von meinen Großeltern vor die Tür gesetzt wurde, da wusste ich, dass das alles an mir lag. Dass ich Scheiße gebaut hatte. Dass ich aber auch die Möglichkeit hatte, einen anderen Weg einzuschlagen. Mit den Drogen aufhören, mir wieder einen ordentlichen Job suchen könnte. Ich war selbst in der Lage zu entscheiden, welchen Weg ich gehen wollte.

Dieses Mal war es anders. Dieses Mal fühlte es sich zumindest anders an. Ich begriff nicht, was ich falsch gemacht hatte. Ich war doch einfach nur ich selbst. Ich machte das, was ich immer schon gemacht habe. Ich sprach so wie die Jahre davor auch. Und dennoch brach mir jetzt der Boden unter den Füßen weg. In den acht Jahren, in denen ich zuvor YouTube gemacht hatte, war mir niemals etwas annähernd Schlimmes passiert. Warum jetzt? Was war anders? Warum hatte sich alles gegen mich verschworen?

Schatten

Ich lag tagelang in meiner Wohnung, dunkelte alles ab und schaltete mein Handy aus. Ich wollte niemanden sehen. Wollte von niemandem etwas hören. Ich lag einfach nur auf meiner Couch und starrte die Decke an. Stunde um Stunde. Ich war so unglaublich einsam in diesen Stunden. Weil ich mir selbst so fremd geworden war. Weil mir die Welt, die mich umgab, so fremd geworden war. Weil ich nicht mehr wusste, wo mein Platz war.

Erst langsam, ganz langsam, bekam ich etwas Struktur in meine Gedanken. Ich fing an, mich wieder mit Freunden zu treffen. Fing an, meine Gefühle aufzuschreiben. Zu reflektieren. Und irgendwann, da hatte ich etwas verstanden. Da hatte ich verstanden, dass ich einen gedanklichen Fehler gemacht habe. Ich habe in meinem Leben sehr, sehr lange gebraucht, um wirklich Verantwortung für mein eigenes Handeln zu übernehmen. Vielleicht konnte ich das tatsächlich erst in dem Moment, als ich bei meinen Großeltern ausgezogen bin. Aber ich war immer noch wahnsinnig weit davon entfernt, auch Verantwortung für andere Menschen zu übernehmen. Genau das aber war es, was man von mir erwartete. Dadurch, dass ich eine solch ungeheure Reichweite aufgebaut hatte, bekam ich diese Verantwortung automatisch, ob ich nun wollte oder nicht. Egal wie oft ich sie ablehnte, das änderte nichts an der Tatsache, dass ich nun einmal für viele junge Menschen ein Vorbild geworden war. Ich war jemand, zu dem sie aufschauten. Ich war jemand, dem sie nacheiferten. Indem ich Glücksspiel-Streams machte, wurde ich dieser Verantwortung nicht gerecht. Indem ich irgendwelche rassistischen Sprüche rausballerte, wurde ich dieser Verantwortung ebenfalls nicht gerecht. Klar konnte ich wieder und wieder sagen, dass meine Fans das schon verstehen würden. Dass die Menschen, die mich kannten, wussten, wie ich es meinte. Aber ich hatte mittlerweile bis zu achtzigtausend Menschen, die meine Streams verfolgten. Woher sollten all diese Leute denn wissen, wie ich die Dinge meinte, die ich sagte?

Ich begriff, dass ich gerade dabei war, einen Preis zu bezahlen. Einen Preis für das Geld, das ich verdiente, und die Reichweite, die ich bekam. Und der Preis bestand darin, dass ich zu einer öffentlichen Person wurde.

Es dauerte eine Weile, bis ich mich mit diesem Gedanken anfreunden konnte. Bis ich wirklich verstand, was er bedeutete. Aber ich kam der Sache immer näher. Und irgendwann, da war ich so weit, dass ich eine Art Frieden mit mir selbst schließen konnte. Denn ich verstand, dass ich mich gar nicht verändern musste. Ich konnte nach wie vor derjenige bleiben, der ich immer gewesen war, ich musste mich einfach nur an mein soziales Umfeld anpassen. So wie ich das immer schon getan habe, so wie das jeder von uns tut. Wenn ich mit meinen Freunden unterwegs war, dann sprach ich ja auch anders, als wenn ich mit Oma und Opa am Tisch saß oder beim Bäcker ein Gespräch mit den Nachbarn anfing. Für mich war Twitch immer so etwas wie mein engster Freundeskreis. Und das war etwas, was mich viele Jahre aufgebaut und beflügelt hat. Aber tatsächlich musste ich einfach nur begreifen, dass ich nicht bloß unter alten Freunden war. Ich musste begreifen, dass ich in der Öffentlichkeit stand. Dass ein Raum mit Zehntausenden von Menschen nicht mein Wohnzimmer sein konnte. Und das bedeutete, dass ich mich auf Twitch oder YouTube eben nicht so ausdrücken konnte, wie wenn ich mit Rene oder irgendeinem anderen Kumpel auf der Couch hockte. Ich musste mich deswegen nicht verstellen. Ich musste mich nicht verändern. Ich musste einfach nur damit aufhören, von einer sehr großen Gruppe fremder Menschen zu erwarten oder sogar zu verlangen, dass sie gefälligst zu kapieren hatten, wie ich die Dinge meinte.

Rene verstand es, wenn ich ihm etwas Beleidigendes sagte. Die Jungs, mit denen ich CoD zockte, verstanden es.

Jemand, der mich noch nie vorher gesehen hat, verstand es wahrscheinlich nicht. Und ich erinnerte mich auch daran, dass es mir schon ganz zu Beginn auf die Nerven gegangen war, wenn sich in der Lobby Spieler grundlos beschimpften, die sich gar nicht kannten. Dass ich es als Teil des Problems von CoD wahrgenommen hatte. Dass ich es selbst eigentlich genauso machte, war mir nicht aufgefallen. Weil ich dachte, wir würden alle zusammen auf der Couch sitzen.

Worte können verletzend sein, auch wenn sie nicht so gemeint sind. Das musste ich akzeptieren. Ich bin sicherlich noch immer nicht der Vorzeigestreamer. Werde ich wohl auch nie. Ich habe ein loses Mundwerk, ich spreche oftmals schneller, als ich denke, und mir rutscht unbedachtes Zeug raus. Und ja, es dauerte wirklich eine ganze Weile, bis ich das alles begriffen hatte. Vielleicht dauerte es länger als bei anderen Menschen, die in der Öffentlichkeit standen. Aber ich habe die Öffentlichkeit ja auch nie gesucht. Ich war nur ein Typ, der ein paar Videos drehen wollte. Ich war einfach nur ein Zocker, der Call of Duty spielte. Ich war nicht auf die Dinge vorbereitet, die mich nach und nach überrollten. Aber ich war bereit zu lernen. Und ich begriff, dass ich einen neuen Weg finden musste, um in der Öffentlichkeit stattzufinden und mir trotzdem treu zu bleiben.

Eine Waffe wurde bei mir natürlich nicht gefunden. Die Anklagen wegen Geldwäsche wurden eingestellt. Ich entschied mich trotzdem, das Glücksspiel sein zu lassen. Die gesetzliche Lage war mir zu heikel und, um ehrlich zu sein, die Leute, die sich in meinen Streams rumtrieben, waren es irgendwie auch. Ein Teil fand es sicherlich einfach unterhaltsam, ein anderer Teil aber lebte hier durch mich die eigene Sucht aus. Und wie alle Süchtigen, so waren auch sie leicht reizbar. Das gefiel mir nicht, die Stimmung war nicht mehr dieselbe.

Mit meiner neuen Einstellung kam ich auf Twitch gut zurecht. Ich schaffte es, größere Fettnäpfchen zu vermeiden, ohne mich verstellen zu müssen. Bis die Geschichte mit den Hunden passierte ...

IX. ÖFFENTLICHKEIT

»Monte«, schrieb ein Zuschauer. »Erzähl uns doch noch einmal die Geschichte mit den Frauen und den Hunden.«

Es war Freitagabend, kurz nach 21:00 Uhr, und in meinem Twitch-Stream war mal wieder die Hölle los. Ich hatte rund sechzigtausend Zuschauer, sichtlich gute Laune und gerade eine lebhafte Diskussion mit meiner Community zum Thema Treue. Eine Diskussion, die den Chat zum Glühen brachte. Die Geschichte mit den Frauen und den Hunden also.

Die Geschichte war eigentlich gar keine Geschichte, sondern ein Vergleich. Eine Parabel im Monte-Stil. Und die ging so: Ich erzählte den Leuten, was ich für ein Bild von Beziehungen hatte. Damals, als ich meine allererste Freundin hatte, da war ich wahnsinnig eifersüchtig. Es war beinahe krankhaft. Ich spionierte ihr ständig hinterher, hatte sie immer im Verdacht, dass sie mich eventuell mit irgendeinem anderen Typen betrügen könnte, und machte wegen Kleinigkeiten ein riesiges Fass auf. Ich war damals ein Idiot. Weil ich selbst gar nicht merkte, wie sehr meine bescheuerte Eifersucht unsere Beziehung zerstörte. Wie sehr ich meiner damaligen Freundin erst einen Grund gab, sich mehr und mehr von mir zu distanzieren. Im Grunde war es mein eigenes Verhalten, das dafür gesorgt hatte, dass die Beziehung in die Brüche ging. Dass ich meine erste große Liebe verlor. Eifersucht ist etwas Schreckliches. Sie kann Seiten an einem Menschen zum Vorschein bringen, von denen er selbst nicht weiß, dass er sie überhaupt besitzt. Dunkle Seiten.

Ich versuchte, meinen Zuschauern also zu vermitteln, dass gegenseitiges Vertrauen der Grundstein einer gesunden Beziehung sei. Davon bin ich nach wie vor überzeugt. Als jemand, der in seiner Vergangenheit selbst mal betrogen worden ist, weiß ich, dass es kaum ein schlimmeres Gefühl auf der Welt gibt, als von dem Menschen, den man am allermeisten liebt, so fundamental hintergangen zu werden. Jemanden in einer Beziehung zu betrügen ist das Allerletzte. Aber aus ständiger Angst davor, eventuell betrogen zu werden, dem eigenen Partner nicht mehr zu vertrauen, ist genauso schlimm. Denn es zerstört eine Beziehung.

So weit das, was ich sagen wollte. Und dann kam ich zu der Sache mit den Hunden. Ein klassisches Monte-Bild. Frauen, sagte ich, Frauen sind wie Hunde. Wenn du sie schlecht behandelst, wenn du sie an der kurzen Leine hältst, wenn du ihnen Sachen verbietest, dann werden sie niemals ein gesundes Verhältnis zu dir aufbauen. Dann werden sie bei der nächstbesten Gelegenheit einfach abhauen. Wenn du deiner Partnerin aber den Freiraum gibst, den sie braucht, wenn du sie als einen eigenständigen Menschen betrachtest, der nicht dein Besitz ist, wenn du sie einfach ihr Ding machen lässt, ihr die Möglichkeit gibst, sich zu entfalten, wie sie es für richtig hält, erst dann hast du wirklich die Chance, eine Beziehung auf Augenhöhe zu führen. Weil man den Partner als Menschen ernst nimmt. Und der Partner sich als Mensch ernst genommen fühlt. Und dann zog ich den Vergleich zu einem Hund, den die kurze Leine ebenfalls verunsichert, der so nie Vertrauen zu sich selbst und zu anderen fasst und der bei erster Gelegenheit abhauen wird, wenn man ihn immer bloß ankettet und ihn als Besitz betrachtet.

Montes Wort zum Sonntag.

Ich hatte diesen Vergleich vor ein paar Jahren schon einmal im Twitch-Stream gebracht, daher erinnerten sich einige Zuschauer daran. Ich fand das Bild eigentlich ganz passend und hoffte, dass sich einige Zuschauer meine Aussage zu Herzen nahmen. Und das taten sie. Ich bekam an diesem Abend viel positives Feedback. Es war ein guter Stream. Na ja, zumindest dachte ich das.

Als ich am nächsten Morgen auf mein Handy schaute, sah ich, dass offenbar nicht alle so glücklich mit meinen gestrigen Aussagen waren. Ich hatte ungewöhnlich viele negative Nachrichten in meinem Postfach. Schnell fand ich auch heraus, woran das lag. Irgendwer hatte einen Ausschnitt aus meinem Stream gepostet, in dem meine Aussage extrem verkürzt zusammengeschnitten wurde. Eigentlich wurde sie nur auf einen Satz heruntergebrochen: »Frauen sind wie Hunde«.

Aber wir lebten halt mittlerweile in einer Zeit, in der ein knackiges Zitat gern mal aus dem Kontext gerissen wurde, also dachte ich mir nichts dabei. Würden sich die Leute den gesamten Ausschnitt ansehen, würden sie ja verstehen, wie es gemeint war.

Ein Irrtum.

Da war sie wieder, diese Annahme, dass andere mich verstehen müssten. Und es ihre Aufgabe sei, sich mehr mit mir zu beschäftigen, wenn sie es noch nicht getan hatten. Ich glaube, da waren viele Leute, die eben nicht zu meiner Community gehörten, die ein schlechtes Bild von mir bekamen, weil sie meine Worte anders auffassten. Zu diesen kam eine Menge Menschen, die mich ganz bewusst missverstehen wollten. Die mich in eine Ecke drängen wollten, in die ich nicht gehöre. Weil das zu ihrer vorgefassten Meinung über mich passte.

»Widerlicher Sexist«, kommentierten einige. »Frauenfeind« und »Frauenhasser« die anderen. Ich begriff es nicht. Ich begriff es wirklich nicht. Gut, dass der Vergleich, dass das Bild, was ich gewählt habe, vielleicht ein wenig flapsig war, das gebe ich gerne zu. Aber wie konnte man meine Grundaussage, dass jeder Mann seiner Partnerin den Freiraum geben sollte, den sie braucht, denn bitte schön so auslegen, dass ich ein Frauenfeind war? Das war doch absurd. Aber ich nahm es auch nicht weiter ernst. Das waren ja bloß irgendwelche irrelevanten Twitter-Ritter, die sich in ihrer vermeintlich moralischen Überlegenheit sonnen wollten.

Ein weiterer Irrtum.

*

Ich atmete einmal tief durch und massierte meine Schläfen. Das war doch ein Witz. Das war doch einfach nur ein schlechter Witz. Ich wollte mir das eigentlich gar nicht antun. Aber gut, bring es einfach hinter dich, Marcel. Es hilft ja alles nichts.

Ich klicke den Link an und las mir den Artikel durch, den mir gerade gefühlt tausend Menschen zugemailt hatten.

»... MontanaBlack trat mit einem geschmacklosen Vergleich eine hitzige Twitter-Debatte los. Denn: Er vergleicht Frauen mit Hunden.«

Ich schlug auf meinen Tisch und schloss den Tab wieder. »So ein Schmutz, Digga!«

Meine Laune war schlecht. Meine Laune war richtig schlecht. Nicht nur, dass sich jede Menge Menschen im Internet über etwas aufregten, worüber man sich gar nicht wirklich aufregen konnte, wenn man mir mal zugehört hätte – jetzt schwappte die ganze Debatte auch noch in die großen Mainstream-Medien rüber. Gefühlt alles und jeder berichtete darüber.

Und auch mein Handy hörte gar nicht mehr auf zu vibrieren.

»Ja?«

»Monte, schläfst du noch?«

Mein Geschäftspartner Dennis war am Apparat. »Nein«, sagte ich. »Ich bin wach.«

»Hast du schon den Artikel gesehen?«

»Welchen meinst du? Gibt viel Auswahl.«

Ich googelte meinen Namen und sah mir die Suchergebnisse der letzten vierundzwanzig Stunden an. Die Frage war gerade eher, wer noch nicht darüber berichtet hatte. Immerhin gab es einige Medien, die den Sachverhalt fair dargestellt und auch meine tatsächliche Darstellung halbwegs ordentlich transportiert hatten. Aber ich wusste natürlich auch, dass bei den allermeisten Menschen dennoch nur die Überschrift hängen bleiben würde. Und die Überschrift war nun einmal: »MontanaBlack vergleicht Frauen mit Hunden«. Das ist eines der größten Probleme unserer heutigen Mediengesellschaft. Während die Menschen noch vor dreißig Jahren viel weniger Informationen an die Hand bekamen, die vorher ordentlich recherchiert und wenig sensationsgeil aufgebaut waren, wird man mittlerweile durch das Internet mit Nachrichten nahezu überflutet. Das sorgt für eine stärkere Konkurrenz, sodass die Überschriften immer reißerischer werden. Klar, bei YouTube war die Entwicklung nicht anders. Je mehr Content Creator ihre Videos hochluden und um Klicks konkurrierten, desto mehr versuchten sie, die Zuschauer mit bearbeiteten Thumbnails und Clickbait-Überschriften zu locken. Das Problem ist nur, dass die Menschen sich heute oftmals gar nicht mehr die Mühe machen, einen Artikel von vorne bis hinten zu lesen oder ein Video von vorne bis hinten durchzuschauen. Und so bleiben eben oftmals nur die Schlagzeilen im Gedächtnis. Man kann das heute noch wunderbar auf Facebook sehen, wenn Leute unter Artikeln über Dinge streiten, die im Artikel gar nicht vorkommen. Die Überschrift reicht aus, und die Menschen denken sich ihren eigenen Teil.

»Mach dir keine Sorgen«, sagte Dennis. »Das ist in ein paar Tagen wieder vorbei.«

»Ja, so wie immer.«

Ich war mittlerweile schon recht Shitstorm-erprobt. Ich kannte die Dynamik. Sie war immer gleich. Jemand regte sich auf, das Thema wurde maximal eine Woche lang hochgekocht, und danach sprach niemand mehr drüber, weil die nächste Sau durchs Dorf getrieben wurde.

Ich schaltete den Computer ab und ging in die Küche, um mir noch einen Eistee aus dem Kühlschrank zu holen. Als ich an meiner Haustür vorbeikam, hörte ich Geräusche aus dem Hausflur. Ich wohnte in einem Haus mit wenigen Parteien, darum war das ungewöhnlich. Ich öffnete die Tür, um nachzusehen, was da ...

»Guten Tag, Herr Eris, hätten Sie Lust, uns ein Interview zu geben?«

Ein helles Kameralicht blendete mich. Ich brauchte ein paar Sekunden, um mich zu orientieren. Um zu begreifen, was hier überhaupt los war.

Da standen drei Menschen in meinem Hausflur. Einer richtete eine überdimensionale Fernsehkamera auf mich, der andere hielt eine Tonangel hoch, und eine junge Frau reckte mir ihr Mikrofon ins Gesicht.

»Machen Sie jetzt erst mal die Kamera aus!«, fuhr ich den Typen pampig an. Was war das denn für eine Art? Man hätte ja auch einfach für ein Interview bei mir anfragen können, warum der Überfall?

Meine Laune wurde nicht besser, aber immerhin nahm der Kerl die Kamera runter, und das Kopflicht blendete mich nicht mehr.

»Schauen Sie, Herr Eris«, sagte die junge Frau. »Das ganze Internet redet über sie. Und wir haben uns gedacht, es wäre doch nur fair, sie selbst zu Wort kommen zu lassen, statt nur über Sie zu berichten, oder nicht?«

Da hatte sie einen Punkt. Dennoch hätte sie auch einfach eine Mail schreiben können.

»Von welchem Sender sind Sie?«, fragte ich.

»RTL.«

Zugegeben: Eine Mail hätte da auch nichts genutzt. RTL hätte ich so oder so keine Interviews gegeben. Ich kannte die Form der Berichterstattung bei dem Sender. Es ging nur um Skandale und Sensationen. Ich hatte keine Lust, dass man das, was ich sagte, zurechtschnitt und in einen anderen Kontext setzte, genauso wie das Ausgangsvideo vorher. Am Ende wäre meine Aussage zu einer Rechtfertigung umgedeutet worden oder zu einer Bekräftigung, die noch absurder klang als das verkürzte Zitat.

»Ich werde Ihnen kein Interview geben«, erklärte ich und wollte gerade die Tür wieder schließen, da hielt die Reporterin sie mit ihrem Fuß offen.

»Geben Sie uns eine Chance«, sagte sie. »Erklären Sie uns doch, wie Sie Ihren Vergleich gemeint haben. Wir möchten es doch verstehen, sonst wären wir nicht extra nach ... hier ... wie heißt das noch mal?«

»Buxtehude«, warf der Kameramann ein.

»... genau, sonst wären wir doch nicht extra hier nach Buxtehude gekommen.«

»Okay«, sagte ich. »Ich biete Ihnen an, dass ich mit Ihnen ein Hintergrundgespräch führe. Ich beantworte gerne Ihre Fragen. Aber nicht vor der Kamera.«

Die drei TV-Leute schauten sich an, dann willigte die junge Frau ein. »Wartet draußen, ich gebe euch dann Bescheid«, sagte sie zu ihrem Team, und ich ließ sie in meine Wohnung. Ich bot ihr etwas zu trinken an und setzte mich dann mit ihr an meinen Glastisch im Wohnzimmer.

»Wie haben Sie das denn nun gemeint, mit den Frauen und den Hunden? Bin ich in Ihren Augen auch ein Hund?«

»Natürlich nicht«, sagte ich ruhig und erklärte ihr noch einmal die Analogie. Erklärte ihr noch einmal, dass ich damit nur ausdrücken wollte, dass man seiner Partnerin Freiraum geben müsse. Dass Eifersucht und Kontrollzwang der Tod einer Beziehung sind.

»Das klingt ja eigentlich ganz vernünftig«, sagte die RTL-Frau, die jetzt auch gar nicht mehr so aufgekratzt wirkte wie eben noch. »Die Ausschnitte, die wir im Internet gesehen haben, wirkten gar nicht so ...«

»Weil Sie wahrscheinlich nur Zusammenschnitte gesehen haben statt der gesamten Aussage von mir.«

»Aber so wird es den meisten gegangen sein, Herr Eris. Die meisten haben nur den Ausschnitt gesehen, und halten Sie jetzt für einen schlimmen Sexisten.«

Ich zuckte mit den Schultern und zündete mir eine Kippe an. Für was wurde ich nicht schon alles gehalten? Für einen Sexisten, für einen Rassisten, für einen geldgeilen Abzocker ...

»Darum wäre es doch gut, wenn Sie vor der Kamera den Menschen genau das einmal sagen könnten, was Sie mir gerade gesagt haben. Um Ihr Bild in der Öffentlichkeit geradezurücken.«

Die Journalistin war wirklich sehr ambitioniert.

»Tut mir leid«, sagte ich. »Drehen Sie gerne Ihren Bericht, ich habe Ihnen jetzt alle Hintergründe erklärt. Wenn Sie mich weiterhin für einen Sexisten halten, bitte schön. Wenn nicht, freue ich mich, wenn es ein fairer Bericht wird. Aber ich werde vor der Kamera nichts sagen.«

Dann brachte ich die Dame zur Tür.

»Wie schade«, sagte sie gekünstelt im Hausflur. »Dann stellt sich jetzt natürlich noch die Frage, wie Ihre Großeltern das alles finden werden?«

»Hören Sie«, sagte ich. »Berichten Sie, was Sie wollen. Es ist mir scheißegal. Sagen Sie über mich, was Sie wollen. Es ist mir scheißegal. Aber ich schwöre Ihnen, wenn ich Sie erwische, wie Sie bei meinen Großeltern vor der Tür stehen mit Ihrem Kamerateam, dann passiert etwas Schlimmes!«

»Sie wollen uns drohen?«

»Ja«, sagte ich ganz klar. »Meine Großeltern haben mit der Sache überhaupt nichts zu tun. Das sind ältere Herrschaften. Wagen Sie es bloß nicht, sie zu belästigen.«

Dann schmiss ich die Tür hinter mir zu. Was für Arschlöcher!

Ich rief Oma und Opa an und sagte ihnen, dass sie die Tür nicht aufmachen sollten, wenn irgendein Kamerateam bei ihnen klingeln würde. Aber glücklicherweise hatte meine Ansage wohl doch Eindruck gemacht. Oder die Journalistin hatte vielleicht doch noch so etwas wie ein Gewissen.

Ich schrieb einem Freund von mir, ob er Zeit habe, sich mit mir zu treffen. Ich musste jetzt einfach raus. Die ganze Nummer wühlte mich viel zu sehr auf. Als ich das Haus verließ, stand schon der nächste Reporter vor meiner Tür. Dieses Mal wohl ein freier Journalist mit Kameramann. Er hielt mir sein iPad vors Gesicht, mit dem er schon eine Aufnahme machte.

»Und das ist der Mann, über den sich gerade das halbe Internet aufregt. MontamannBlack oder wie er im echten Leben heißt ...«

»Hör mal zu, du Arschloch«, unterbrach ich seine Ansage, »erstens: MontanaBlack. Zweitens: Du filmst hier gerade mein Haus, das ist ein Eindringen in meine Privatsphäre. Wenn diese Aufnahme veröffentlicht wird und du damit meine Wohnadresse leakst, verklage ich dich auf alles, was du hast.«

Dann stieg ich in meine S-Klasse und fuhr los.

Der Typ sprang in seinen BMW und fuhr mir hinterher. Das konnte doch nicht wahr sein! Er fuhr mir tatsächlich hinterher. Was sollte das denn? Ich fühlte mich für einen kurzen Moment an irgendwelche Dokus von Hollywoodstars erinnert, die auch nicht mehr aus dem Haus gehen konnten, ohne ständig von Paparazzi belagert zu werden. So etwas war mir bisher noch nie passiert. Ich gab etwas mehr Gas. Dann vibrierte mein Handy.

»Ja?«

»Yo, Marcel«, meldete sich ein alter Kumpel von mir.

»Was geht?«

»Jede Menge. Ich wollte dir nur sagen, dass hier in der Fußgängerzone zwei Kamerateams rumlaufen, die die Leute nach dir befragen.«

»Okay.«

»Ja, ist ganz lustig, ich habe denen gesagt, dass du in Buxtehude dafür berühmt bist, mit Vorliebe ältere, gewichtige Damen zu verführen.«

»Spinner!«

»Hoffentlich senden sie es.«

»Ja, ja, alles klar. Danke dir für die Info.«

Was für ein beschissener Film, der hier ablief. Dabei hatte ich ja nicht einmal was Schlimmes oder Außergewöhnliches gemacht. Ich hatte einfach nur einen etwas überzogenen Vergleich im Stream angestellt, der im Kern aber immer noch eine gute Botschaft hatte. Wie konnte so eine blöde Aussage nur so eine Lawine auslösen? Ich bekam Bauchschmerzen. Mir wurde einmal mehr bewusst, dass alles, was ich sagte und machte, mittlerweile sehr genau beobachtet und sofort gegen mich verwendet wurde, dass ich eigentlich überhaupt nichts mehr sagen konnte. Das machte mich am meisten fertig.

Ich hatte schon bei meinem letzten Shitstorm begriffen, dass ich eine Figur des öffentlichen Lebens geworden war. Dass mit der Reichweite auch eine Verantwortung einherging. Dass ich die Insiderwitze, die meine Community verstand, eben nicht mehr als selbstverständlich voraussetzen konnte. Ja, meine Zuschauer checkten meinen Humor. Aber mittlerweile schauten eben nicht mehr nur meine Zuschauer zu. Mittlerweile schauten auch Leute zu, die mich nicht kannten, die nicht wussten, wie ich bestimmte Dinge meinte. Und wenn sie nicht selbst zuschauten, so hörten oder lasen sie etwas oder sahen Ausschnitte auf Twitter, die mich wie einen Deppen aussehen ließen.

Aber der Hunde-Vergleich? Dass so etwas schon ausreichte, um Leute auf die Barrikaden zu bringen, dass so etwas schon genügte, damit man mir, meiner Familie und meinen Freunden mit Kamerateams in Buxtehude auflauerte? Das stürzte mich dann doch in riesige Selbstzweifel. Wie viel Monte konnte ich eigentlich noch sein? Musste ich mich in Zukunft komplett selbst verleugnen?

Nach einer Woche war das Thema zum Glück wieder erledigt. Ich hatte nicht das Gefühl, dass mir der Shitstorm geschadet hatte, weil die meisten Menschen sehr genau verstanden haben, was ich sagen wollte. Wer eine schlechte Meinung von mir, dem Asi in Unterhemd und Jogginghose mit dem Gesichtstattoo, hatte, der wollte es wohl auch einfach nicht verstehen. Und dennoch, die Frage, wie sehr ich eigentlich noch ich selbst bleiben konnte, die war nicht aus der Welt. Und sie sollte mich die gesamten nächsten Monate beschäftigen.

X. STREAMING

Fünf Jahre. Fünf lange Jahre. Und ich hatte das Gefühl, dass mir in diesem Moment jedes einzelne Jahr ganz tief in den Knochen saß. Es war spät geworden. Ich ließ mich auf die Couch fallen und massierte meine Schläfen. Draußen war es bereits dunkel, der Herbst kündigte sich an. Das Wetter war durchwachsen, die Temperaturen sanken. Und jetzt regnete es auch noch. Ekelhaft. Ich war alleine in meiner Wohnung, und vor mir stapelten sich die bereits gepackten Koffer. Es lagen einige anstrengende Tage hinter mir, und ich hatte noch immer tausend Sachen im Kopf. Sosehr ich auch wollte, ich konnte einfach nicht abschalten. Da waren einfach zu viele Dinge, die noch unklar waren, zu viele Dinge, um die ich mich kümmern musste. Vorkehrungen treffen, dies besprechen, das abklären ...

Ich atmete tief durch. Komm schon, Marcel, mach dich jetzt nicht selbst verrückt. Du bist für gerade mal sieben Tage weg. Sieben Tage. Die Welt wird sich in diesen sieben Tagen weiterdrehen, und auch deine Welt hier in Buxtehude wird nicht in sich zusammenfallen, okay? Das, was jetzt ansteht, das ist kein großer Staatsakt. Das ist nur ein Urlaub.

Immerhin musste ich mich, was das anging, um nichts kümmern. Ich hatte einen guten Freund, Mark, der auf Malta sehr gut vernetzt war. Er hatte alles für mich und meinen Kumpel Memo arrangiert. Die Flüge, das beste Hotel vor Ort, die Freizeitgestaltung. »Du musst gar nichts mehr machen, Marcel«, hatte er mir gesagt. »Einfach nur in den Flieger steigen und rüberkommen.«

Mark war ein echter Freund. Er wusste, dass es tausend andere Dinge gab, die mir gerade Sorgen machten. So sehr, dass ich mich wirklich fragte, ob der Zeitpunkt, nach Malta zu fliegen und sich eine Woche rauszunehmen, nicht vielleicht doch falsch war. Ich hatte mir gerade ein Haus gekauft, das komplett umgebaut wurde. Aufgrund der Corona-Pandemie verzögerte sich alles, zudem hatten wir einen riesigen Wasserschaden, der Reparaturen nach sich zog und Umbaukosten, die größer und größer und größer wurden.

Das Haus. Es fiel mir wahnsinnig schwer, aus Buxtehude wegzuziehen. Aber ich hatte keine andere Wahl mehr. Ich hatte mir meine Stadt, hatte mir meine Heimat einfach selbst kaputt gemacht. Ich hatte alle meine Lieblingsorte so oft gezeigt, so sehr in meinen Videos und meinen Storys promoted, dass ich keinen davon mehr besuchen konnte, ohne dass da eine Gruppe von Fans stand und auf mich wartete. Es war einfach Zeit, Buxtehude zu verlassen. Auch wenn die Stadt immer einen Platz in meinem Herzen und unter meiner Haut behalten würde. Schließlich habe ich mir die Postleitzahl ins Gesicht tätowieren lassen. Der vielleicht größtmögliche Liebesbeweis.

Dazu kamen die ganzen privaten Sorgen, die ich hatte. Streit mit Freunden, immer wieder neue Anzeigen von Menschen, die ich gar nicht kannte, und jeden Tag mindestens zehn Menschen vor meiner Haustür, die rumbrüllten und mir das letzte bisschen Privatsphäre nahmen, das ich noch hatte. Sollte ich jetzt nicht viel eher durchziehen, statt wegzufliegen? Konnte ich einfach so abhauen?

Andererseits: Ich war seit fünf Jahren, seit fünf langen Jahren, nicht mehr im Urlaub. Weil ich mir fünf Jahre lang immer wieder eingeredet hatte, dass es der falsche Zeitpunkt sei. Es war irgendwie immer der falsche Zeitpunkt.

Es gab aber noch andere Gründe, wieso ich so lange nicht mehr im Urlaub war, wieso ich mir seit fünf Jahren keine echte Auszeit mehr gegönnt hatte. Gute Gründe. Und der Beste von all den guten

Gründen war, dass ich mich einfach sehr, sehr gut kannte. Ich wusste, wie ich funktionierte. Ich war ein Gewohnheitstier. Jemand, der sich sehr schnell in seinen Routinen einrichten konnte. Als ich anfing, Alkohol zu trinken, gewöhnte ich mich schnell an die tägliche Routine, mir nach Feierabend ein Bier aufzumachen. Als ich zu kiffen begann, gewöhnte ich mich schnell an den Rausch. Und als ich mit Kokain loslegte, da gewöhnte ich mich an das Glücksgefühl, das mir die Droge gab. Etwas, was ich nur sehr schwer wieder loswerden konnte.

Wenn ich über mein Leben nachdachte, dann wurde mir bewusst, dass ich immer wieder nur eine Routine gegen eine andere austauschte. Statt Drogen kam der Alkohol. Statt Alkohol kam YouTube. Irgendwann, da fing ich an zu streamen, und danach kam das Glücksspiel. In der Suchttherapie, da sagte man uns, dass wir uns neue Routinen schaffen müssten, um alte Gewohnheiten aufzubrechen. Twitch wurde meine Routine. Drei Tage in der Woche schmiss ich meine Cam an und ging live. Jeden Dienstag. Jeden Freitag. Jeden Sonntag. Da konnte kommen, was wollte. Das habe ich sieben Jahre lang durchgehalten. Es gab nur selten Ausnahmen. Wenn ein wichtiges Champions-League-Spiel anstand oder als mir einmal das Internet ausgefallen ist. Ansonsten habe ich mich gezwungen durchzuziehen. Ich kannte mich ja. Würde ich einmal einen Stream ausfallen lassen, weil ich keine Lust hatte, würde mir so ein Ausfall beim zweiten Mal sehr viel leichterfallen. Und beim vierten oder fünften Mal, da würde ich gar nicht mehr darüber nachdenken, bis irgendwann nur noch unregelmäßige Streams kämen. Ich habe das bei wahnsinnig vielen anderen talentierten Twitch-Partnern gesehen, die sich aufgrund ihrer mangelnden Disziplin über kurz oder lang selbst zerstört haben.

Diesen Fehler wollte ich unter keinen Umständen machen. Ich war ja eh schon paranoid genug, lebte mit der ständigen Angst im

Hinterkopf, dass ich jederzeit alles wieder verlieren könnte. Also hielt ich mich sklavisch an meinen Plan. Drei Tage die Woche. Das war die letzten sieben Jahre meine Struktur, an der ich mich festhielt. Das war meine Struktur, die mich Woche für Woche durch mein Leben trug. Selbst wenn ich mal keine Lust hatte, habe ich mich gezwungen, den Stream anzumachen. Ich habe mir immer wieder selbst klargemacht, in was für einer Luxussituation ich doch war, dass ich mein Geld mit dem verdienen konnte, was ich wirklich liebte. Andere mussten sich um 05:00 Uhr morgens aus dem Bett quälen, um einem harten Knochenjob auf dem Bau nachzugehen, und ich, ich musste nur die Kamera anschalten, ein wenig zocken und mit den Leuten aus meinem Chat quatschen. Die Zeit auf dem Bau hatte ich schon hinter mir. Ich wusste also umso mehr zu schätzen, was für ein Privileg mein neues Leben doch war. Und ich wollte das auf keinen Fall aufs Spiel setzen.

Der letzte Grund schließlich war ein bisschen merkwürdig. Ich bildete mir tatsächlich ein, dass ich, wenn ich einmal im Urlaub war, nicht mehr zurück nach Hause wollte. Ich schüttelte den Kopf über meine eigenen, absurden Gedanken. Du spinnst, Marcel, sagte ich mir selbst.

Ja, ich brauchte diesen Urlaub vielleicht doch dringender, als mir selbst klar war. Ich musste ganz dringend einfach mal meinen Kopf wieder freikriegen. Abschalten.

Ich stand von meiner Couch auf und schaute aus dem Fenster. Der Regen war heftiger geworden. Die Straßen waren leer. Nur die orangenen Lichter der Laternen beleuchteten die Nacht. Ich schaute auf mein Handy. 23:00 Uhr. Es wurde Zeit. Ich machte mir noch ein Glas Milch und einen Quark-Nutella-Toast, kleines Standardritual, dann legte ich mich in mein Bett, schaute eine Folge »Dexter«, und irgendwann, da schlief ich einfach ein.

*

Als ich am nächsten Morgen aufwachte, fühlte ich mich wie ein neuer Mensch. Alle meine Gedanken, alle meine bescheuerten Gedanken, waren weg. Zumindest beinahe. So ein kleiner Rest von meinem unguten Gefühl blieb noch, aber ich schaffte es, diesen so gut es ging zu verdrängen. Die Vorfreude war nun größer. Die Vorfreude auf meinen allerersten Urlaub nach fünf ewig langen Jahren. Ich sprang aus dem Bett, machte mich fertig, rief noch einmal Oma an, um mich zu verabschieden und ihr zu sagen, dass sie sich wirklich keine Sorgen machen brauchte, verstaute meine Koffer in meinem Wagen und fuhr dann zu Memo, um ihn abzuholen.

»Und, Digga, bist du bereit?«

»Oh ja, ich denke schon«, sagte Memo und setzte sich neben mich in meinen Mercedes SL.

Ich schaute auf die Uhr. Wir lagen gut in der Zeit. Ich war extra ein bisschen früher losgefahren, wollte auf gar keinen Fall, dass wir irgendwie Stress bekamen. Es sollte nichts schiefgehen. Es sollte nichts passieren, was uns irgendwie den Urlaub versauen würde. Nicht dieses Mal.

Aber wir hatten Glück. Die Straßen waren frei. Wir erreichten den Flughafen Hamburg mehr als pünktlich. Wir gaben unser Gepäck auf, passierten die Sicherheitskontrollen völlig problemlos, setzten uns vor dem Gate noch in das kleine Flughafen-Bistro und bestellten ein paar belegte Brötchen.

»Weißt du«, sagte Memo. »Ich war sehr lange nicht im Urlaub.«

»Ich auch nicht, Digga, ich auch nicht«

Ich erinnerte mich an den letzten Urlaub vor fünf Jahren zurück. 2015 war ich mit Anna noch einmal in Griechenland. Im Gegensatz zu unserem allerersten Urlaub in der Türkei konnten wir uns da bereits ein Luxusapartment leisten. Es war alles vom Feinsten. Ich hatte noch die ganzen Bilder im Kopf. Das Hotel. Den Strand. Ich

Schatten

meinte mich sogar noch an den Geschmack des Salzwassers erinnern zu können, den ich auf der Zunge hatte, als ich das erste Mal ins Meer gesprungen war. Und obwohl es mir so nah erschien, fühlte es sich doch zugleich auch so wahnsinnig weit weg an. Es fühlte sich an, als wären das alles gar nicht meine eigenen Erinnerungen. Es fühlte sich an, als wären das die Erinnerungen eines ganz anderen Menschen, Erinnerungen an ein ganz anderes Leben. Ein Leben, das mit meiner heutigen Realität gar nichts mehr zu tun hatte. Fünf Jahre. Was hatte sich in diesen ewig langen fünf Jahren nicht alles verändert? Und wie sehr hatte ich mich verändert? Ich war nicht mehr der Mensch, der ich damals gewesen war.

»Mein letztes Mal war 2011«, sagte Memo.

»Oha, Memo!«

Okay, gestand ich mir ein, wir waren vielleicht beide urlaubsreif, aber Memo hatte diesen Trip wohl noch ein gutes Stück dringender nötig als ich.

Nach einer Dreiviertelstunde begann dann endlich das Boarding. Als ich den Flieger bestieg, da fielen wirklich sämtliche Sorgen von mir ab. Es war so weit, es gab kein Zurück mehr. Ich würde mir jetzt eine Woche Urlaub gönnen, und es gab nichts mehr, was mich davon abhalten konnte. Ich ließ mich auf meinen Platz im Flugzeug fallen und atmete einmal tief durch. Ich war aufgeregt. Ich war wirklich richtig aufgeregt. Ich fühlte mich wieder wie der kleine Budschi, der ich einst war, als ich zum ersten Mal mit Oma und Opa nach Mallorca geflogen bin. Als die Maschine beschleunigte und schließlich abhob, da ließ ich nicht nur Deutschland, sondern auch alle meine Sorgen, meine Gedanken, meine Ängste und meine Probleme zurück. Ich fühlte mich völlig befreit. Ich schaute zu Memo rüber. Er hatte die Augen geschlossen und döste ein wenig vor sich hin. Aber auch er sah glücklich aus. Ich zog mein iPad aus meinem Handgepäck, ließ meine vorbereitete Spotify-Playlist laufen und schaute aus dem Fenster. Als wir die Wolkendecke durchbrochen hatten, eröffnete sich vor uns ein unendlich weiter, strahlend blauer Himmel.

Als wir uns nach drei Stunden Malta näherten und der Flieger langsam tiefer und tiefer sank, erkannte ich die Umrisse der Insel. Wie sie da einfach mitten im Meer lag. Richtig majestätisch. Ich hatte ganz vergessen, wie viel Glück man aus so kleinen, eigentlich völlig unbedeutenden Momenten ziehen kann. Aber ja, ich war glücklich. Jetzt und in genau diesem Moment. Die letzten Monate hatte ich mich in meinem neuen Bewusstsein eingerichtet, ein verantwortungsvoller Mensch zu sein. Bis auf den kleinen Hunde-Skandal, der mich aber nicht groß berührt hatte, kam nichts mehr vor. Ich machte einfach mein Ding. Ich streamte, vermied es, Leute unnötig zu beleidigen, hatte es aber dennoch geschafft, meine Ecken und Kanten zu bewahren. Ich war einigermaßen zufrieden. Ich hatte nicht das Gefühl, dass ich mich irgendwie verbogen hätte. Es war aber auch so, dass ich weitere Skandale wirklich nicht brauchen konnte. Die Kosten für mein neues Haus explodierten gerade, das bereitete mir solche Kopfschmerzen, dass ich mir wirklich keine zusätzlichen Gedanken mehr um den nächsten Shitstorm machen wollte.

»Memo, Digga, wach auf«, sagte ich und schüttelte ihn ein wenig. »Schau dir das mal an …«

»Schön«, sagte Memo in seinem klassischen Memo-Sound.

Als wir ein paar Minuten später die Air-Malta-Maschine verließen, atmete ich einmal tief ein und genoss die warme, salzige Luft, die schon verriet, dass wir uns in unmittelbarer Nähe zum Meer befinden mussten. Die Sonne brannte auf meiner Haut. Es war sofort Urlaubs-Feeling. Gott, wie hatte ich das vermisst!

Als wir unser Gepäck abgeholt und die Zollkontrolle passiert hatten, wartete schon ein Typ am Ausgang, der ein großes Schild hochhielt. »Marcel Eris«, stand drauf. Memo grinste. Wir folgten dem Kerl zu seinem Van, wo ich die Scheibe runterkurbelte, um den Fahrtwind zu spüren. Die Insel war noch schöner, als ich sie mir vorgestellt hatte. Zunächst fuhren wir durch eine wüstenähnliche Landschaft, es gab hier kaum Vegetation. Nur ein paar Agavenbäume und Kakteen standen vereinzelt herum. Je mehr wir uns aber dem Zentrum der Insel näherten, desto städtischer wurde alles. Ich bestaunte die kleinen Sandsteinhäuser, an denen wir vorbeifuhren. Alles hier hatte einen mittelalterlich-mediterranen Touch, die Gebäude sahen aus, als wären sie eine Mischung aus arabischer und italienischer Baukunst. So etwas hatte ich noch nie gesehen. Die Straßen waren klein und eng, aber sauber. Es fühlte sich an, als hätte man uns in einer ganz anderen Welt ausgesetzt. Ich verliebte mich sofort in die Insel. Erst als wir das Hotel erreichten, wurde alles wieder sehr europäisch.

»Memo, Digga, guck dir das an«, sagte ich, als wir durch die große Eingangspforte fuhren und der Van vor dem Hauptgebäude zum Stehen kam. Das Hotel war nicht nur ein einzelnes Gebäude, das Hotel war eine ganze Anlage. Riesengroß, mit mehreren Pools, Restaurants, Bars, Apartments und sogar einem Privatstrand, zu dem nur die Gäste Zutritt hatten. Alles hier war sauber und gepflegt, das Personal lächelte einen an, wenn man vorbeiging, und die Urlauber, die hier herumliefen, hatten allerbeste Laune. Klar hatten sie das. In dem Laden las man einem ja auch jeden Wunsch von den Lippen ab.

Eine junge Frau in einem schwarzen Hosenanzug kam auf uns zu und streckte uns ein Tablett voller Erfrischungsgetränke entgegen. »Herzlich willkommen auf Malta!«, sagte sie in perfektem Deutsch. »Wir freuen uns, Sie hier begrüßen zu dürfen.«

Wir nahmen uns eine hausgemachte Limonade und tranken einen Schluck. Es war köstlich. Aber wahrscheinlich hätte man mir in diesem Moment auch Regenwasser zu trinken anbieten können, und ich wäre begeistert gewesen, so eine rosarote Brille hatte ich auf.

»Sehr, sehr schön«, sagte Memo und schaute sich zufrieden um.

Auf dem Weg zur Rezeption trafen wir Mark, meinen alten Kumpel, der uns das Hotel hier organisiert hatte. Er würde die Woche mit uns gemeinsam verbringen.

»Marcel, mein Bester!«, rief er und kam mir sofort ein paar Schritte entgegen. Ich freute mich, Mark wiederzusehen. Unser letztes Treffen musste mindestens zwei oder drei Jahre her sein. Wir umarmten uns.

»Ich hoffe, das ist hier alles so, wie du es dir vorgestellt hast, Bro?«

»Digga, ich bin dir wirklich was schuldig«, sagte ich und schlug ihm freundschaftlich gegen die Schulter. »Das ist wirklich eine Eins plus mit Sternchen hier.«

Er lachte und hielt mir die Schlüssel zu unserem Zimmer hin. »Warte erst einmal, bis du unser Zimmer gesehen hast.«

Ich registrierte mich noch kurz an der Rezeption, dann fuhren wir mit dem Aufzug nach ganz oben, und ich schloss die Tür zu unserem, nun ja, zu unserem Zimmer auf. Aber unser Zimmer war definitiv kein Zimmer. Unser Zimmer war eine Privatwohnung. Sie war beinahe so groß wie meine Bude in Buxtehude. Ich kam aus dem Staunen gar nicht mehr heraus. Ein riesiges Wohnzimmer, ein großes Schlafzimmer, ein modern gefliestes Bad mit Wanne und raumgroßer Spiegelfront und eine Wendeltreppe, die in ein zweites Stockwerk führte, wo es weitere Schlafräume gab.

Nur als ich den Balkon betrat, stutzte ich kurz.

»Was ist los?«, fragte Mark.

»Ach, nichts«, sagte ich und lächelte. Ich schaute herab auf die Hotelanlage und die angrenzende Stadt.

»Marcel, ich kenne dich, was stimmt nicht?«

»Digga, alles ist gut.« Ich wollte jetzt wirklich kein Drama machen, ich wollte mir nichts anmerken lassen, aber ...

»Ich merke dir doch an, wenn du was hast, also sag schon.«

Also gut. »Hör mal, das Hotel ist großartig, das Zimmer ist perfekt, nur, ich meine, dieser Ausblick da ... vom Balkon. Das ist irgendwie nicht so das Wahre.« Ich schaute noch einmal hinaus. Vor uns war eine riesige Baustelle, auf der man gerade ein neues Hotel hochzog. Ansonsten: Straßen, Häuser und noch mehr Hotels.

Mark lachte auf.

»Wirklich, es ist keine große Sache, ich will jetzt nicht die Stimmung kaputt machen ...«

»Nein, nein, Marcel, bleib entspannt. Du hast recht«, sagte er. »Wir zahlen für das Zimmer elftausend Euro. Dafür kann man auch einen Ausblick erwarten, der was hergibt. Ich werde das klären.«

»Mach dir keine Umstände ...«

»Mache ich nicht«, sagte er und verschwand aus dem Zimmer.

Ich schaute zu Memo rüber. Er hatte sich bereits auf dem Sofa eingerichtet und den Fernseher angemacht. Den Balkon hatte er noch gar nicht wahrgenommen. Ich setzte mich neben ihn und nahm mir eine Weintraube von dem Obstteller, den man für uns vorbereitet hatte.

Memo schaute zu mir rüber. »Alles klar?«, fragte er.

»Alles klar«, entgegnete ich.

Nach einer Viertelstunde kam Mark zurück. »Ist geklärt«, sagte er und schmiss mir einen Schlüssel rüber. »Das hier ist unser neues Zimmer.«

Wir gingen gleich rüber, es lag ein paar Flure weiter, und dieses Mal, dieses Mal war es wirklich perfekt. Wir hatten einen Blick direkt auf den Pool und das dahinterliegende Meer. Es war traumhaft schön. Und das Allerbeste war, dass das Hotel überhaupt keine Probleme machte. Sie akzeptierten unseren Wunsch einfach und kamen ihm nach. Ich hatte das Gefühl, ich wäre jetzt wirklich im Paradies angekommen.

»Im Paradies?«, fragte Mark. »Ich werde dir das Paradies jetzt erst zeigen.« Dann gab er mir zu verstehen, dass ich ihm folgen sollte. »Besser als jeder Strand, Marcel.«

»Oha, Bruder, jetzt bin ich aber gespannt.«

Ich hatte keine Ahnung, was er mir hier denn noch zeigen wollte. Den Pool hatte ich ja schon bei meiner Ankunft gesehen, den Strand von unserem Balkon aus. Ich wusste nicht, welches Highlight es neben unserem Elftausend-Euro-Zimmer mit Meeresblick jetzt noch geben sollte.

Wir gingen zum Aufzug, und Mark drückte auf »C«. Ich schaute ihn fragend an. Er lächelte nur. Er machte eine kleine Handbewegung, die mir zu verstehen gab, dass ich abwarten sollte. Der Aufzug fuhr in den Keller. Als sich die Türen öffneten, konnte ich meinen Augen nicht trauen.

»Digga, nicht dein Ernst ...?«

Mark kannte mich wirklich mehr als gut. Meine guten und meine schlechten Seiten. Meine Stärken und meine Schwächen. Und das hier, das war die größte Schwäche, die ich mir regelmäßig gönnte. Wir standen mitten in einem Spielcasino.

»Rien ne va plus«, hörte ich eine Männerstimme und drehte mich um. Der Croupier stand an einem Roulettetisch und machte eine Handbewegung, die den Gästen signalisierte, dass keine Einsätze mehr angenommen wurden. Die kleine weiße Elfenbeinkugel fiel in den Kessel und fand klackernd ihren Platz. »Twentythree. Red«, sagte der Croupier und zog mit einer kleinen Harke das verlorene Geld der Spieler ein. Ein paar Meter weiter war ein Blackjack-Tisch, an dem drei ältere Herren sich die Karten geben ließen. Und dann waren da noch die Slot-Machines. Am liebsten hätte ich alles stehen und liegen lassen und mich hier sofort häuslich eingerichtet. Das war doch alles nicht wahr. Ein Spielcasino mitten im Hotel. Das musste ein wunderschöner Traum sein.

Ein Traum, der gar nicht mehr aufhörte. Denn es wurde besser und besser. Am frühen Abend verließen wir die Hotelanlage und erkundeten ein wenig die Umgebung. Wir wohnten nicht weit von einer schönen Strandpromenade entfernt, wo sich ein Restaurant an das andere reihte. Die Sonne ging langsam unter, doch hier auf Malta schien das Leben jetzt erst richtig loszugehen. Auf den Straßen waren viele Menschen unterwegs, es gab kleine Verkaufsstände, die Händler boten uns Taschen und Klamotten an, es roch nach frisch gegrilltem Fleisch, und obwohl es später und später wurde, war es noch immer so warm, dass man einfach in Schlappen, Shirts und Shorts herumlaufen konnte. Die Stimmung auf der Promenade war ausgelassen. Es gab Straßenmusikanten, die auf ihren Instrumenten für das richtige Flair sorgten, und jeder, der einem entgegenkam, hatte ein Lächeln auf dem Gesicht.

Die ganze Insel war einfach voller Leben. Die Restaurants hatten zum großen Teil rund um die Uhr geöffnet, es gab immer etwas zu essen, immer etwas zu sehen, immer etwas zu erleben. Ich dachte zurück. Es war keine vierundzwanzig Stunden her, dass ich bei mir in der Wohnung gesessen und mir den Kopf über alle möglichen Dinge zerbrochen hatte. Völlig unnötig. Wie schnell die Dinge sich doch ändern können, dachte ich noch, wie einfach die Dinge doch manchmal sein können, wenn man sie nicht unnötigerweise immer kaputtdenkt. Das hatte ich wohl wieder neu lernen müssen. Ja, ich hatte diesen Urlaub wirklich dringend nötig!

Ich gab dem Kellner ein Zeichen, dass er uns die Rechnung bringen sollte, und zog mein Handy raus. Mark zündete sich eine Zigarette an und hielt mir die Packung rüber. Ich fingerte mir geistesabwesend eine Kippe heraus.

»Stream?«, fragte mich Memo, während er mit einem Zahnstocher herumspielte und die Menschen auf der Flaniermeile beobachtete.

»Muss«, sagte ich.

Wir waren jetzt seit drei Tagen auf der Insel, drei Tage, in denen ich es wirklich geschafft hatte, mich völlig zu entspannen. Wir schliefen so lange, wie wir wollten, verbrachten den Tag meistens am Strand und die Nächte hier auf der Promenade, wo wir es uns einfach nur gut gehen ließen. Alles war so, wie ich es mir immer gewünscht hatte, alles war perfekt. Das Essen, die Stimmung, die Menschen hier. Hin und wieder machten wir auch ein paar Ausflüge, erkundeten die Gegend oder erlebten ein paar Abenteuer. An diesem Tag waren wir Jetski gefahren. Das hatte ich schon immer mal machen wollen.

Ich fühlte mich wieder wie ein kleiner Junge. Die ganzen Sorgen und Probleme, die ich in Deutschland hatte, Steuern, Streitigkeiten, die Finanzierung von meinem Haus, das war alles ganz, ganz weit weg. Hier war alles unbeschwert, hier konnte ich einfach mal so leben, wie ich wollte. Ich war zum ersten Mal seit vielen Jahren nicht mehr bloß glücklich. Ich war bedingungslos glücklich. Und das war etwas, das ich mit meiner Community teilen wollte. Wenn ich schon keine klassischen Streams machen konnte, dann wollte ich meine Leute doch wenigstens einmal am Tag ein bisschen mitnehmen, ihnen zeigen, was ich hier so erlebte, und ja, ich wollte, so kitschig das auch klingen mag, ich wollte sie tatsächlich ein klein wenig an meinem Glück teilhaben lassen.

»Achte bitte drauf, dass ich nicht im Bild bin, ja?«, bat mich Mark.

»Ehrensache.« Mark war nicht sonderlich scharf drauf, im Internet aufzutauchen. Das war erfrischend. Ich hatte in den letzten Jahren viel zu viele Menschen kennengelernt, die ihre Seele dafür verkauft hätten, ein wenig Onlinefame abzugreifen. Ich war dankbar über jeden Menschen in meinem Leben, der sich auch mal nur um die analoge Welt kümmerte.

Ich startete die Twitch-App und begann den Stream.

Wir verließen das Restaurant und liefen ein wenig die Promenade entlang. Ich hatte ein gutes Gefühl dafür bekommen, was ich in einem Stream so machen und was ich besser bleiben lassen sollte, welche Begriffe keine gute Idee waren, wo ich ein wenig derber werden konnte und wo ich besser eine Grenze zog. Ich musste zwar so einige Male wirklich hart auf die Schnauze fallen, aber ja, ich hatte es mittlerweile relativ gut begriffen. Ich hatte in meinem Kopf jetzt eine Art Kompass, was auf Twitch ging und was eher nicht. Ich dachte nicht beim Reden darüber nach, was ich nun sagen durfte und was nicht, das passierte instinktiv. Natürlich nie mit voller Garantie, aber mit immer besserem Radar.

Ich zeigte den Zuschauern die Geschäfte, die Bars, die Restaurants, erzählte, was wir heute so getrieben hatten, filmte Memo, wie er auf den Strand schaute, und scannte routiniert den Chat ab. Es war nicht nur so, dass meine Community sich für mich freute, dass sie es mir gönnte, dass es mir gut ging, sondern ich hatte auch noch das Gefühl, dass ich die Leute mit meiner guten Laune regelrecht ansteckte. Und so schaukelte sich die Stimmung immer mehr hoch; je mehr gute Laune ich verbreitete, desto ausgelassener wurde der Chat, desto besser fühlte auch ich mich wieder. Ich war richtig im Entertainment-Modus. Ich riss ein paar klassische Monte-Witze, filmte so vor mich hin und machte ein paar Neandertaler-Laute, wenn eine hübsche Frau an uns vorbeiging.

»Huiuiuiui, schau mal, Memo.«

Memo schüttelte nur den Kopf und streunerte Richtung Eisdiele. Wir kauften uns ein Eis, liefen weiter rum, ich klopfte noch ein paar Sprüche und beendete irgendwann den Stream. Dann gingen wir zurück ins Hotel, ich legte mich ins Bett und bemerkte, dass das eingetreten war, was ich mir so ganz abstrakt in meinem Kopf ausgemalt hatte: Ich wollte tatsächlich gar nicht mehr weg. Ich dachte darüber nach, ob ich mir hier in Malta nicht einfach ein Haus kaufen sollte. Dann schlief ich ein.

*

Rauschen. Ewiges Rauschen. Ich hielt meine Augen geschlossen und hörte nur auf das unendliche Rauschen des Meeres. Hörte, wie die Wellen sich an unserem Schiff brachen, nur um sich irgendwo später erneut wieder aufzutürmen. Schon seit mein Opa mir als Kind das Tauchen beigebracht hatte, waren die großen Ozeane für mich zugleich das Faszinierendste und das Beruhigendste, was es auf diesem Planeten gab. Alleine die Vorstellung, dass sich unter der Wasseroberfläche eine ganz eigene Welt befand, mit Lebewesen, die wir zum Teil gar nicht kannten, bunten Fischen, Korallen, Wasserpflanzen, dass da eine Welt war, die wir Menschen uns wahrscheinlich niemals ganz erschließen würden, eine Welt unter der eigentlichen Welt, das war und ist für mich etwas Unglaubliches. Etwas, was mich demütig macht. Ich atmete tief durch und spürte, wie die warme Sonne auf meiner Haut brannte, dann öffnete ich meine Augen wieder und blickte hinunter in das türkisblaue, wunderschöne Meer, schaute auf die Wellen, die wieder und wieder gegen den schneeweißen Bug der Yacht schlugen, die wir uns gemietet hatten. Tag fünf auf Malta. Alles war so friedlich. Nur in mir, da war kein Frieden mehr. Da war eine Unruhe. Und die breitete sich wie ein Virus aus. Denn da war diese Sache mit Twitter.

Gestern hatte ich gesehen, dass es wieder ein paar negative Tweets über mich gab. Gut, es gab so ziemlich jeden Tag irgendwelche negativen Tweets über mich, das ist nichts Besonderes. Bei der Reichweite, die ich mittlerweile hatte, da gab es eben Leute, die meinen Content feierten, und Leute, die mich abgrundtief für das hassten, was ich tat. Man wird es niemals jedem recht machen können, aber trotzdem fand ich diese Tweets merkwürdig. Anscheinend störten sich die Leute an den Streams, die ich auf Malta gemacht hatte. Ich hätte wohl irgendwas Sexistisches getan. Keine Ahnung, was diese Leute jetzt

Schatten

wieder wollten. Aber scheiß drauf, dachte ich. Da regen sich wie immer ein paar Leute auf. Das beruhigt sich wieder. Ich schaltete mein Handy ab und ging baden.

Mittlerweile stand ich auf der Yacht und schaute aufs Wasser hinaus. Nichts hatte sich beruhigt. Im Gegenteil. Die Sexismus-Sache hatte riesige Wellen geschlagen, und ich hatte noch überhaupt keine Vorstellung davon, wie sie über mir zusammenbrechen würden. Es war, als wäre eine Kettenreaktion in Gang gesetzt worden, als hätte ich eine Lawine ausgelöst, die von Stunde zu Stunde größer wurde. Die Hunde-Story war nichts dagegen. Aus den paar Hundert Tweets wurden ein paar Tausend. Der Hashtag #montanablack trendete auf Twitter. Große Influencer und YouTuber äußerten sich. Und schließlich sprangen auch die Mainstreammedien auf den Zug auf. Von »Bild« bis »Spiegel«, von »RTL« bis »Sat.1«, ja sogar Oliver Pocher sprach über mich in seiner TV-Show.

Zunächst begriff ich nicht, was hier eigentlich los war. Was hatte ich denn gemacht? Jemanden belästigt? Bestimmt nicht, es waren doch nur ein paar blöde Sprüche. Oder? Als die anderen am Vormittag zum Strand gehen wollten, kapselte ich mich von der Gruppe ab und blieb in meinem Zimmer. Ich wollte mir die Aufnahmen von meinem Stream noch einmal ansehen. Ich wollte wissen, warum die Leute sich so aufregten. Ich legte mich auf die Couch, baute mein iPad vor mir auf und gab mir die gesamte Aufzeichnung von vorne bis hinten noch einmal.

Ich erschrak vor mir selbst. Das war nicht einfach nur der eine oder andere blöde Spruch, der mir mal rausrutschte, das war keine pubertäre Rumblödelei. Ich hatte wirklich Dutzende Male irgendwelchen Frauen hintergejohlt. Und dann war da noch ein Video von mir, wie ich auf dem Balkon saß und so tat, als würde ich eine Frau abfotografieren, die sich gerade am Pool räkelte. Als ich mich dabei selbst sah und hörte, schämte ich mich. Mir war in dem Moment, wo ich den Stream machte, überhaupt nicht bewusst gewesen, was genau ich da eigentlich tat. Wie hatte das passieren können? Wo war mein innerer Kompass abgeblieben? Wie hatte ich die Lage so falsch einschätzen können? Vielleicht war es diese Euphorie gewesen, dieses Gefühl, dass ich einfach nur glücklich war, das mich veranlasst hatte, mich fallen zu lassen – und die Kontrolle zu verlieren. Ich schaffte es nicht, mir meinen eigenen Stream bis zum Ende anzuschauen. Mir war das einfach viel zu unangenehm.

Ich denke nach wie vor, dass der eine oder andere Spruch beim Flirten auch mal erlaubt sein muss, ich glaube nach wie vor, dass man nicht alles so ernst nehmen sollte, wie viele Leute das viel zu oft tun. Aber das, was ich getan hatte, das war unentschuldbar. Wie unangenehm, dass da ein Typ durch die Straßen lief, Frauen filmte und ihnen hinterherpfiff. Das war nicht witzig, das war einfach nur asozial.

Der Shitstorm wurde größer und größer – und es gab dieses Mal nichts, was ich den Leuten entgegensetzen konnte. Dieses Mal konnte ich mich nicht, wie noch bei der Hunde-Nummer, rechtfertigen. Weil sie recht hatten. Weil ich Scheiße gebaut hatte. Und weil ich es verdient hatte, dass man sich darüber aufregte. In dem Moment, wo ich das Video gesehen hatte, wusste ich aber auch, dass die Sache noch ganz andere Folgen für mich haben würde.

Twitch war sehr konsequent, was die Umsetzung der selbstgesteckten Regeln auf der Plattform anging. Man fuhr eine Null-Toleranz-Strategie gegenüber Rassismus, Sexismus und jeder Form von Diskriminierung. Dass ich Deutschlands größter Streamer war, brachte mir da auch nichts. Es war noch gar nicht lange her, dass einer der weltweit größten Streamer von heute auf morgen für immer von der Plattform verbannt worden war. Was der Grund dafür war, dass man den US-Streamer Dr. Disrespect einfach vor die Tür gesetzt hatte, weiß man bis heute nicht. Es ranken sich einige Mythen,

Gerüchte und Legenden um diese Twitch-Entscheidung. Dr. Disrespect hatte zumindest öffentlich nichts angestellt, was diesen Bann gerechtfertigt hätte. Ich hingegen schon.

Als mir das bewusst wurde, zog sich mein Magen zusammen. Mir wurde schlecht. In meinem Kopf war nur noch ein Gedanke: Was wäre, wenn ich permanent gebannt würde? Wenn ich nie wieder auf Twitch streamen dürfte? Es ist absurd, wenn ich das sage, aber Streamen ist mein Leben. Es ist alles, was ich habe. Es ist der Grund, warum ich dauerhaft von den Drogen und dem Alkohol lassen konnte. Streaming hat mir mein Leben gerettet. Streaming hat aus mir etwas gemacht, was niemals jemand von mir erwartet hätte. Es hat mir zu einem Leben verholfen, das jemandem wie mir sonst immer verschlossen geblieben wäre. Alles was ich bin, bin ich, weil ich streamen konnte. Und auch wenn ich in den letzten Jahren mehr und mehr die Schattenseiten des Ruhms erfahren musste, so war die Vorstellung, nie wieder auf Twitch streamen zu dürfen, für mich trotzdem unerträglich.

Der Gedanke, dass ich einen Permabann, also eine Sperre auf Lebenszeit bekommen könnte, zog mir völlig den Boden unter den Füßen weg. Ich vergrub meinen Kopf tief in meinen Händen. Dann ging ich zu Memo und Mark an den Strand und versuchte, mir nicht anmerken zu lassen, wie unglaublich mies ich mich fühlte.

Ich hatte mir erhofft, dass zumindest die Yacht mich ein klein wenig ablenken würde. Doch das tat sie nicht. Meine Gedanken kreisten nur um dieses eine Thema. Wie würde Twitch reagieren? Welche Konsequenzen hatte ich zu befürchten? Irgendwann hielt ich es nicht mehr aus. Ich nahm mein Telefon und rief meine Ansprechpartnerin an. Ich wollte wissen, was jetzt passierte.

»Hallo, Monte«, begrüßte sie mich, und ich meinte, mir einzubilden, dass da ein ganz trauriger Unterton in ihrer Stimme lag. So, als müsste sie mir gleich etwas ganz Schreckliches mitteilen. Ich hielt mich an der Reling fest und versuchte, meinen Atem zu kontrollieren.

»Moin, es geht um diese ... Sache«, fing ich an.

»Ja, ich weiß.«

»Ihr habt das vielleicht mitbekommen, ich habe da im letzten Stream so ein bisschen Scheiße gebaut.«

»Ein bisschen Scheiße gebaut, ja ...«

Ich schluckte. Natürlich wussten sie Bescheid.

»Du, ich kenne die Spielregeln. Und ich weiß, dass ich es ganz übel verbockt habe. Ich will nur wissen, was jetzt passieren wird ...«

»Das ist hier ein großes Thema, wie du dir denken kannst. Ich kann dir noch nicht sagen, wie es weitergeht, aber, nun, dass dein Verhalten Konsequenzen haben wird, das ist sicher.«

»Gut.«

»Ich verspreche dir, ich melde mich, sobald ich was höre, okay? Das ist eine Entscheidung, die hier im Haus auf oberster Ebene getroffen wird.«

»Das ist kein gutes Zeichen, stimmt's?«

»Ich melde mich.«

Dann legte sie auf. Mir war schwindelig. Mein Hals zog sich zusammen, ich hatte das Gefühl, keine Luft mehr zu bekommen. Ich steckte mein Handy in die Tasche und klammerte mich noch ein bisschen fester an die Reling. Ruhig, Monte, ruhig. Dreh nicht durch, sprach ich mir selbst gut zu. Noch ist nichts entschieden. Mach dich jetzt nicht völlig verrückt. Ich starrte auf die Wellen im Meer.

»Marcel, alles gut?«, hörte ich Memo vom Sonnendeck rufen. Er lag dort in seiner roten Badehose mit einem weißen Klecks Sonnencreme auf der Nase und schaute besorgt rüber.

»Alles gut, Bruder«, rief ich, aber nein, es war überhaupt nichts gut. Wie schnell sich aus dem schönsten Urlaub meines Lebens doch der größte Albtraum der letzten sieben Jahre entwickeln konnte.

Ich versuchte, mich auf das Wasser zu konzentrieren. Auf die Wellen. Auf die unendlichen Wellen, die sich wieder und wieder aufbauten, nur um irgendwo zu brechen, ein ewiger Kreislauf und ... ich schreckte auf.

Mein Handy.

»Ja, hallo?«, ging ich sofort ran. Vielleicht gab es doch schon schneller News als gedacht.

»Moin, hier ist Dennis.«

Dennis. Mein Geschäftspartner. »Yo, was gibt's?«

»Alles gut bei dir auf Malta?«

»Digga, ich weiß ja nicht, ob du in den letzten Stunden mal im Internet gewesen bist, aber ...«

»... chill! Ich weiß doch Bescheid. Hör mal, ich rufe wegen etwas anderem an. Aber ich will dir nicht die Stimmung versauen.«

»Keine Sorge, schlimmer kann sie kaum noch werden.«

»Hör mal, du hast vor ein paar Tagen so einen Stream gemacht, wo du irgendwelche Drohnenaufnahmen von Malta gezeigt hast, richtig?«

»Ja ...« Ich wusste sofort, was er meinte. »Was ist damit?«

»Der Typ, der diese Aufnahmen gemacht hat, der hat sich gemeldet ...«

»Ja, cool. Bestell ihm einen schönen Gruß. Das sind wirklich geile Aufnahmen gewesen. Hoffe, wir konnten ein bisschen Werbung für ihn machen.«

»Nun, als Werbung hat er das nicht empfunden.«

»Sondern?«

»Als Urheberrechtsverletzung. Er hat uns eine Unterlassungsklage zugeschickt. Und verlangt fünfundzwanzigtausend Euro Schadensersatz.«

»Du veraschst mich gerade?«

»Leider nicht ...«

»Digga ... Ich mach jetzt mein Handy aus, ich habe keine Lust mehr.«

»Genieß deinen Urlau...«

Scheiß drauf, dachte ich. Das spielte jetzt auch keine Rolle mehr.

Valletta. Die Stadt war wirklich wunderschön. Wir liefen durch die engen Gassen, in denen sich überall kleine Geschäfte, Restaurants und Boutiquen verbergen. Die Fassaden der alten Gebäude waren aus hellem Sandstein, man fühlte sich wirklich, als wäre man in eine ganz andere Zeit, in ein ganz anderes Jahrhundert versetzt worden. Für einen kurzen Moment gelang es mir, die ganzen Probleme zu vergessen, sie ganz tief in meinem Kopf zu vergraben. Wir folgten Mark, der sich auch hier ganz hervorragend auskannte.

»Glaubt mir, Jungs, ich führe euch jetzt zu dem schönsten Punkt der ganzen Insel«, versprach er, und wir stiegen in einen Aufzug, der uns rund sechzig Meter in die Höhe fuhr.

»Das hier«, sagte Mark, als wir oben angekommen waren, »sind die sogenannten Upper Barrakka Gardens.«

Ich staunte nicht schlecht. Wir waren an dem höchsten Punkt der ehemaligen maltesischen Stadtbefestigung. Heute hatte man aus der alten Militäranlage einen Park gemacht. Es war wunderschön. Ich zog mein Handy raus und startete einen Stream. In dem Moment, in dem ich online war, wusste ich, dass das vielleicht sogar der letzte Stream sein könnte, den ich jemals auf Twitch machen würde. Die Antwort, wie meine Zukunft aussehen würde, stand noch immer offen. Aber ich nahm mir ganz fest vor, mir nichts anmerken zu lassen. Ich wollte jetzt endlich das machen, was ich eigentlich die ganze Zeit vorhatte. Meinen Zuschauern die Insel zeigen. Sie teilhaben lassen an dem, was wir hier erlebten. Ganz ohne eklige und unnötige Witze.

Die Anlage war riesig und wunderschön gepflegt. Überall standen Bronzeskulpturen und Statuen von historischen Persönlichkeiten herum. Am Rand der Anlage hatte man einen wahnsinnig schönen Blick über die ganze Insel. Direkt zu unseren Füßen lag die Hafenanlage. Langsam ging die Sonne unter, und die Lichter der Stadt spiegelten sich im strahlend blauen Meer. Es war einfach alles so idyllisch. Zwei Stunden ließ ich den Stream laufen, zeigte meinen Zuschauern, worüber ich staunte, was mir gefiel, ließ sie an meiner Freude über die Schönheit dieser Insel teilhaben. Ganz zum Schluss entschuldigte ich mich dann noch einmal dafür, dass ich in den letzten Tagen so viel Mist gebaut hatte. Auf einem öffentlichen Platz, an einem riesigen illuminierten Brunnen verabschiedete ich mich. Meine Kehle war wie zugeschnürt. Ich hoffte so sehr, dass das kein Abschied für immer sein würde.

Noch während ich den Stream beendete, sprach mich ein Mädchen an.

»Hey, Monte, kann ich vielleicht ein Autogramm haben?«

»Na klar«, sagte ich und wunderte mich, dass ich hier wie selbstverständlich von einer Deutschen angesprochen wurde.

»Ich mache hier auch Urlaub«, erzählte sie mir. »Und ich habe deinen Stream gesehen und gedacht, ich komme mal schnell vorbei, damit ich ein Autogramm bekomme.«

Sie hielt mir eine Packung Longpapers hin, die ich signieren sollte. Wir unterhielten uns noch ein wenig, und es stellte sich heraus, dass sie in einem Hotel ganz in unserer Nähe untergebracht war.

»Wir nehmen dich mit«, bot ich ihr an und winkte uns ein Taxi heran.

Während wir auf der Rückbank saßen, klingelte mein Handy. Ich schaute auf das Display. Es war meine Partnermanagerin bei Twitch. Schlechtes Timing. Das Mädchen erzählte mir gerade ein wenig von seinem Hintergrund, warum sie auf Malta war, was sie sonst noch so machte. Ich wollte weder unhöflich sein noch sie Zeuge meines möglichen Karriereendes werden lassen, darum drückte ich den Anruf weg. Auch wenn es mir schwerfiel.

»Monte, ruf mich bitte zurück. Dringend«, erreichte mich eine SMS.

Ich tippte rasch: »Ich kann gerade nicht. Melde mich in einer halben Stunde. Sag mir nur eins: Permabann ja oder nein.«

Ich schloss die Augen, als ich die Nachricht abschickte.

»Hey«, fragte mich das Mädchen. »Ist alles in Ordnung bei dir? Du siehst traurig aus.«

Ich überlegte kurz, ob ich ihr erzählen sollte, wie es mir ging. Aber ich entschied mich dagegen. Sie war sicher ein nettes Mädchen. Aber ich wollte mich nicht ausheulen. Das war nicht meine Art.

»Du, alles gut«, sagte ich. »Ich erwarte nur gerade eine ziemlich wichtige Nachricht.«

Ich schaute auf mein Handy. Ich wusste, dass die Antwort, die ich jetzt bekommen würde, über mein ganzes weiteres Leben entscheiden sollte. Ich starrte auf das Display. Na komm schon, ich will es endlich wissen.

Nichts.

Das bedeutete nichts Gutes. Es würde ein Permabann werden. Ich fühlte es. Ich überlegte kurz, ob ich das Handy nicht doch besser ausmachen sollte. Wenn ich die Nachricht hier lesen würde, keine Ahnung, was dann mit mir passierte. Vielleicht würde ich zusammenbrechen. Vielleicht würde ich einfach anfangen zu heulen. Ich konnte für nichts garantieren. Unangenehm.

Als ich gerade mein iPhone abschalten wollte, vibrierte es. Ich atmete ganz tief durch und zog es dann mit zittrigen Händen zu mir hoch. Ich öffnete meine Nachrichten und sah ...

»Nein. Kein Permabann.«

Ich atmete schwer aus. Wow! Was für ein Gefühl! Es war, als ob ein Zentner Blei von meinen Schultern gefallen wäre.

»Ist wirklich alles okay?«, fragte mich das Mädchen noch mal.

»Fürs Erste schon«, sagte ich und lächelte. Dann brachten wir sie in ihr Hotel, und ich rief meine Partnermanagerin an.

»Glaub mir, Marcel, es war eine knappe Entscheidung«, sagte sie. »Aber du hast Glück gehabt. Einen Monat wirst du gebannt, aber ich bitte dich, nimm das bloß nicht auf die leichte Schulter.«

»Natürlich nicht«, sagte ich reumütig. Ich fühlte mich wie ein kleiner Junge, der sich vor der Lehrerin entschuldigen musste, weil er im Unterricht Mist gebaut hatte. »Vielen Dank!«

Dann legte ich auf und packte meine Sachen. Morgen würde ich wieder zurückfliegen. Es war mein letzter Tag auf Malta. Nach fünf Jahren bin ich das erste Mal in den Urlaub geflogen, um zu entspannen. Was blieb, war ein Kopf voll mit neuen Problemen. Aber auch wenn das Allerschlimmste nicht eingetroffen war, wusste ich doch, dass noch einiges auf mich zukommen würde.

Als ich wieder in Buxtehude ankam, schmiss ich meine Koffer in eine Ecke und setzte mich auf die Couch. Okay, Marcel, du hast Scheiße gebaut. Du hast richtig Scheiße gebaut. Und du hast deine Quittung dafür bekommen. Sieh jetzt zu, wie du die Scherben wieder aufkehrst.

Der erste Schritt war es zu sehen, wie groß der Schaden wirklich war. Ich telefonierte mit Dennis und Arne, die sich in der Zwischenzeit einen Überblick verschafft und mit meinen Werbepartnern gesprochen hatten.

Meine langjährigen Partner waren mir zum Glück alle treu geblieben. Wir vereinbarten bloß, dass die Zahlungen für Produktplatzierung während des einmonatigen Banns ausgesetzt wurden. Neuere Werbepartner sind mir hingegen abgesprungen. Ich sagte Arne und Dennis, dass wir das alles akzeptieren würden. Vertrag hin, Vertrag her. Ich wollte für die Aktion geradestehen, die ich verbockt hatte.

Wir rechneten aus, wie hoch die Einnahmen waren, die mir wegbrechen würden. Als ich die Zahl hörte, bekam ich Atemnot.

300 000 Euro.

Ich ließ mich auf den Rücken fallen und schloss die Augen. Was für eine Summe! Ich dachte an das Haus, das ich mir gerade gekauft hatte. Dachte an die ganzen offenen Rechnungen. Dachte an die immer neuen Kosten, die in den letzten Monaten vor allem durch den Umbau angefallen waren. Es bestand keine Not. Ich hatte immer noch genügend Geld auf dem Konto. Ich hatte immer noch genügend Ersparnisse. Aber das war es gar nicht, was mich so sehr verunsicherte. Es war vielmehr das Bewusstsein, dass alles, was ich mir aufgebaut hatte, von jetzt auf gleich verschwinden konnte. Dass es da ein Unternehmen gab, das darüber entschied, ob ich mit dem, was ich machte, auch morgen noch weitermachen konnte. Ja, ich war selbstständig. Aber ich war dennoch in höchstem Maße abhängig von anderen. Von Twitch und von YouTube. Natürlich gab es auch noch andere Streaming-Plattformen, auf die ich theoretisch wechseln konnte. Aber seien wir realistisch, ich habe es in den vergangenen zehn Jahren geschafft, zum größten Streamer des Landes zu werden. In zehn Jahren. Und wenn das von heute auf morgen weg gewesen wäre, hätte ich zwar vielleicht nicht mehr bei null, aber doch schon ziemlich weit unten neu anfangen müssen. Es wäre nie wieder so geworden, wie es jetzt war.

Was mich noch mehr verunsicherte, war die Erkenntnis, dass ich nicht nur von Twitch abhängig war. Sondern auch von mir selbst. Bei meinem letzten Bann wegen dieser Rassismus-Nummer hatte ich etwas aus der Sache gelernt. Ich hatte gelernt, dass ich Verantwortung für mein Handeln tragen musste. Dass ich meine Zuschauer im Blick haben musste. Dass ich mich in meinem Stream nicht einfach wie ein egoistisches Arschloch verhalten durfte. Und ich hatte wirklich geglaubt, dass ich meine Lektion gelernt hatte.

Doch jetzt war ich wieder in alte Verhaltensmuster verfallen. Und das war das schlimmste Gefühl von allen. Das Gefühl, dass ich mir selbst nicht vertrauen konnte. Dass ich nicht genügend Selbstkontrolle hatte. Dass ich nicht in der Lage war, eine Situation wie die in Malta richtig einzuschätzen. Dass ich da selbst nicht begriffen hatte, was ich gerade anstellte. Ja, ich war mir selbst mein größter Feind. Tatsächlich fühlte sich der Bann wie ein Rückfall an. Als hätte ich wieder zu Alkohol oder zu Drogen gegriffen. Niemand hatte mir Alkohol ins Glas getan, niemand hatte mir eine Nadel in den Arm gesteckt. Ich war selbst schuld. Ich habe mich selbst in diese beschissene Situation gebracht. Und deshalb war ich unglaublich enttäuscht von mir.

Ich nahm meine Kamera, setzte mich in mein Gaming-Zimmer und nahm ein Video auf. Ein Statement. Vielmehr: eine Entschuldigung. Ich ging hart mit mir ins Gericht. »Das, was ich getan habe«, sagte ich, »ist nicht zu rechtfertigen.«

Dann ließ ich das Video hochladen, schaltete den Rechner ab und ging ins Badezimmer. Ich schaute mich im Spiegel an. Schaute mir selbst tief in die Augen. Wer bist du nur, Marcel Eris?, fragte ich mich. Vor meinem geistigen Auge lief meine ganze Vergangenheit ab. Meine Schulzeit, in der niemand eine Perspektive für mich sah. Meine Drogenzeit, in der ich vor mir selbst geflohen war. Meine Aufbauzeit, in der ich einen Job im Getränkemarkt und ein strukturiertes Leben hatte. Und alles, was danach geschah. YouTube. Erfolg. Neue Freunde. Neue Perspektiven. Neue Möglichkeiten.

Vielleicht hatte mich das alles überfordert. Vielleicht war das alles zu schnell gegangen, vielleicht war ich so wahnsinnig schnell so unendlich groß geworden, dass ich niemals Zeit hatte, darüber zu reflektieren, was dieses ganze Online-Ding, was meine Existenz als MontanaBlack aus mir, dem Menschen Marcel Eris, gemacht hatte. Was die Schattenseiten des Erfolgs waren. Reflexionen gab es immer nur dann, wenn das Leben mir eine Auszeit verordnete. Wenn ich mal wieder mit Vollgas gegen eine Mauer gefahren war und darauf wartete, dass jemand meinen Motor reparierte. Das musste jetzt ein Ende haben, nahm ich mir vor. Ich musste endlich herausfinden, wer ich wirklich war, was ich wirklich wollte – und was ich aus meiner Zukunft machen würde.

    Ich nahm die Autoschlüssel, griff mir ein paar Blätter Papier, einen Kugelschreiber und verließ die Wohnung.

EPILOG

Die Sonne war gerade untergegangen, als ich meinen Wagen in der Garage parkte und mein neues Haus betrat. »Komm schon, Kylo«, rief ich, und Kylo trottete mir hinterher. Er hatte sich mittlerweile gut an unsere neue Heimat gewöhnt. Auch wenn das Haus noch nicht ganz fertig war und ich immer noch in meiner alten Wohnung in Buxtehude übernachtete. Ich versuchte dennoch, so viel Zeit wie möglich mit ihm hier zu verbringen. Aber ehrlicherweise war es nicht mein Hund, der Probleme hatte, sich an die neuen Räumlichkeiten zu gewöhnen. Ich war es. Ich war schon immer jemand, dem es schwerfiel, sich auf neue Dinge einzulassen. Der Probleme damit hatte loszulassen. Warum eigentlich?

Ich streifte durch mein neues Reich. Alles hier war so, wie ich es mir immer erträumt hatte. Alles war so, wie es schöner nicht hätte sein können. Im Wohnzimmer stand ein über vier Meter langes Aquarium. Ein riesiger Flachbildfernseher hing an der Wand. Kilometerweise LED-Lichter waren verbaut worden, mein Schlafzimmer hatte einen Sternenhimmel. Im Keller hatte ich mir ein Gaming-Zimmer einrichten lassen, was absolut über alles hinausging, was man sich nur vorstellen konnte. Überall im Zimmer waren Kameras, zwischen denen ich beim Streamen hin und her schalten konnte, sogar in meinem Aquarium hatte ich eine Unterwasserkamera installiert.

Ich dachte zurück an meinen allerersten Computer für hundertsechzig Euro, der noch in meinem Dachbodenzimmer im Haus meiner Großeltern gestanden hatte. Wahnsinn. Was sich in zehn

Epilog

Jahren alles verändert hatte. Ich ging in die Küche und zog mir eine Dose Guavensaft aus dem Kühlschrank, dann setzte ich mich auf die Couch und betrachtete den Stapel mit den Papieren, der vor mir lag. Es war einiges zusammengekommen. Ich hatte ein dreiunddreißigtägiges Streamingverbot bekommen. Und diese dreiunddreißig Tage habe ich genutzt, um zu versuchen, mir selbst einfach ein gutes Stück weit näher zu kommen.

Mich selbst mehr zu ergründen. Warum tat ich die Dinge, die ich tat, warum sorgte ich mich so sehr um meine Existenz und vor allem: Warum waren die letzten Jahre für mich so schwierig, obwohl doch alles so viel leichter hätte sein müssen? Ich war jetzt an einem Punkt, an dem ich Geld hatte. An dem ich ein Haus hatte. An dem ich mir um gar nichts mehr Sorgen machen musste. Wenn ich all meine Besitztümer von jetzt auf gleich veräußern würde, ich wäre Millionär. Ich müsste nie wieder arbeiten gehen. Ich könnte mir einfach ein ruhiges Leben machen.

Warum hatte ich dann noch immer die ganzen schlaflosen Nächte? Die Panikattacken? Die Depressionen?

Vielleicht genau deshalb. Vielleicht genau aus dem Grund, dass ich wusste, dass ich eigentlich alles erreicht hatte, was ich erreichen konnte. Dass mir mehr und mehr klar wurde, dass ich mir meine Träume erfüllt hatte, sogar die Träume, von denen ich nicht einmal wusste, dass ich sie hatte. Was sollte noch kommen? Es waren gar nicht so sehr die Leute, die vor meiner Haustür standen, die Anzeigen, die ich kassierte, die Freundschaften, die zerbrachen. Klar, die trugen ihren Teil dazu bei, dass es mir nicht unbedingt besser ging. Aber was mich wirklich umtrieb, war die Frage, was ich denn eigentlich noch erreichen wollte. Wo ich noch hinwollte mit meinem Leben. Ein Mensch braucht Ziele. Und wenn er keine Ziele mehr hat, dann braucht er zumindest das Gefühl, noch etwas mehr aus seinem Leben machen zu können, als er es schon getan hat. Er muss in sich selbst

Epilog

ein Potenzial sehen. In sich selbst etwas erkennen, was er noch verwirklichen kann. Das war der Motor, der Antrieb.

Was hatte ich noch? Ich habe alle Zuschauerrekorde gebrochen, die ich brechen konnte. Ich habe YouTube und Twitch für mich einmal durchgespielt. Das war es, was mich eigentlich fertigmachte. Das war es, was mir Kopfschmerzen bereitete. Es geschafft zu haben. Und nicht mehr zu wissen, wie es jetzt noch weitergehen sollte.

Ich nahm die beschriebenen Seiten zur Hand und blätterte ein wenig darin herum. Gedanken. Notizen. Überlegungen. Alles Dinge, die in den letzten zehn Jahren passiert waren. Ich schaute mir noch einmal die ersten Blätter an, las sie mir durch. Und erinnerte mich wieder an den Marcel Eris, der mit zweiundzwanzig Jahren gerade Call of Duty für sich entdeckt hatte und völlig außer sich vor Freude darüber war, dass es Menschen gab, die sein allererstes Video angeschaut hatten. Wie viele Klicks hatte es am Ende wohl gehabt? Fünf? Sechs? Vielleicht auch zwölf oder dreizehn. Und dennoch bedeutete es mir damals die Welt. Ich lehnte mich zurück.

Vielleicht, dachte ich in diesem Moment, vielleicht ist das der wahre Reichtum. Nicht das ganze Geld. Nicht die Besitztümer, die wir anhäufen. Nein, wahrer Reichtum ist die Summe an glücklichen Momenten, mit denen wir unser Leben füllen. Denn Glück ist kein dauerhafter Zustand. Glück ist eine Momentaufnahme.

Wir geben uns viel zu häufig der Illusion hin, dass wir glücklich werden, wenn wir uns unsere Träume erfüllen. Wenn wir materielle Dinge ansammeln. Wenn wir viele Follower haben. Wenn wir in der Öffentlichkeit stehen. Doch das ist kein Glück, das sind nur Erfolge, die einen für einen kurzen Moment glücklich machen können. Das wahre Glück ist die Fähigkeit, einen Blick für die kleinen Momente zu behalten, die unser Leben besser machen.

Es gab und gibt viele solcher Momente in meinem Leben.

Wenn ich mit Kylo auf der Couch liege.

Epilog

Wenn ich Oma und Opa besuche, die gesund und zufrieden sind.
Wenn ich am Freitag Fischstäbchen mit Spinat esse.
Wenn ich Zeit mit meinen Freunden verbringe.
Wenn ich einen guten Stream mit meiner Community habe.

Das ist die große Gemeinsamkeit zwischen dem Marcel Eris vor zehn Jahren und dem Marcel Eris von heute. Die Fähigkeit, das Glück in den kleinen Dingen zu sehen. Ich habe das nicht verlernt. Ich habe es nur zeitweise zu würdigen vergessen. Wahrscheinlich ist für mich die größte Herausforderung im Leben, innere Ruhe zu finden. Nicht mehr dem nächsten Erfolg hinterherzujagen. Wieder mehr den Blick für das Jetzt zu gewinnen.

Nicht mehr zu fragen, was noch kommen soll. Sondern sich einfach auf das einzulassen, was gerade passiert – und damit zufrieden zu sein.

Ich strich mit meinen Händen über die Blätter und legte sie zur Seite. Dann ging ich mit Kylo in das riesige Schlafzimmer meines neuen Hauses. Heute würde ich hier zum ersten Mal übernachten. Es wurde Zeit für neue Gewohnheiten.

Ich legte mich ins Bett, Kylo nahm am Fußende Platz. Ich gab ihm noch ein Leckerli. Er knurrte vor Freude. Morgen, dachte ich, morgen ist ein neuer Tag. Und mit jedem neuen Tag haben wir die Chance, unserem Leben eine neue Wendung zu geben. Neue Momente zu schaffen, die uns erfüllen. Die zu einer weiteren Geschichte in dem Buch unseres Lebens werden. Man muss sich nur darauf einlassen.

Ich schloss die Augen und schlief schon nach wenigen Minuten ein.

272 Seiten
19,99 € (D) | 20,60 € (A)
ISBN 978-3-7423-0959-4

MontanaBlack, Sand Dennis, Eris Marcel
MontanaBlack
Vom Junkie zum YouTuber

»Ich wachte auf und fühlte mich wie ein King. Seitdem habe ich nie wieder gekifft.«

Mit Anfang 20 ist Marcel Eris an seinem absoluten Tiefpunkt. Er ist drogenabhängig, hat keine Arbeit und wird obdachlos. Um an Geld für Gras und Kokain zu kommen, knackt er Autos und steigt in Häuser ein. Nichts deutet darauf hin, dass dieser perspektivlose Drogenabhängige aus Buxtehude es schaffen sollte, noch einmal in ein normales Leben zurückzukehren. Doch er schafft es und lässt die Welt übers Internet daran teilhaben. Marcel Eris wird zu MontanaBlack und MontanaBlack zu Deutschlands erfolgreichstem Gaming-Streamer mit Millionen Fans auf YouTube und Twitch. Schonungslos offen erzählt er in seiner Autobiografie von dieser Zeit, die ihn tief geprägt hat, und davon, wie er es geschafft hat, vom Junkie zum YouTube-Star zu werden.